Wohnungsmarkt und Wohnungswirtschaft

Von

Prof. Dr. Stefan Kofner

R. Oldenbourg Verlag München Wien

Bibliografische Information Der Deutschen Bibliothek

Die Deutsche Bibliothek verzeichnet diese Publikation in der Deutschen
Nationalbibliografie; detaillierte bibliografische Daten sind im Internet
über <http://dnb.ddb.de> abrufbar.

© 2004 Oldenbourg Wissenschaftsverlag GmbH
Rosenheimer Straße 145, D-81671 München
Telefon: (089) 45051-0
www.oldenbourg-verlag.de

Gedruckt auf säure- und chlorfreiem Papier
Druck: Grafik + Druck, München
Bindung: R. Oldenbourg Graphische Betriebe Binderei GmbH

ISBN 3-486-57605-4

Inhaltsverzeichnis

1   **Einführung: Soziale Wohnungsmarkwirtschaft** 1

    1.1   Die Grundentscheidung für die Marktwirtschaft *1*

    1.2   Das Ordnungsmodell der Sozialen Marktwirtschaft *5*

    1.3   Die Wohnung – privates Gut oder Sozialgut? *7*

2   **Prognose des Wohnungsbedarfs** 9

    2.1   Methodische Grundlagen *9*

    2.2   Bevölkerungs- und Haushaltsentwicklung *11*

    2.3   Entwicklung des Wohnungsbestands und der Neubautätigkeit *13*

    2.4   Ergänzende Wohnungsmarktbeobachtung *15*

3   **Wohnungsversorgung über Wohnungsmärkte** 19

    3.1   Einführung *19*

    3.2   Der Wohnungsmarkt und seine Teilmärkte *21*

    3.3   Anpassungsprozesse am Wohnungsmarkt *23*

    3.4   Anbietergruppen am Wohnungsmarkt *24*

        3.4.1   Die Gruppe der privaten Anbieter 27

        3.4.2   Wohnungsunternehmen als institutionelle Wohnungsanbieter 27

            3.4.2.1   Wohnungsgenossenschaften 28

            3.4.2.2   Gesellschaft mit beschränkter Haftung (GmbH) 29

            3.4.2.3   Aktiengesellschaft (AG) 29

            3.4.2.4   Kommunale Wohnungsunternehmen 29

            3.4.2.5   Gemeinnützige Wohnungsunternehmen 30

        3.4.3   Verbände der Wohnungswirtschaft 32

    3.5   Wohnungsnachfrage *32*

        3.5.1   Besonderheiten der Wohnungsnachfrage 32

        3.5.2   Bestimmungsgründe der Nachfrage nach Wohnraum 34

        3.5.3   Wohnungswechsel und Wohnungssuche 36

        3.5.4   Wohnkosten 37

4   **Wohnungsmarkt und vorgelagerte Märkte: Boden- und Baumarkt** 39

    4.1   Bodenmarkt *39*

        4.1.1   Besonderheiten des Bodenmarktes 39

            4.1.1.1   Eigenschaften des Bodens 40

            4.1.1.2   Bodendegradierung 42

            4.1.1.3   Externalitäten der Bodennutzung 43

4.1.2	Planungshierarchie und Planungsrecht	45
4.1.3	Preisbildung am Bodenmarkt	47
4.2	*Baumarkt*	*49*

5 Wohnungsbaufinanzierung **53**

5.1	*Grundlagen*	*53*
5.1.1	Aufgaben der Wohnungsbaufinanzierung	53
5.1.2	Zinsbildung an den Kapitalmärkten	54
5.1.3	Das wohnungswirtschaftliche Investitionskalkül	58
5.2	*Eigenkapital in der Wohnungsbaufinanzierung*	*63*
5.2.1	Funktionen des Eigenkapitals	64
5.2.2	Eigenkapitalbedarf	64
5.2.3	Quellen des Eigenkapitals	65
5.2.3.1	Selbstfinanzierung	66
5.2.3.2	Bausparen	67
5.2.3.2.1	Kundenmotive für den Abschluß eines Bausparvertrags	69
5.2.3.2.2	Verwendungsmöglichkeiten der Bausparmittel	69
5.2.3.2.3	Zeitlicher Ablauf der Bausparens	70
5.2.3.2.3.1	Phase I: Vertragsschluß	70
5.2.3.2.3.2	Phase II: Sparphase	72
5.2.3.2.3.3	Phase III: Zuteilungsphase	72
5.2.3.2.3.4	Phase IV: Darlehensphase	73
5.2.3.2.4	Pro und Kontra Bausparen	73
5.2.3.3	Immobilienfonds	74
5.3	*Fremdkapital in der Wohnungsbaufinanzierung*	*76*
5.3.1	Grundlagen	77
5.3.1.1	Rechtsgrundlagen des Realkredits	77
5.3.1.2	Kreditantrag: Beleihungs- und Bonitätsprüfung	78
5.3.1.3	Beleihungswertermittlung	80
5.3.1.4	Quellen des Fremdkapitals	82
5.3.1.4.1	Sparkassen	82
5.3.1.4.2	Landesbanken	83
5.3.2	Fremd-Innenfinanzierung	84
5.3.2.1	Finanzierung aus Abschreibungen	84
5.3.2.2	Finanzierung aus langfristigen Rückstellungen: Rückstellung für Bauinstandhaltung	84
5.3.3	Finanzierung der Wohnungsproduktion	86
5.3.4	Das Hypothekendarlehen	87
5.3.4.1	Darlehensformen	88
5.3.4.2	Tilgungsrate und Laufzeit	90
5.3.4.3	Ermittlung der Belastbarkeit	91

5.3.4.4	Erstellung des Finanzierungsplans	93
5.3.5	Refinanzierung von Immobilienkrediten	95
5.3.5.1	Klassische Refinanzierung mittels Pfandbrief	95
5.3.5.1.1	Aufgaben und Bedeutung der Hypothekenbanken	95
5.3.5.1.2	Hypothekenbanken als Mittler zwischen Kapitalangebot und -nachfrage	95
5.3.5.1.3	Sicherung der Pfandbriefgläubiger	96
5.3.5.1.4	Internationalisierung des Pfandbriefs	98
5.3.5.1.5	Novelle des Hypothekenbankgesetzes	99
5.3.5.1.6	Zusammenfassung	99
5.3.5.2	Alternative Refinanzierung durch Verbriefung von Forderungen	100
5.3.5.2.1	Die Grundstruktur der Verbriefung von Forderungen	100
5.3.5.2.2	Die Rolle der Ratingagentur	101
5.3.5.2.3	Kosten und bilanzielle Behandlung	101
5.3.5.2.4	Betrachtung aus der Perspektive des Investors	102
5.3.5.2.5	Vergleich mit dem deutschen Hypothekenbanksystem	102
5.3.6	Zinsmanagement: Zeitliche Strukturierung einer Finanzierung	103
5.3.6.1	Finanzierungskongruenz und Abschnittsfinanzierung	103
5.3.6.2	Bedeutung des Zinsänderungsrisikos	104
5.3.6.3	Steuerung des Zinsänderungsrisikos	105
6	**Wohnungspolitik: Der staatliche Einfluß auf die Wohnungsmärkte**	**108**
6.1	*Handlungsfelder staatlicher Intervention am Wohnungsmarkt*	*109*
6.1.1	Förderung von Wohnungsbauinvestitionen	110
6.1.2	Internalisierung der Externalitäten der Bodennutzung	110
6.1.3	Erleichterung des Marktzugangs	111
6.1.3.1	Abbau von Diskriminierungserscheinungen	111
6.1.3.2	Abbau der Kreditrationierung	112
6.1.4	Senkung der Transaktionskosten	113
6.1.5	Verbesserung der Preisbildung	114
6.1.6	Verbesserte Zuordnung des Wohnungsbestandes: Matching-Problem	115
6.1.7	Stabilisierung der Wohnungsbautätigkeit	116
6.2	*Mietpreisbildung und Mietenpolitik*	*117*
6.2.1	Die Vergleichsmiete	117
6.2.1.1	Marktorientierung der Vergleichsmiete	118
6.2.1.2	Die Rolle der Mietspiegel	118
6.2.1.3	Kappungsgrenzen	120
6.2.2	Andere Mietensysteme	120
6.2.2.1	Kostenmiete	120
6.2.2.2	Marktmiete	121
6.2.2.3	Administrierte Miete	122
6.2.2.4	Wohnwertmiete	122

6.2.2.5 Regelgebundene Miete 123

6.2.2.6 Zusammenfassung 124

6.3 Die soziale Mietwohnraumförderung.. 124

6.3.1 Das Zielsystem der sozialen Wohnraumförderung....................... 126

6.3.1.1 Bestimmung der Zielgruppe 126

6.3.1.2 Fördergrundsätze der sozialen Wohnraumförderung.................... 127

6.3.1.3 Effizienzziele der sozialen Wohnraumförderung 128

6.3.2 Einkommensorientierte Förderung 129

6.3.3 Ergänzung durch das Wohngeldsystem 131

6.4 Förderung der Wohneigentumsbildung... 133

6.4.1 Warum Wohneigentumsförderung?.. 133

6.4.2 Die Förderung nach dem Eigenheimzulagegesetz........................ 135

6.4.2.1 Voraussetzungen.. 135

6.4.2.2 Höhe der Eigenheimzulage 135

6.4.2.3 Förderung beim Erwerb von Genossenschaftsanteilen................ 136

6.4.3 KfW-Programme.. 137

6.4.4 Förderprogramme für einkommensärmere Haushalte 137

6.4.4.1 Wohneigentumsförderung im Rahmen der Sozialen Wohnraumförderung. 137

6.4.4.2 Lastenzuschuß beim Wohngeld 138

6.4.5 Förderungen mit städtebaulichen Zielsetzungen 138

6.4.5.1 Erhöhte Abschreibung für denkmalgeschützte Gebäude und in
Sanierungsgebieten.. 138

6.4.5.2 Programm Wohneigentumsbildung in innerstädtischen Altbauquartieren .. 139

6.4.6 Sparförderung 140

6.4.6.1 Vorsparförderung mit der Wohnungsbauprämie 140

6.4.6.2 Berücksichtigung der Wohneigentumsbildung im Altersvermögensgesetz. 140

6.4.7 Zusammenfassende Betrachtung 141

6.5 Die ertragsteuerliche Behandlung des Mietwohnungsbaus.............. 142

6.5.1 Das Leistungsfähigkeitsprinzip als fundamentales Steuerlastverteilungsprinzip. 142

6.5.2 Einkommensbegriff des Einkommensteuergesetzes...................... 143

6.5.3 Kritischer Blick auf die Besteuerung von Mietwohngebäuden 144

6.5.3.1 Abschnittsbesteuerung... 144

6.5.3.2 Abschreibungsmöglichkeiten.. 145

6.5.3.2.1 Begriff der Abschreibung.. 145

6.5.3.2.2 Die Bewertungsvorschriften in der Handels- und in der Steuerbilanz.. 145

6.5.3.2.3 Die steuerliche Abschreibung von Mietwohngebäuden 147

6.5.3.3 Verrechnung von Vermietungsverlusten 148

7 Die Formation der deutschen Wohnungspolitik nach dem Zweiten Weltkrieg 151

7.1 Überblick über die Entwicklung 151

7.1.1 Wohnungspolitische Bilanz des NS-Regimes.............................. 151

7.1.1.1 Die Wohnungsnot der Nachkriegszeit 151

7.1.1.2 Die gesetzgeberische Hinterlassenschaft 152

7.1.2 Entwicklung der Bautätigkeit und der Wohnsituation 154

7.1.3 Gründe für das „Wunder am Wohnungsmarkt" 157

7.2 Entwicklung des Mietrechts *158*

7.2.1 Niveau und Struktur der Mieten nach Kriegsende 158

7.2.2 Zwangswirtschaft, Währungsreform und Lastenausgleich 160

7.2.3 Lockerungen der Zwangswirtschaft ab 1950 161

7.2.3.1 Lockerung der Wohnraumbewirtschaftung 161

7.2.3.2 Lockerung der Preisvorschriften 162

7.2.3.2.1 Erstes Bundesmietengesetz 162

7.2.3.2.2 Die Diskussion über den Abbau des Geltungsbereichs der Schutzgesetze 163

7.2.4 Schrittweiser Abbau der Zwangswirtschaft: Abbaugesetz 1960 164

7.2.4.1 Soziale Ausgestaltung des Kündigungsrechts 165

7.2.4.2 Wohnungspolitische Einschätzung des Abbaugesetzes 166

7.2.5 Verzögerter Abbau der Preisvorschriften: Bundesmietengesetze und Schlußtermingesetze 168

7.2.6 Erstes Wohnraumkündigungsschutzgesetz und Mietverbesserungsgesetz 1971 .. 168

7.2.6.1 Kündigungsschutz 169

7.2.6.2 Mietpreisüberhöhung und Mietwucher 170

7.2.6.3 Vergleichsmiete 170

7.2.6.4 Wohnungspolitische Einschätzung der Regelungen 171

7.2.7 Zweites Wohnraumkündigungsschutzgesetz 1974: Einführung des Modernisierungszuschlags 172

7.3 Entwicklung des Sozialen Wohnungsbaus *174*

7.3.1 Erstes Wohnungsbaugesetz 1950 175

7.3.2 Zweites Wohnungsbaugesetz 1956 176

7.3.3 Phase der Nachbesserungen von 1976 bis 1981 179

7.3.4 Flexibilisierung durch neue Förderwege 179

7.3.5 Reform des Wohnungsbaurechts 2001 180

7.4 Entwicklung der indirekten steuerlichen Förderung des Wohnungsbaus *181*

7.4.1 Überblick über die Entwicklung 181

7.4.2 Wohnungspolitische Einschätzung der Regelungen 182

7.4.2.1 Instrumente zur Mobilisierung von Kapital 182

7.4.2.2 Gestaltung der Abschreibungsförderung 183

7.5 Entwicklung der Wohneigentumsförderung *184*

7.5.1 Entwicklung der Fertigstellungen und der Wohneigentumsquote 184

7.5.2 Entwicklung der Wohneigentumsförderung 186

7.5.3 Wohnungspolitische Einschätzung der Regelungen 189

7.5.3.1 Neubau- oder Bestandsförderung? 189

7.5.3.2   Investitions- oder Konsumgutmodell? 190

7.5.3.3   Konjunktursteuerung mit der Wohneigentumsförderung? 191

8   Transformation der Wohnungswirtschaft in Ostdeutschland 193

8.1   *Überblick über die Entwicklung* 193

   8.1.1   Schleichende Sozialisierung der Wohnungswirtschaft in der DDR................... 193

   8.1.2   Entwicklung der Wohnungsbautätigkeit in den Neuen Bundesländern seit 1990 195

8.2   *Vermögenszuordnung, Restitution und Investition* 196

8.3   *Altschuldenhilfe / Privatisierung* 199

8.4   *Mietrecht* 200

   8.4.1   Kündigungsschutz 200

   8.4.2   Mietpreisrecht 201

8.5   *Wohnungsbauförderung in den Neuen Ländern* 203

   8.5.1   Sonderabschreibungen als Instrument der Wohnungsbauförderung.................. 203

   8.5.2   Zulagen als Instrument der Wohnungsbauförderung.. 204

   8.5.3   KfW-Wohnraummodernisierungsprogramme 205

8.6   *Das Leerstandsproblem in den Neuen Ländern* 207

   8.6.1   Ursachen des Leerstands 208

   8.6.2   Programm Stadtumbau Ost.. 209

9   Transformation der Wohnungswirtschaft in den mittel- und osteuropäischen Ländern 211

9.1   *Charakterisierung der Wohnungspolitik* 211

9.2   *Entwicklung der Wohnraummieten* 212

9.3   *Das Beispiel Polen* 212

   9.3.1   Qualitative und quantitative Wohnungsversorgung 212

   9.3.2   Instandsetzungsstau... 214

   9.3.3   Entwicklung der Wohnraumnachfrage... 215

   9.3.4   Wohnungsbaufinanzierung und makroökonomische Stabilität........................ 218

   9.3.5   Entwicklung der Mietpreise 219

9.4   *Thesen zur wohnungswirtschaftlichen Transformation* 220

   9.4.1   Mietrecht... 220

      9.4.1.1   Das Leitbild für das Mietrecht am Ende des Transformationsprozesses..... 221

      9.4.1.2   Der optimale Zeitpunkt für die Freigabe der Mietpreise 221

      9.4.1.3   Schrittweise Annäherung an das mietrechtliche Leitbild 222

      9.4.1.4   Abbau der Preisvorschriften 223

      9.4.1.5   Übergangsweise Einführung einer Instandsetzungsumlage 225

      9.4.1.6   Mietenpolitik am Beginn der Transformation 226

   9.4.2   Wohnungsbauförderung 227

9.4.3 Sozialer Wohnungsbau 227
9.4.4 Wohneigentumsförderung 228
9.4.5 Vermögenszuordnung und Restitution.. 229
9.4.6 Privatisierung der Wohnungsbestände.. 230
9.4.7 Überforderung der nationalen Wohnungspolitiken 231

10 Sachverzeichnis 233

Inhaltsübersicht

1   Einführung: Soziale Wohnungsmarkwirtschaft **1**

    1.1   Die Grundentscheidung für die Marktwirtschaft *1*

    1.2   Das Ordnungsmodell der Sozialen Marktwirtschaft *5*

    1.3   Die Wohnung – privates Gut oder Sozialgut? *7*

2   Prognose des Wohnungsbedarfs **9**

    2.1   Methodische Grundlagen *9*

    2.2   Bevölkerungs- und Haushaltsentwicklung *11*

    2.3   Entwicklung des Wohnungsbestands und der Neubautätigkeit *13*

    2.4   Ergänzende Wohnungsmarktbeobachtung *15*

3   Wohnungsversorgung über Wohnungsmärkte **19**

    3.1   Einführung *19*

    3.2   Der Wohnungsmarkt und seine Teilmärkte *21*

    3.3   Anpassungsprozesse am Wohnungsmarkt *23*

    3.4   Anbietergruppen am Wohnungsmarkt *24*

    3.5   Wohnungsnachfrage *32*

4   Wohnungsmarkt und vorgelagerte Märkte: Boden- und Baumarkt **39**

    4.1   Bodenmarkt *39*

    4.2   Baumarkt *49*

5   Wohnungsbaufinanzierung **53**

    5.1   Grundlagen *53*

    5.2   Eigenkapital in der Wohnungsbaufinanzierung *63*

    5.3   Fremdkapital in der Wohnungsbaufinanzierung *76*

6   Wohnungspolitik: Der staatliche Einfluß auf die Wohnungsmärkte **108**

    6.1   Handlungsfelder staatlicher Intervention am Wohnungsmarkt *109*

    6.2   Mietpreisbildung und Mietenpolitik *117*

    6.3   Die soziale Mietwohnraumförderung *124*

    6.4   Förderung der Wohneigentumsbildung *133*

6.5	*Die ertragsteuerliche Behandlung des Mietwohnungsbaus*	142
7	**Die Formation der deutschen Wohnungspolitik nach dem Zweiten Weltkrieg**	**151**
7.1	*Überblick über die Entwicklung*	151
7.2	*Entwicklung des Mietrechts*	158
7.3	*Entwicklung des Sozialen Wohnungsbaus*	174
7.4	*Entwicklung der indirekten steuerlichen Förderung des Wohnungsbaus*	181
7.5	*Entwicklung der Wohneigentumsförderung*	184
8	**Transformation der Wohnungswirtschaft in Ostdeutschland**	**193**
8.1	*Überblick über die Entwicklung*	193
8.2	*Vermögenszuordnung, Restitution und Investition*	196
8.3	*Altschuldenhilfe / Privatisierung*	199
8.4	*Mietrecht*	200
8.5	*Wohnungsbauförderung in den Neuen Ländern*	203
8.6	*Das Leerstandsproblem in den Neuen Ländern*	207
9	**Transformation der Wohnungswirtschaft in den mittel- und osteuropäischen Ländern**	**211**
9.1	*Charakterisierung der Wohnungspolitik*	211
9.2	*Entwicklung der Wohnraummieten*	212
9.3	*Das Beispiel Polen*	212
9.4	*Thesen zur wohnungswirtschaftlichen Transformation*	220
10	**Sachverzeichnis**	**233**

Verzeichnis der Abbildungen

Bild Nr.	Titel	Seite
1.1	Anordnung von Wirtschaftssystemen nach dem Kriterium der Berücksichtigung der Konsumenten- bzw. Produzenteninteressen	*4*
2.1	Entwicklung der durchschnittlichen Kinderzahl je Frau im Deutschen Reich und im früheren Bundesgebiet 1890 bis 2001	*4*
2.2	Informations- bzw. Datenquellen für das Wohnungsmarktbeobachtungssystem	*15*
4.1	Belastung der Bevölkerung durch Straßenverkehrslärm	*44*
4.2	Planungshierarchie	*46*
5.1	Gesamtwirtschaftlicher Kapitalmarkt	*55*
5.2	Abwicklung des Bausparvertrags	*70*
5.3	Formen der Immobilienanlage	*74*
5.4	Stilisierte Bilanz einer Hypothekenbank	*97*
6.1	Zusammensetzung der Kostenmiete	*121*
6.2	Zeitliche Abfolge der Mietensysteme beim Übergang zur Wohnungsmarktwirtschaft	*123*
6.3	Mietensysteme im Vergleich	*124*
6.4	Beziehungen zwischen den Beteiligten bei der einkommensorientierten Förderung	*130*
7.1	Wohnungsfertigstellungen Früheres Bundesgebiet	*154*
7.2	Bewohnte Wohnungen nach Ausstattung mit Bad/Dusche innerhalb der Wohnung im früheren Bundesgebiet	*157*

Bild Nr.	Titel	Seite
7.3	Entwicklung der Wohnungen in Wohngebäuden im früheren Bundesgebiet zwischen 1968 und 1998 nach überwiegender Beheizungsart	*157*
7.4	Wohnungsfertigstellungen insgesamt und Bewilligungen im Sozialen Wohnungsbau von 1950 bis 1975	*158*
7.5	Die Finanzierung des Wohnungsbaus, Anteile der Finanzierungsquellen an den gesamten Wohnungsbauinvestitionen in Prozent	*158*
7.6	Fertigstellungen in neu errichteten Wohngebäuden von 1953 bis 1975, Anteile Ein- und Zweifamilienhäuser resp. Geschoßwohnungsbau	*185*
8.1	Wohnungsfertigstellungen in den neuen Bundesländern	*195*
9.1	Wohnungsfertigstellungen in Polen	*213*
9.2	Altersstruktur des polnischen Wohnungsbestands	*215*
9.3	Entwicklung der Zahl der Haushalte in Polen bis 2030 in Tsd.	*216*
9.4	Entwicklung der Fertilitätsrate von 1960-2000	*216*
9.5	Entwicklung der durchschnittlichen Haushaltsgröße in Polen bis 2030	*217*
9.6	Binnenwanderungen in Polen	*218*
9.7	Inflationsentwicklung Polens in den 90er Jahren	*219*

Verzeichnis der Tabellen

Tab. Nr.	Titel	Seite
2.1	Wohnungsbedarfsprognose nach der Komponentenmethode (fiktives Beispiel)	10
2.2	Bevölkerungsentwicklung: 1950 bis 1999	11
2.3	Haushalte nach Haushaltstypen	13
2.4	Schlüsseldaten der Wohnungsmarktbeobachtung 2002	17
3.1	Verteilung des Wohnungsbestandes auf die Eigentümergruppen 1998	25
3.2	Bewohnte Wohneinheiten in Wohngebäuden nach Art der Nutzung	26
3.3	Wohnungsbestände Gemeinnütziger Unternehmen 1998	31
4.1	Besonderheiten Boden und Immobilie	40
4.2	Bodenflächen nach Art der tatsächlichen Nutzung	43
5.1	Aufbau der Finanzierung für eine Eigentumswohnung	54
5.2	Beispiel Investitionsrechnung: Grunddaten, Finanzierungsstruktur und laufende Aufwendungen	60
5.3	Beispiel Investitionsrechnung: Rückflußverlauf und Verlauf der Nettozahlungen	61
5.4	Nachsteuer-Betrachtung: Berechnung des Steuervorteils im ersten Jahr	63
5.5	Beispiel für die Ermittlung des Kapitalbedarfs bei der Finanzierung selbstgenutzten Wohneigentums	65
5.6	Übersicht LBS-Bauspartarife, Stand 15.4.2003	71
5.7	Ermittlung der finanziellen Belastbarkeit – Beispiel	92
5.8	Finanzierungsaufbau – Beispiel	94

5.9	Finanzierungsplan – Beispiel	*94*
5.10	Freibleibende Konditionen der Wüstenrot-Hypothekenbank für Beleihungen von Familienheimen ab 150.000 Euro im Bereich bis zu 50 Prozent der angemessenen Gestehungskosten (Neubau), des Verkehrswertes, bzw. des Kaufpreises, Stand: 4.7.2003	*104*
6.1	Mietspiegeltabelle der Stadt Halle (Saale)	*119*
6.2	Einkommensgrenzen für die Förderung nach § 9 Abs. 2 WoFG	*126*
6.3	Übersicht über die Förderung nach dem EigZulG	*135*
6.4	Konditionen des KfW-Wohneigentumsprogramms (zehnjährige Zinsfestschreibung, Stand: 7.5.2004)	*137*
6.5	Beispiel für die Formen des Verlustausgleichs	*148*
7.1	Wohnraumverluste und Bevölkerungszuwachs im Vereinigten Wirtschaftsgebiet	*152*
7.2	Bevölkerung, Haushalte und Wohnungsbestand in Westdeutschland 1950-1975	*155*
7.3	Baualter der Wohnungen in Wohngebäuden	*155*
7.4	Ausgewählte Durchschnittswerte für bewohnte Eigentümer- und Mietwohnungen	*156*
7.5	Wohnungen nach öffentlichen Versorgungsanschlüssen im früheren Bundesgebiet	*157*
7.6	Unterschiede zwischen sozialem, steuerbegünstigtem und frei finanziertem Wohnungsbau	*175*
7.7	Entwicklung der steuerlichen Rahmenbedingungen für den Mietwohnungsbau	*182*
8.1	Entwicklung des Mietrechts für das Beitrittsgebiet seit 1990	*202*
9.1	Ausstattung der bewohnten Wohnungen mit Installationen im Jahr 1999 (in Prozent des Gesamtbestandes)	*213*
9.2	Wohnungsfertigstellungen in verschiedenen Transformationsländern	*214*

Wohnungswirtschaftliche Kompendien:

1. *Jenkis*, H. (Hrsg.): Kompendium der Wohnungswirtschaft, Oldenbourg Verlag 1996.
2. *Kühne-Büning*, L. / *Heuer*, J. (Hrsg.): Grundlagen der Wohnungs- und Immobilienwirtschaft, Knapp Verlag 1994.
3. *van Vliet*, W.: The Encyclopedia of Housing, Sage Publications 1998.

Wohnungswirtschaftliche Zeitschriften:

1. *Das Grundeigentum*
2. *Deutsche Wohnungswirtschaft*
3. *Die Wohnungswirtschaft*
4. *Housing Affairs Letter*
5. *Housing and Society*
6. *Housing Finance*
7. *Housing Finance International*
8. *Housing Finance Review*
9. *Housing Policy Debate*
10. *Housing Studies*
11. *Immobilien & Finanzierung*
12. *Journal of Housing and Community Development*
13. *Journal of Housing Economics*
14. *Journal of Housing Research*
15. *Journal of Urban Economics*
16. *Netherlands Journal of Housing and the Built Environment*
17. *Neue Zeitschrift für Miet- und Wohnungsrecht*
18. *Scandinavian Housing and Planning Research*
19. *Taschenbuch für den Wohnungswirt*
20. *Urban Studies*
21. *Wohnungswirtschaft und Mietrecht*
22. *Wohnungswirtschaftliche Informationen*

Einleitung

Wohnen ist ein menschliches **Grundbedürfnis**. Die Versorgung mit dem Gut Wohnen ist ein wesentliches Element der physischen Existenzsicherung. Damit ist der Sozialgutscharakter der Wohnens angesprochen.

Aber Wohnen ist mehr als ein bloßes Grundbedürfnis. Die individuellen Wohnformen sind Ausdrucksformen der freien Entfaltung der Persönlichkeit. Sie sind zugleich Manifestationen des Zeitgeistes, der Moden und der Trends, die die Wohn- und Einrichtungsformen prägen.

Die **gesellschaftliche Bedeutung** des Wohnens reicht über die individuelle Sphäre weit hinaus. Wohnen ist auch eine Form der sozialen Interaktion. Man wohnt in Nachbarschaften. Der Standort der Wohnung ist prägend für die Einbettung in soziale Beziehungsnetze. Diese Beziehungsnetze werden immer komplexer, weil die ethnische und kulturelle Zusammensetzung der Bevölkerung immer heterogener wird. Als Stichworte seien hier interkulturelles und grenzüberschreitendes Wohnen genannt.

Für den sozialen Zusammenhalt der Gesellschaft wird das Wohnen immer mehr zu einem entscheidenden Faktor. Ob die Integration zukünftiger Einwanderer gelingen kann, wird nicht zuletzt davon abhängen, ob Alteinwohner und Zuwanderer mehr zur sozialen Segregation oder mehr zum interkulturellen Zusammenleben in gemeinsamen Wohnquartieren neigen werden.

Die **sozialpolitische Bedeutung** des Wohnens wird von der Vorstellung bestimmter gesellschaftlicher Mindeststandards für ein menschenwürdiges Wohnen bestimmt. Diese Mindeststandards sollen unabhängig vom jeweiligen Haushaltseinkommen verwirklicht werden können. Wo das Einkommen nicht ausreicht, wird die Kaufkraft gezielt durch Wohngeldleistungen verstärkt. Auch die soziale Wohnraumförderung senkt die Mietbelastung einkommensärmerer Haushalte. Außerdem kommt ihr die Aufgabe zu, ein ausreichendes Wohnraumangebot für die diskriminierten Gruppen mit eingeschränktem Marktzugang zu gewährleisten.

Die **gesamtwirtschaftliche Bedeutung** des Wohnens läßt sich anhand verschiedener Indikatoren aufzeigen. Aus der Sicht der Mieter kommt dem Wirtschaftsgut Wohnen schon allein deshalb eine große Bedeutung zu, weil sie im Durchschnitt fast ein Viertel ihres gesamten Haushaltsbudgets für die Miete aufwenden müssen (ohne warme Betriebskosten). Noch höher liegt die durchschnittliche Wohnkostenbelastung der Eigentümerhaushalte in der Rückzahlungsphase.

Die **Wohnungsbauinvestitionen** machen trotz der rückläufigen Entwicklung der letzten Jahre mit 123,5 Mrd. € im Jahr 2002 immer noch 58 Prozent der gesamten Bauinvestitionen und fast 6 Prozent des Bruttoinlandsprodukts aus.

Mehr als 50 Prozent des gesamten deutschen Volksvermögens sind in Immobilien gebunden. Der Wert dieses Immobilienbestandes liegt bei rund 7,14 Bill. €. Davon entfallen 5,51 Bill. € auf Wohnimmobilien. Das ist mehr als das 2,5-fache des Bruttoinlandsprodukts von 2002.

Nicht zu verkennen ist ferner die Bedeutung der Wohnungs- und Immobilienwirtschaft für die Sicherung der **gesamtwirtschaftlichen Beschäftigung**. Ende Juni 2002 waren in den 78.526 Unternehmen des deutschen Bau- und Immobiliengewerbes fast 2,4 Mio. Mitarbeiter beschäftigt. Der Wohnungsbau ist traditionell die bedeutendste Auftragssparte der Bauwirtschaft. 90 Prozent der Wohnungsbauleistungen werden durch Handwerksbetriebe erbracht.

Der Wohnungsmarkt ist im Schrifttum als „**klassischer Interventionsmarkt**" bezeichnet worden. Der Grund für die intensive staatliche Einflußnahme auf die Wohnungsmärkte liegt in den Besonderheiten des Wirtschaftsgutes Wohnen. Es weist eine ganze Reihe **ökonomischer Besonderheiten** auf, die es zum Objekt eines eigenständigen Politikbereichs machen der Wohnungspolitik.

Die Handlungsfelder staatlicher Intervention am Wohnungsmarkt sind entsprechend vielfältig. Sie reichen von der Förderung von Wohnungsbauinvestitionen und der Erleichterung des Marktzugangs bis zur Stabilisierung der Wohnungsbautätigkeit.

Ein traditionell besonders wichtiges Handlungsfeld der Wohnungspolitik bildet die **Wohneigentumsförderung**, die in erster Linie mit familien- und vermögenspolitischen Argumenten begründet wird. Die staatliche Förderung hat in der Vergangenheit einen spürbaren Beitrag zur Wohneigentumsbildung breiter Schichten geleistet. Neben der Eigenheimzulage sind hier u.a. auch die KfW-Darlehen sowie die soziale Wohnraumförderung zu nennen.

Dem Wohnungsbau kommt daneben auch eine eminente **städtebauliche und raumordnungspolitische Bedeutung** zu, die über die Funktion eines sog. „weichen Standortfaktors" weit hinausreicht. Die städtebauliche Bedeutung des Wohnens wird angesichts der städtebaulichen Konsequenzen des einsetzenden säkularen Bevölkerungsrückgangs in Zukunft noch steigen. An dieser Stelle sei nur das politische Projekt des „Stadtumbaus Ost" genannt, bei dem es um die geordnete Schrumpfung der ostdeutschen Städte geht. Die umumgänglichen Rückbaumaßnahmen sollen städtebaulich so gesteuert werden, daß lebenswerte Stadtlandschaften entstehen bzw. erhalten bleiben.

Angesichts der demographischen Entwicklung wird für die absehbare Zukunft der Schwerpunkt der Wohnungsbautätigkeit nicht im Neubau, sondern in der **Bestandsanpassung und -sanierung** liegen. Die Wohnungsbauförderung hat aus dieser Entwicklung bereits die Konsequenzen gezogen und im Bereich der sozialen Wohnraumförderung die Bestandsorientierung der Förderung verankert.

Von besonderer Bedeutung ist das Thema Wohnen in den Ländern **Mittel- und Osteuropas**. Die Wohnungswirtschaft weist in den meisten Ländern dieser Region einen ganz erheblichen Reformbedarf auf. Die Ausgangssituation der Wohnungspolitik in den postsozialistischen Ländern Mittel- und Osteuropas läßt sich wie folgt beschreiben.

Die Versorgungslage ist in der Regel von einem erheblichen Wohnungsdefizit gekennzeichnet. Der bauliche Zustand des Gebäudebestandes weist aufgrund von zum Teil jahrzehntelang unterbliebenen Erhaltungsinvestitionen ein gewaltiges Instandhaltungsdefizit auf. Das Mietrecht ist in den meisten Ländern gespalten, d.h. für Neubauwohnungen können knappheitsgerechte Preise genommen werden, während die Mieten für die Altbauwohnungen und die in der sozialistischen Zeit errichteten Bestände auf niedrigem Niveau administriert sind. Ein weiteres gemeinsames Merkmal des Wohnens in den postsozialistischen Ländern ist die verbreitete Energieverschwendung. Diese ist nicht nur auf die Bauweisen und unterlassenen Instandhaltungen, sondern auch auf die fehlenden vertragsmäßigen und technischen Voraussetzungen für eine verursachungsgerechte Abrechnung der Betriebskosten zurückzuführen.

Neben den unmittelbaren Problemen der Gegenwart müssen in Mittel- und Osteuropa wichtige wohnungspolitische Weichenstellungen für die mittel- und langfristige Zukunft vorgenommen werden. Angesprochen sind damit beispielsweise die Bereiche des mietrechtlichen Leitbildes am Ende des Transformationsprozesses oder die Frage nach der Ausrichtung der Wohnungsbauförderung (Neubau- oder Bestandsförderung, Förderung des Wohnens zur Miete oder Wohneigentumsförderung, etc.).

Dieses Lehrbuch befaßt sich mit der Darstellung, der Rechtfertigung und der kritischen Diskussion staatlicher Eingriffe in das Marktgeschehen an den Wohnungsmärkten. Die Basis dafür wird in den Grundlagenkapiteln gelegt, die sich mit der Funktionsweise des Wohnungsmarktes einschließlich seiner vorgelagerten Märkte befassen. Im **ersten Kapitel** wird eine ordnungspolitische Einordnung der Wohnungswirtschaft in das Ordnungsmodell der Sozialen Marktwirtschaft vorgenommen. Im **zweiten Kapitel** steht die Nachfrageseite des

Wohnungsmarktes im Vordergrund. Dort werden die methodischen Grundlagen langfristig orientierter Wohnungsbedarfsprognosen erläutert. Das **dritte Kapitel** führt die Nachfrage- und die Angebotsseite des Wohnungsmarktes zusammen. Dabei wird auf die Besonderheiten der Nachfrage nach Wohnraum ebenso eingegangen wie auf die verschiedenen Anbietergruppen am Wohnungsmarkt. Das besondere Interesse gilt den Anpassungsprozessen, die am Wohnungsmarkt viel weniger reibungslos verlaufen als an den meisten anderen Märkten. Eine weitere Besonderheit des Wohnungsmarktes ist die Vielzahl der sachlichen und räumlichen Teilmärkte, in die dieser Markt zerfällt. Die dem Wohnungsmarkt vorgelagerten Märkte (Boden-, Bau- und Kapitalmarkt) werden in **Kapitel vier** und fünf behandelt. Sowohl der Boden- als auch der Baumarkt weisen ökonomische Besonderheiten auf, die eine nähere Erläuterung verdienen.

Der Schwerpunkt der Darstellung liegt aber auf den Kapitalmärkten (**Kapitel fünf**: Wohnungsbaufinanzierung). Die Organisation dieses Kapitels orientiert sich an der Herkunft der Kapitalien (Eigen- oder Fremdkapital). Als Quellen des Eigenkapitals kommen in erster Linie Selbstfinanzierung, Bausparen und Immobilienfonds in Frage. Fremdkapital für Wohnungsbaufinanzierungen stammt hauptsächlich aus klassischen Hypothekendarlehen. Aber auch die Fremd-Innenfinanzierung kommt als Kapitalbeschaffungsquelle in Frage (z.B. Abschreibungsfinanzierung). Nicht vernachlässigt wird das Problem der Refinanzierungsquellen von Immobilienkrediten (z.B. Pfandbriefe, Sparkassenobligationen, Mortgage Backed Securities). Abgerundet wird das Kapitel zur Wohnungsbaufinanzierung von einigen Überlegungen zum Management des Zinsänderungsrisikos.

Das **sechste Kapitel** beschäftigt sich mit der staatlichen Einflußnahme auf die Wohnungsmärkte. Die Instrumente aus den verschiedenen Politikbereichen (Mietenpolitik, soziale Wohnraumförderung, Wohneigentumsförderung, steuerliche Förderung) werden charakterisiert und auf ihre ökonomische und sozialstaatliche Rechtfertigung hin untersucht. Auch **Kapital sieben** beschäftigt sich mit der Wohnungspolitik – allerdings aus historischer Perspektive. Dieser Ansatz eröffnet neue Einsichten und Perspektiven auch in Hinblick auf die Gestaltung des wohnungswirtschaftlichen Transformationsprozesses in Mittel- und Osteuropa. Dasselbe Motiv sprach dafür, in **Kapital acht** auf die Transformation der ostdeutschen Wohnungswirtschaft seit 1990 einzugehen. Die Situation der mittel- und osteuropäischen Länder wird konkret im neunten Kapitel behandelt. Die dort thesenhaft präsentierten Handlungsempfehlungen orientieren sich an den deutschen Erfahrungen mit wohnungswirtschaftlichen Transformationsprozessen im letzten Jahrhundert.

Dieses Lehrbuch hat eine lange Vorgeschichte. Die Pläne und Aufzeichnungen für das Lehrbuchprojekt reichen bis in die Anfangszeit des Autors an der Hochschule Zittau / Görlitz zurück. Der Autor ist insbesondere Frau Prof. Lidwina Kühne-Büning und Herrn Horst van Emmerich für den Ansporn und den fachlichen Austausch zu Dank verpflichtet. Herrn Weigert vom Oldenbourg-Verlag ist dafür zu danken, daß er nie den Glauben an die Fertigstellung verloren hat. Herrn Manfred Sydow sind nicht nur vielfältige Anregungen, sondern auch der Anstoß für die wissenschaftliche Spezialisierung des Autors auf die Wohnungswirtschaft zu verdanken.

1 Einführung: Soziale Wohnungsmarkwirtschaft

1.1 Die Grundentscheidung für die Marktwirtschaft

Die Wohnungswirtschaft ist wie jeder andere Wirtschaftszweig eingebettet in eine bestimmte Wirtschaftsordnung. In Deutschland bildet die „**Soziale Marktwirtschaft**" den Ordnungsrahmen der Wohnungswirtschaft. Wirtschaftsordnungen sind konkrete Gebilde, keine Entwürfe. Eine **Wirtschaftsordnung** kann man als die Gesamtheit der Entscheidungsregeln und Normen, die die Beziehungen der Wirtschaftssubjekte untereinander und ihre Beziehungen gegenüber dem Staat regeln, definieren. **Wirtschaftssysteme** sind dagegen idealtypische Entwürfe, die einem bestimmten Leitbild folgen. Die einzelnen Bausteine eines Wirtschaftssystems sind aufeinander abgestimmt, während in einer konkreten Wirtschaftsordnung durchaus Widersprüche auftreten können.

Wirtschaftssysteme kann man anhand unterschiedlicher Kriterien voneinander abgrenzen. In Frage kommen dafür etwa die **Eigentumsverhältnisse** an den Produktionsmitteln, die Verfahren der **Einkommensverteilung**, die **Endziele** allen Wirtschaftens, die Verbreitung bestimmter **Zuteilungsverfahren**, die **Preisbildung**, der Grad an **Konsumentensouveränität** und die **Zentralität der Planungsentscheidungen**. Eine Marktwirtschaft läßt sich durch folgende Ausprägungen dieser Merkmale charakterisieren:

- Als Grundprinzip gilt das „Individualprinzip" (statt des „Kollektivprinzips" in der Planwirtschaft).
- Die Preisbildung erfolgt auf Märkten (keine Preissetzungen oder Preisbeeinflussungsmaßnahmen staatlicher Behörden).
- Die Produktionsmittel stehen in Privateigentum.
- Die Zielsetzung allen Wirtschaftens ist die Rentabilität (und nicht die Planerfüllung).
- Investitionsentscheidungen werden autonom von den Betrieben und Haushalten getroffen (dezentrale statt zentraler Planung).
- Die Produktionsmengen passen sich den Marktgegebenheiten an (und nicht den Planvorgaben).
- Es herrscht freie Konsumwahl.
- Die Einkommensverteilung bildet sich im Wettbewerb heraus (Beiträge zur Bedürfnisbefriedigung).

– Die Außenwirtschaft (Güter-, Kapital- und Dienstleistungsverkehr) wird ebenfalls von den freien Entscheidungen der Wirtschaftssubjekte bestimmt (keine Zölle, Kapitalverkehrsbeschränkungen, etc.).

In der Marktwirtschaft wird mit Hilfe von **Zuteilungsverfahren** festgelegt, wer wieviel von den knappen Gütern und Ressourcen erhält. Die meisten Güter werden mit Hilfe des **Preismechanismus** zugeteilt: "Der freie Preis räumt den Markt!" Wenn der Staat Eingriffe in die freie Preisbildung unterläßt, sorgt das Zusammenspiel von Angebot und Nachfrage im Wettbewerb ganz von selbst dafür, daß der Markt immer wieder ins Gleichgewicht zurückfindet. Ein Marktgleichgewicht ist dabei als ein stabiler Zustand der Vereinbarkeit von Produktions- und Konsumptionsplänen definiert. Alle Nachfrager, die bereit und in der Lage sind, den markträumenden Gleichgewichtspreis zu zahlen, werden auch bei der Zuteilung berücksichtigt. Die Anbieter können ihre geplante Produktion zum Gleichgewichtspreis absetzen. Gleichgewichtszustände sind stabil in dem Sinne, daß sie ohne äußere Anstöße (z.B. Einkommens- oder Zinsänderungen) in der Folgeperiode reproduziert werden. Marktungleichgewichte sind dagegen instabil. Die Marktkräfte bewirken eine Transformation von ungleichgewichtigen in gleichgewichtige Zustände.

Diese Kräfte sind natürlich auch am Wohnungsmarkt aktiv. Ungleichgewichtszustände an den Wohnungsmärkten (Leerstände oder Wohnungsmangel) sind in der Regel aber nicht nur vorübergehender Natur. Es kommt hinzu, daß die Folgen eines Ausschlusses von der Zuteilung des Gutes Wohnen für die betroffenen Haushalte schwerwiegend sind (in einer Überschußnachfragesituation schlimmstenfalls Obdachlosigkeit).

In einer Zentralverwaltungswirtschaft werden dagegen viele Preise von den Planungsbehörden auf ein nicht marktgerechtes Niveau festgesetzt (auch und gerade die Wohnungsmieten) und es kommen andere Zuteilungsverfahren als der Preismechanismus zum Einsatz: Bezugsscheine, Schlangestehen, Parteimitgliedschaft, Systemkonformität, Bevorzugung von Verheirateten bei der Wohnungsvergabe, etc. Die Markträumung wird in der Zentralverwaltungswirtschaft zu einer Frage der Leistungsfähigkeit der Planbehörden. Die Praxis solcher Wirtschaftsordnungen wird erfahrungsgemäß von einer Mischung aus Versorgungsengpässen bei vielen Gütern und Überproduktion bei anderen geprägt. Nicht selten wird ein Teil der von der Überschußnachfrage betroffenen Güter über Schwarzmärkte zugeteilt (z.B. Beschaffung von Baumaterial für den Eigenheimbau in der DDR unter Einsatz von Tauschwaren und persönlichen Beziehungen).

Für die Versorgung mit dem Gut Wohnen waren in den sozialistischen Volkswirtschaften permanente Versorgungsengpässe typisch. Künstlich niedrig gehaltene Wohnungsmieten haben in der Kombination mit einer unzureichenden Wohnungsproduktion in diesen Volkswirtschaften zu einer dauerhaften Überschußnachfrage nach Wohnraum geführt. Die Zuteilung erfolgte mittels einer straffen Wohnraumbewirtschaftung.

Eng verbunden mit der Frage nach dem dominanten Zuteilungsverfahren ist die Frage nach dem Grad, in dem die stets konkurrierenden Produzenten- und Konsumenteninteressen in einem Wirtschaftssystem zum Zuge kommen. In einer reinen oder „freien" Marktwirtschaft, die sich ausschließlich des Marktpreises zur Zuteilung der knappen Güter bedient, herrschen die Konsumenteninteressen absolut, es herrscht „**Konsumentensouveränität**". Es sind letzten Endes allein die Präferenzen der Endverbraucher, die über jeden Ressourceneinsatz in der Volkswirtschaft entscheiden, also darüber in welchen Sektoren die knappen Produktionsfaktoren Arbeit, Kapital und Boden eingesetzt werden (z.B. im Wohnungsbau oder in der Automobilindustrie). Alleiniger Endzweck jeder Investition, jedes Produktionsfaktoreinsatzes, ja überhaupt jeder wirtschaftlichen Aktivität (einschließlich innovativer Aktivitäten) ist die optimale Befriedigung der Konsumentenbedürfnisse. Nach dem Beitrag zur Befriedigung dieser Bedürfnisse richten sich auch die Einkommensanteile in der Marktwirtschaft („Marktleistungsgerechtigkeit").

In einer freien Marktwirtschaft werden der Wohnungswirtschaft weder zusätzliche Ressourcen durch staatliche Lenkungsmaßnahmen zugewiesen (z.B. Abschreibungsvergünstigungen, Investitionszulagen), noch finden Eingriffe in die Einkommensverteilung mit dem Ziel einer Stärkung der Kaufkraft bestimmter Nachfragergruppen am Wohnungsmarkt statt (z.B. progressiver Einkommensteuertarif, Wohngeld).

Im Gegensatz zur freien Marktwirtschaft betonen alle anderen Wirtschaftssysteme (Dritter Weg, Zentralverwaltungswirtschaft, Kommunismus) mehr oder weniger deutlich die **Produzenteninteressen**, d.h. sie setzen sie im Zweifel gegen entgegengerichtete Konsumenteninteressen durch. Diese alternativen Wirtschaftssysteme haben gegenüber der Marktwirtschaft den gravierenden Nachteil, daß sie bei der Durchsetzung der Produzenteninteressen nicht auf die der Marktwirtschaft immanenten spontanen Koordinationskräfte setzen können („**unsichtbare Hand**"). Je mehr die Produzenteninteressen Berücksichtigung finden, desto interventionistischer ist ein Wirtschaftssystem also.

100 Prozent
Produzenten-
souveränität

Dritter
Weg Road to Serfdom

100 Prozent
Konsumenten-
souveränität

Kommu-
nismus

Zentral-
verwaltungs-
wirtschaft

Markt-
wirt-
schaft
pur

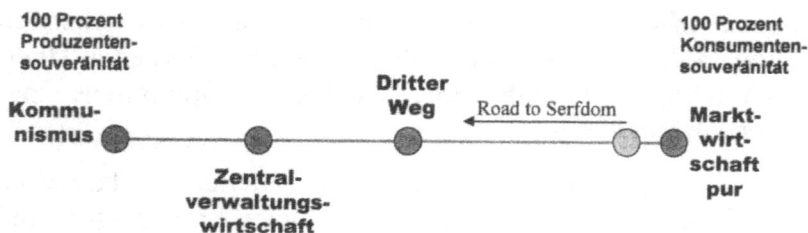

Bild 1.1   Anordnung von Wirtschaftssystemen nach dem Kriterium der
Berücksichtigung der Konsumenten- bzw. Produzenteninteressen

Hat eine Gesellschaft die Grundentscheidung für eine marktwirtschaftliche
Ordnung getroffen, so empfiehlt sich die Umsetzung in einer **möglichst reinen Form**, d.h. mit einem möglichst geringen Grad der Berücksichtigung von
Produzenteninteressen (z.B. kurze Ladenöffnungszeiten, Behinderung der An-
siedlung von großflächigen Einzelhandelsbetrieben, Garantiepreise für land-
wirtschaftliche Produkte, Befähigungsnachweise als Voraussetzung für die selbständige Ausübung bestimmter Berufe, etc.). Alle gemischten Wirtschaftssysteme haben nämlich die Tendenz sich schrittweise in Richtung auf eine Zentralverwaltungswirtschaft zu entwickeln (Hayek: **„road to serfdom"**). Der
Grund dafür sind sogenannte **„Interventionsketten"**. Ein zunächst lediglich punktueller Eingriff in den Marktmechanismus bildet nur zu oft den Ausgangspunkt für zahlreiche Folgeinterventionen zur Erreichung des ursprünglichen Interventionszieles (z.B. Eingriffe in die freie Preisbildung an den Wohnungsmärkten, die eine Verschärfung des Kündigungsschutzes zu Lasten der
Vermieter nach sich ziehen). Mit der Zeit wird die Wirtschaftsordnung auf diese Weise immer bürokratischer und hierarchischer.

Allerdings kann die sich selbst überlassene Marktwirtschaft nicht immer für ein
optimales Marktergebnis garantieren. Es können Fälle von **Marktversagen**
auftreten, in denen staatliche Eingriffe geboten erscheinen, um die Unvoll-
kommenheiten des Marktes zu korrigieren. Als Ursachen von Marktversagen
kommen in Frage: Wettbewerbsbeschränkungen (z.B. durch Kartelle in der
Zementindustrie), öffentliche Güter[1], externe Effekte (Abschnitt 4.1.1.3) und
asymmetrische Informationen (z.B. zwischen Kreditgeber und Kreditnehmer
über die Zahlungsmoral des Kreditnehmers, Abschnitt 6.1.3.2).

Auch bestimmte **Besonderheiten des Wohnungsmarktes** kommen als
mögliche Grundlagen für staatliche Eingriffe in Betracht. Der Wohnungsmarkt
ist ein typischer Interventionsmarkt, der von umfangreichen staatlichen Eingrif-

---

[1] Ein (reines) öffentliches Gut erfüllt die Kriterien der „Nicht-Ausschließbarkeit" (technische oder wirtschaftliche Unmöglichkeit, Nutzer auszuschließen, die nichts zur Finanzierung beigetragen haben) und
der „Nicht-Rivalität im Konsum" (zusätzliche Nutzer verursachen keine zusätzlichen Kosten).

fen und Subventionen geprägt ist (z.B. Preisbildungsvorschriften, Abschreibungsvergünstigungen, Wohngeld). In der Marktwirtschaft bedürfen derartige Eingriffe einer Rechtfertigung. Die Marktergebnisse sind nur dann korrekturbedürftig, wenn tatsächlich Marktversagen vorliegt. Die Korrekturen haben ihrerseits nicht unbesehen die Effizienzvermutung auf ihrer Seite (Interventionsketten, Staatsversagen).

1.2   Das Ordnungsmodell der Sozialen Marktwirtschaft

In Deutschland wurde nach den negativen Erfahrungen mit der staatlichen Lenkung der Wirtschaftsabläufe unter der nationalsozialistischen Diktatur das Ordnungsmodell der **sozialen Marktwirtschaft** entwickelt. Mit diesem Ordnungsentwurf wird eine aus ethischer und sozialer Sicht angemessene Grenzziehung zwischen der Freiheit des Einzelnen und der sozialen Bindung durch die Berücksichtigung der Belange des Gemeinwohls angestrebt.[2]

Grundlage der sozialen Marktwirtschaft ist die Anerkennung des **privaten Eigentums**. Vom Besitz unterscheidet sich das Eigentum dadurch, daß dem Eigentümer die Sache rechtlich gehört, während der Besitzer lediglich die tatsächliche Herrschaft über den Gegenstand ausübt. So ist ein Mieter lediglich Besitzer der von ihm angemieteten Räume.

Die Institution des Privateigentums ist von großer Bedeutung für die individuellen **Leistungsanreize**. In der Marktwirtschaft ist die Höhe des Gewinns ein Indikator für den Grad der Befriedigung der Konsumentenbedürfnisse. Damit sich daraus entsprechende Leistungsanreize ergeben können, muß die Gesellschaft die dauerhafte Aneignung eines wesentlichen Teils der Unternehmensgewinne durch die Eigentümer zulassen. Artikel 14 des Grundgesetzes setzt allerdings Schranken für die Ausübung des Eigentumsrechtes:

▸ Das Eigentum und das Erbrecht werden gewährleistet. Inhalt und Schranken werden durch die Gesetze bestimmt.

▸ Eigentum verpflichtet. Sein Gebrauch soll zugleich dem Wohle der Allgemeinheit dienen.

▸ Eine Enteignung ist nur zum Wohle der Allgemeinheit zulässig. Sie darf nur durch Gesetz oder auf Grundlage eines Gesetzes erfolgen, das Art und Ausmaß der Entschädigung regelt. Die Entschädigung ist unter gerechter Abwägung der Interessen der Allgemeinheit und der Beteiligten

---

[2] Das Konzept der Sozialen Marktwirtschaft wurde zwischen 1930 und 1950 von einer Gruppe von Ökonomen um Walter Eucken und Alexander Rüstow entwickelt („Freiburger Schule").

zu bestimmen. Wegen der Höhe der Entschädigung steht im Streitfalle der Rechtsweg vor den ordentlichen Gerichten offen.

Innerhalb der durch die Gesetze gezogenen Grenzen darf der Eigentümer mit seinem Eigentum aber nach Belieben verfahren. So kann ein Immobilieneigentümer seine Immobilie nach Belieben benutzen (Ausnahme: Zweckentfremdung von Wohnraum[3]), belasten (etwa durch Grundschulden oder Reallasten) oder veräußern.

Das Grundgesetz schränkt das Eigentumsgrundrecht jedoch durch das **Sozialstaatsprinzip** ein („Eigentum verpflichtet"). Mit dem Sozialstaatsprinzip werden vor allem Einschränkungen in den Bereichen Wohnraummietrecht und Baurecht gerechtfertigt. So ist es mit der Eigentumsgarantie des Art. 14 Abs. 1 Satz 1 GG vereinbar, daß der Gesetzgeber das ordentliche Kündigungsrecht des Vermieters von Wohnraum von einem berechtigten Interesse an der Beendigung des Mietverhältnisses (Eigenbedarf) abhängig gemacht hat (BVerfGE 68, 361). Außerdem hat das Bundesverfassungsgericht das Besitzrecht des Mieters an der gemieteten Wohnung gleichfalls als Eigentum im Sinne von Art. 14 Abs. 1 Satz 1 GG bezeichnet (BVerfGE 89, 1).

Art. 15 Satz 1 GG erlaubt als weitere spezielle Form der Einschränkung der Eigentumsgarantie die sog. „Sozialisierung" von Grund und Boden, sowie von Naturschätzen und Produktionsmitteln gegen Entschädigung. Die Substanz des Eigentums darf durch die Gesetze allerdings nicht angetastet werden. So sind etwa Steuern mit konfiskatorischem Charakter nicht mit dem Grundgesetz vereinbar.

Zusätzlich gestützt wird die Eigentumsgarantie des Grundgesetzes durch die Gewährleistung des **Erbrechts**. Das Erbrecht umfaßt die Testierfreiheit des Erblassers, das Prinzip der gesetzlichen Privaterbfolge in Orientierung an familienrechtlichen Beziehungen und nach überwiegender Meinung auch ein Pflichtteilsrecht naher Angehöriger. Die Testierfreiheit garantiert jeder zur Selbstbestimmung fähigen natürlichen Person das Recht, zu Lebzeiten durch letztwillige Verfügung in den dafür gesetzlich vorgesehenen Formen über ihr Eigentum zu bestimmen. Der Zugriff des Staates auf die Erbmasse zuungunsten der Erben (Besteuerung) ist nur begrenzt zulässig und darf nicht unverhältnismäßig sein.

---

[3] So ist nach der Zweckentfremdungsverordnung der Landesregierung NRW vom 12.06.2001 etwa in der Stadt Köln die Nutzung von Wohnraum zu anderen als Wohnzwecken (z.B. Umwandlung in Praxis- oder Büroräume, Leerstehenlassen über mehr als drei Monate, Abriß) nur mit behördlicher Genehmigung möglich. Die Nutzung geschützten Wohnraums zu anderen als Wohnzwecken ohne Genehmigung ist eine Ordnungswidrigkeit und kann mit Bußgeldern bis zu 50.000 Euro geahndet werden.

Neben der Anerkennung der wirtschaftlichen Grundfreiheiten (außer der Eigentumsgarantie vor allem die Freizügigkeit nach Art. 11 GG und die Berufsfreiheit nach Art. 12 GG) sind es zwei Grundprinzipien, die die Wirtschaftsordnung der sozialen Marktwirtschaft prägen:

– das **Subsidiaritätsprinzip**: Jede gesellschaftliche und staatliche Tätigkeit ist ihrem Wesen nach subsidiär (unterstützend und ersatzweise eintretend). Die höhere staatliche oder gesellschaftliche Einheit darf also nur dann helfend tätig werden und Funktionen der niederen Einheiten an sich ziehen, wenn deren Kräfte nicht ausreichen, um diese Funktionen selbständig wahrzunehmen. Das Subsidiaritätsprinzip sichert individuelle Freiheit, Eigenständigkeit und Selbstverantwortlichkeit.

– das **Solidaritätsprinzip**: Es beinhaltet die Verantwortung des Einzelnen für die Geschicke der ganzen Gesellschaft wie auch die Verpflichtung der Gesellschaft zu Hilfeleistung und Schutz gegenüber ihren Mitgliedern.

Die Anerkennung des Solidaritätsprinzips hat nicht dazu geführt, daß das Recht auf eine Wohnung in den Grundrechtskatalog des Grundgesetzes aufgenommen worden wäre. Dafür wurde ein solches Recht in einigen Landesverfassungen festgeschrieben.[4] Einen staatlichen Auftrag für wohnungspolitisches Handeln kann man außerdem aus dem Sozialstaatsprinzip ableiten (Art. 20 Abs. 1 GG). Wesentliche Grundrechte, wie die Würde des Menschen (Art. 1 GG), die freie Entfaltung der Persönlichkeit (Art. 2 Abs. 1 GG), das Recht auf Leben und körperliche Unversehrtheit (Art. 2 Abs. 2 GG) sowie auch der Schutz der Familie (Art. 6 Abs. 1 GG) lassen sich ohne bestimmte quantitative und qualitative Mindestansprüche an die Wohnverhältnisse nicht garantieren.

1.3   Die Wohnung – privates Gut oder Sozialgut?

Vielfach wird die Wohnung als „Sozialgut" der Wohnung als „Marktgut" gegenübergestellt. Der Sozialgutscharakter wird damit begründet, daß

– der Ausschluß von der Versorgung mit dem Gut Wohnung existenzbedrohend sei,

– die Wohnung Lebensmittelpunkt und Zufluchtstätte sei,

– bestimmte Mindeststandards hinsichtlich Qualität und Quantität der Wohnraumversorgung für alle Menschen hergestellt werden müßten, um ein men-

---

[4] z.B. in Berlin (Art. 19 Abs. 1), Brandenburg (Art. 46 Abs.1) und Bayern (Art. 106 Abs. 1).

schenwürdiges Leben und ein Abgleiten in einen Teufelskreis der Armut zu verhindern.

Die Betrachtung der Wohnung als soziales Gut schließt die Geltung der Gesetze der Preistheorie am Wohnungsmarkt nicht aus. Es wird aber gefordert, daß am Wohnungsmarkt besondere Rahmenbedingungen hergestellt werden müßten (bspw. Kündigungsschutz, Mietbegrenzungen, Wohnungsbauförderung), um die sozial unerwünschten Ergebnisse einer freien Wohnungsmarktwirtschaft zu korrigieren.

Literatur zum 1. Kapitel:

1. *Donges / Freytag*: Allgemeine Wirtschaftspolitik, UTB 2004.

2. *Hoag / Hoag*: Introductory Economics, World Scientific Publishing Company 2002.

3. *Schlecht*: Ordnungspolitik für eine zukunftsfähige Marktwirtschaft, Frankfurter Allgemeine Buch 2001.

4. *Siebert*: Einführung in die Volkswirtschaftslehre, Kohlhammer Verlag 2003.

5. *van Suntum*: Die unsichtbare Hand. Ökonomisches Denken gestern und heute, Springer Verlag 2001.

2 Prognose des Wohnungsbedarfs

2.1 Methodische Grundlagen

Wohnungs- und Sozialpolitik, die räumliche Planung und die Wohnungswirtschaft benötigen für ihr Handeln Aussagen zum gegenwärtigen und zukünftigen Wohnungsbedarf der Bevölkerung. In der sozialen Marktwirtschaft ist zu unterscheiden zwischen Aussagen

– zur normativen **Wohnungsbedarfssituation** und
– zur **Wohnungsmarktsituation** (Wohnungsangebot und Wohnungsnachfrage).

Wohnungspolitik mit dem Ziel einer ausreichenden Versorgung der Bevölkerung mit Wohnraum setzt eine Festlegung von **Versorgungsnormen** voraus. Die Bedarfsnorm für den als wohnungspolitisch notwendig angesehenen Versorgungsgrad lautet: **Jedem Haushalt eine Wohnung!** Diese Norm enthält zwei Eingangsgrößen: die Zahl der Haushalte und die Zahl der vorhandenen Wohnungen. Man unterscheidet folgende Bedarfskategorien:

- **Nachholbedarf**: Zum Prognosezeitpunkt übersteigt die Zahl der Haushalte die der vorhandenen Wohnungen (Unterversorgung).

- **Ersatzbedarf**: Zum Prognosezeitpunkt und / oder zu einen zukünftigen Zeitpunkt besteht ein Bedarf an Wohnraum aufgrund von Abbrüchen, nicht mehr bewohnbaren Wohnungen, Umwidmung von Wohnräumen in gewerblich genutzte Räume oder aufgrund von Wohnungszusammenlegungen. In Deutschland wird der Ersatzbedarf jährlich auf 0,1 bis 0,5 Prozent des vorhandenen Wohnungsbestandes geschätzt. Die Höhe der Quote für den Ersatzbedarf hängt auch von der Qualität der Bausubstanz ab.

- **Neubedarf**: Wohnungsbedarf aufgrund steigender Haushaltszahlen im Prognosezeitraum.

- **Funktionsreserve**: Um die Funktionstüchtigkeit des Wohnungsmarktes aufrecht zu erhalten und damit die Mobilität der Bevölkerung zu gewährleisten (Wohnungswechsel), wird für den deutschen Wohnungsmarkt eine Funktionsreserve (frei verfügbare Wohnungen) von 2,5 Prozent als notwendig erachtet.

- **Überversorgung**: Die Zahl der vorhandenen Wohnungen übersteigt im Untersuchungszeitpunkt die Zahl der vorhandenen Haushalte.

Der zur Normerfüllung benötigte zukünftige Wohnungsneubau läßt sich auf der Basis einer Haushaltsvorausschätzung aus den einzelnen Komponenten errechnen:

> **Zukünftiger Neubedarf =**
> **Nachholbedarf + Ersatzbedarf + Neubedarf + Funktionsreserve**

Ausgangsgrößen (t_0)	
Bereinigter Wohnungsbestand in t_0 (ohne Behelfs- und Notwohnungen)	7.200.000
Wohnungsnachfrager in t_0 (Zahl der vorhandenen Haushalte)	8.000.000
Neubedarf (Zeitraum t_0 bis t_i)	
Vorausgeschätzte Zunahme der Haushalte bis t_i	500.000
Funktionsreserve (2,5 Prozent des Wohnungsbestandes)	144.000
Ersatzbedarf (0,5 Prozent im Zeitraum t_0 bis t_i)	252.000
Zwischensumme	896.000
Wohnungsdefizit im Zeitpunkt t_0	800.000
Wohnungsneubedarf bis zum Zeitpunkt t_i	**1.696.000**

Tab. 2.1 Wohnungsbedarfsprognose nach der Komponenten-methode (fiktives Beispiel)

Die Treffsicherheit einer Wohnungsbedarfsprognose hängt in erster Linie von der Qualität der Annahmen über die Bevölkerungsentwicklung[5], über die Entwicklung der Zahl der Haushalte sowie über den Ersatzbedarf und die Funktionsreserve ab.

---

[5] Bei Bevölkerungsprognosen werden üblicherweise mehrere Szenarien durchgespielt, wobei jeweils unterschiedliche Wanderungssalden sowie Geburten- und Sterberaten angenommen werden.

2.2   Bevölkerungs- und Haushaltsentwicklung

Die Bevölkerungszahl wird in Deutschland in größeren Zeitabständen durch Zählungen erfaßt und jährlich fortgeschrieben. Die Angaben über die Zahl der vorhandenen Haushalte basieren auf den Ergebnissen aus den Totalzählungen und auf Hochrechnungen der Mikrozensusergebnisse (1 Prozent-Stichproben zu bestimmten Zeitpunkten). Die Veränderungen der Gesamtbevölkerung setzen sich aus folgenden Komponenten zusammen: der Anzahl der Lebendgeborenen und der Sterbefälle (natürlicher Bevölkerungssaldo) und der Anzahl der Zuzüge und der Fortzüge (Wanderungssaldo).

Jahr	Deutschland	West	Ost
1950	68.377	49.989	18.388
1960	72.674	55.433	17.241
1970	77.709	60.651	17.058
1980	78.275	61.538	16.736
1990	79.365	63.257	16.111
1999	82.087	68.834	15.253

Tab. 2.2   Bevölkerungsentwicklung: 1950 bis 1999
Quelle: Statistische Jahrbücher.

Die Bevölkerung hat sich seit 1950 in den beiden Teilen Deutschlands ganz unterschiedlich entwickelt. In der früheren Bundesrepublik setzte nach 1950 ein stetiges Bevölkerungswachstum ein, das sich bis 1960 in erster Linie aus Zuwanderungen aus der ehemaligen DDR rekrutierte. Diese Wanderungsgewinne gingen nach dem Mauerbau im August 1961 deutlich zurück.

Das westdeutsche Bevölkerungswachstum der 60er Jahre war dann vor allem die Folge eines hohen Geburtenüberschusses. Es wurde durch die 1965 einsetzende gezielte Anwerbung ausländischer Arbeitskräfte noch verstärkt (**Gastarbeiterimmigration**). Bis 1970 war die Bevölkerung der alten Bundesländer bereits von 49,989 Mio. (1950) auf 60,651 Mio. und damit um 21,3 Prozent angestiegen.

Mit der zunehmenden Verbreitung der **Geburtenkontrolle** mit der Anti-Baby-Pille setzte Ende der 60er Jahre ein Geburtenrückgang auf ein Niveau von nur noch etwa 1,4 Kindern je Frau ein (das Reproduktionsniveau liegt bei 2,1 Kindern je Frau). Auf diesem Stand ist die Fertilität mit geringen Schwankungen bis heute verblieben.

**Kinderzahl
je Frau** [1]

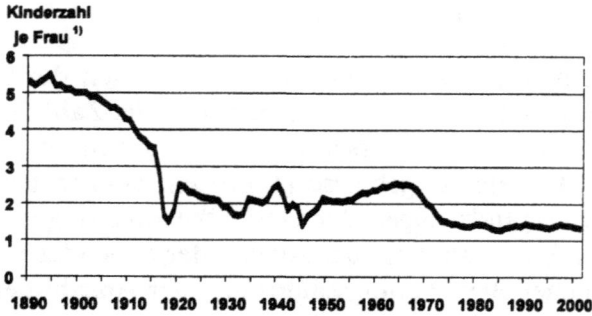

```
6
5
4
3
2
1
0
  1890 1900 1910 1920 1930 1940 1950 1960 1970 1980 1990 2000
```

Bild 2.1 Entwicklung der durchschnittlichen Kinderzahl
je Frau im Deutschen Reich und im früheren
Bundesgebiet 1890 bis 2001
Quelle: Statistisches Landesamt Baden-Württemberg

Nachdem obendrein als Folge des Ölpreisschocks von 1973 die Anwerbung
ausländischer Arbeitskräfte eingestellt worden war, nahm die westdeutsche Bevölkerung nur noch langsam zu (bis 1980 auf 61,54 Mio. Personen). Erst mit
der politischen Wende in der DDR und in ganz Mittel- und Osteuropa setzte in
Westdeutschland ab 1989 wieder ein dynamisches, vom Zustrom der Aus- und
Übersiedler getragenes Bevölkerungswachstum ein (Anstieg auf 68,83 Mio.
Personen bis 1999).

Im Gegensatz zur Bevölkerungsentwicklung im alten Bundesgebiet war die
ehemalige DDR fast während der gesamten Zeit ihres Bestehens einem Bevölkerungsrückgang ausgesetzt. Die Gesamtbevölkerung ging von 18,39 Mio. Personen im Jahre 1950 bis 1990 auf 16,11 Mio. zurück (minus 12,1 Prozent),
während im gleichen Zeitraum die westdeutsche Bevölkerung um 13,265 Mio.
Personen oder 26,5 Prozent zugenommen hat.

1990 hatte das wiedervereinigte Deutschland eine Bevölkerung von 79,37 Mio.
Einwohnern. Von 1990 bis 2002 hat die gesamtdeutsche Bevölkerung nur langsam um insgesamt 4,0 Prozent auf 82,54 Mio. Personen zugenommen. Der
Anstieg ist allein auf die Bevölkerungszunahme in den alten Bundesländern zurückzuführen. Die Bevölkerung in den neuen Bundesländern hat sich dagegen
rückläufig entwickelt.

Für die Zukunft zeichnet sich aufgrund der seit 35 Jahren für eine Reprodukti-
on der Bevölkerung um etwa ein Drittel zu geringen Fertilität eine Schrumpfung und zunehmende Überalterung der Bevölkerung ab. Diese Entwicklung

wird dramatische Konsequenzen nicht nur für die umlagefinanzierten Systeme der sozialen Sicherung, sondern auch für den Wohnungsbedarf in den verschiedenen Teilräumen haben.

Die Wohnungspolitik geht bei der Erfassung der Versorgungssituation mit Wohnraum vom Bedarfsträger „Haushalt" als der maßgeblichen Zähleinheit aus. Die Zahl der Haushalte wird nicht nur von demographischen, sondern auch von sozioökonomischen Faktoren bestimmt. So hat der Anteil der Einpersonenhaushalte in Westdeutschland zwischen 1973 und 1995 von 26,2 Prozent auf 34,9 Prozent zugenommen. Der Trend zu kleineren Haushalten läßt sich auch an der Entwicklung der durchschnittlichen Haushaltsgröße ablesen.

Haushaltstypen				
Gegenstand der Nachweisung	Einheit	2000	2001	2002
Haushalte	1 000	38 124	38 456	38 720
Einpersonenhaushalte	1 000	13 750	14 056	14 225
2-Personenhaushalte	1 000	12 720	12 904	13 060
3-Personenhaushalte	1 000	5 598	5 502	5 487
4-Personenhaushalte	1 000	4 391	4 346	4 315
Haushalte mit 5 und mehr Personen	1 000	1 665	1 647	1 633

Tab. 2.3   Haushalte nach Haushaltstypen
Quelle: Statistisches Bundesamt

2.3   Entwicklung des Wohnungsbestands und der Neubautätigkeit

Veränderungen des Wohnungsbestands können verschiedene Ursachen haben:

- Wohnungsneubau (+)
- Ausbau (+)
- Teilung von Wohnungen (+)
- Änderung der Nutzungsart: Wohnen statt Gewerbe (+)
- Abriß oder Rückbau (-)
- Zusammenlegung von Wohnungen (-)
- Zweckentfremdung von Wohnraum (-)

Als Datenbasis für die Ermittlung des Wohnungsbestands dienen die in mehrjährigen Zeitabständen durchgeführten Wohnungszählungen sowie die Mikrozensus-Zusatzerhebungen. Die Zahl der vorhandenen Wohnungen wird auf dieser Grundlage in jährlichem Rhythmus fortgeschrieben.

Zwischen 1950 und 1990 hat sich der Gesamtbestand an Wohnungen in Westdeutschland nahezu verdreifacht (Anstieg von 9,4 auf 26,9 Mio. Wohneinheiten). In Ostdeutschland hat der Wohnungsbestand im gleichen Zeitraum dagegen nur um 37 Prozent zugenommen (von 5,1 Mio. auf 7,0 Mio. Einheiten).

Im Jahre 1990 zählte man in ganz Deutschland 33,9 Mio. Wohnungen. Bis zum Jahr 2002 ist der Gesamtbestand weiter auf 38,96 Mio. Wohnungen angewachsen. Bei einer Gesamtbevölkerung von 82,54 Mio. Personen entspricht dies 2,12 Personen je Wohnung. Die Zahl der Haushalte entspricht mit 38,72 Mio. derzeit recht genau der Zahl der Wohnungen.

Bei der Erklärung des Verlaufs der Neubautätigkeit muß die Verflechtung mit anderen Wirtschaftszweigen berücksichtigt werden. Die Entwicklung der Wohnungsfertigstellungen wird insbesondere auch von der Bau- und Kreditwirtschaft beeinflußt. Daneben spielen makroökonomische (etwa die Einkommens- und Beschäftigungsentwicklung) und demographische Variablen sowie wohnungspolitische Entscheidungen eine wichtige Rolle.

2.4 Ergänzende Wohnungsmarktbeobachtung

Die Unterschiede in den Versorgungslagen der einzelnen Länder und Kommunen erfordern ebenso wie die differenzierten Entwicklungen in den regionalen und lokalen soziodemographischen Strukturen eine Regionalisierung der Wohnungspolitik. Die Datengrundlage dafür wird durch sog. „**Wohnungsmarktbeobachtungssysteme**" zur Verfügung gestellt.

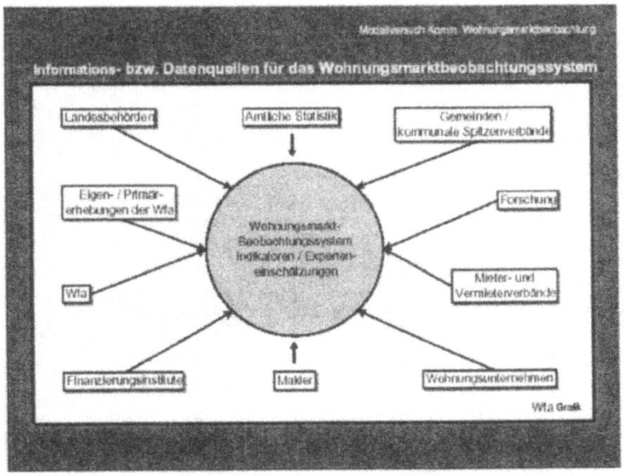

Bild 2.2   Informations- bzw. Datenquellen für das
Wohnungsmarktbeobachtungssystem
Quelle: Wfa

In Nordrhein-Westfalen dient ein solches System seit 1992 als Grundlage für eine bedarfsgerechte und vorbeugende Wohnungspolitik. Ziel ist das frühzeitige Erkennen von Trends und Umschwüngen auf Landesebene sowie von Problemgruppen und kritischen Teilmärkten. Kontinuierlich werden aus einer Vielzahl ausgewählter quantitativer und qualitativer Indikatoren (Bruttoinlandsprodukt, Arbeitslosenzahl, Preis- und Produktionsindizes des Baugewerbes, Indizes des Auftragseingangs, Baugenehmigungen und Baufertigstellungen, Zahl der Wohngeldempfänger und der Obdachlosen, durchschnittliche Haushaltsgröße, rechnerisches Wohnungsdefizit, Leerstands- und Fluktuationsquoten, Mietindizes, etc.) die Rahmenbedingungen und das aktuelle Geschehen auf den Wohnungsmärkten erfaßt und analysiert. Die Datenanalyse wird durch eine Experteneinschätzung der Wohnungsmarktsituation ergänzt.

	2001	Veränderung zum Vor-jahr	Aussicht für 2002
Wirtschaftliche Rahmenda-ten			
Bruttoinlandsprodukt NRW	+0,2 %	−2,8 %-Punkte	stagnierend
Arbeitslosenzahl	766.300	−1,5 %	steigend
Preisindex der Lebenshal-tung (1995=100)	109,9	+2,3 %	leicht steigend
Rahmenbedingungen für das Wohnungsangebot			
Preisindex für Bauleistungen (1995=100)	104,7	+0,3 %	leicht steigend
Nettoproduktionsindex Bau-hauptgewerbe (1995=100) − gesamt	78,1	−7,5 %	sinkend
− Wohnungsbau	76,7	−14,5 %	sinkend
Auftragseingangsindex Bau-hauptgewerbe (1995=100) − gesamt	74,6	−5,6 %	sinkend
− Wohnungsbau	67,4	−17,9 %	sinkend
Baureifes Land: − Kauffälle gesamt	4.756	−7,3 %	sinkend
− umgesetzte Fläche	3.383.000 m^2	−13,4 %	leicht sinkend
− Preise	110 €/m^2	−3,5 %	konstant
Hypothekarzinsen (5 Jahre fest)	5,68 %	−0,7 %-Punkte	leicht steigend
Hypothekarzinsen (10 Jahre fest)	6,08 %	−0,6 %-Punkte	leicht steigend
Wohnungsangebot			
Wohnungsbestand − insgesamt	8.217.000	+0,8 %	leicht steigend
− Sozialwohnungen (1. Förderweg)	1.062.700	−2,6 %	leicht sinkend
Baufertigstellungen	67.100	−18,4 %	stark sinkend
Baugenehmigungen	57.600	−15,4 %	leicht sinkend
Bauabgänge	4.100	+6,1 %	konstant
Bauintensität	8,2	−1,9 %	sinkend
Wohnfläche pro Wohnung	83,7 m^2	+0,2 %	leicht steigend
pro Einwohner	38,1 m^2	+0,8 %	leicht steigend
Wohnungsbedarf und −nachfrage			
Empfänger von Hilfe zum Lebensunterhalt	661.800	+2,0 %	steigend

Wohngeldempfänger	779.400 (Stand 2000)	2,4 %	steigend
Obdachlose	23.100	−9,8 %	sinkend
Wohnungssuchende Haushalte (1. Förderweg)	96.900	+0,1 %	konstant
Bevölkerung (am Ort der Hauptwohnung)	18.052.000	+0,2 %	konstant
durchschnittliche Haushaltsgröße	2,15	−0,01	leicht sinkend
Zahl der Haushalte	8.396.300	+0,7 %	leicht steigend
Mieten und Marktanspannung			
Wohnungsdefizit	179.000	−2,7 %	abnehmend
Leerstände	1,7 %	+0,4 %-Punkte	leicht steigend
Umzugsquote (Mobilitätsrate) NRW	8,2 %	−0,6 %-Punkte	konstant
Umzugsquote (Mobilitätsrate) Großstädte	8,5 %	−0,5 %-Punkte	konstant
Fluktuationsquote der Wohnungsunternehmen	10,3 %	+1,0 %-Punkte	leicht steigend
LDS-Index Bruttomieten (1995=100)	113,1	+1,8 %	steigend
LDS-Index Nettomieten (1995=100)	111,6	+1,4 %	steigend
- davon Altbauwohnungen	114,8	+1,7 %	steigend
- davon Neubauwohnungen	110,7	+1,3 %	leicht steigend
LDS-Index Wohnnebenkosten	122,6	+4,3 %	steigend
Miete in Zeitungsinseraten (Veränderung)	-	leicht gestiegen	leicht steigend
Mietrückstände	1,5 %	−0,3 %-Punkte	konstant
Räumungsverfahren (je 100 Wohnungen)	1,4 %	+/−0 %-Punkte	konstant

Tab. 2.4 Schlüsseldaten der Wohnungsmarktbeobachtung 2002
Quelle: Landesbank NRW

Neben landesweiten Trends lassen sich auf regionaler und lokaler Ebene unterschiedliche Entwicklungen feststellen. Für wohnungspolitische und investive Entscheidungen wird auch eine regionale und lokale Wohnungsmarktbeobachtung benötigt, um Fehlsteuerungen und Fehlinvestitionen zu vermeiden.

Darüber hinaus bietet sich mit einer kooperativen regionalen Wohnungsmarktbeobachtung die Chance zu einer gemeindeübergreifenden Sicht der Woh-
nungsmarktprozesse. Der regionale Wohnungsmarkt endet nicht an den administrativen Grenzen der Gemeinden. Die Reichweite eines lokalen Wohnungs-
anbotes wird u.a. vom Mobilitätsverhalten der Wohnungsnachfrager, von der
Arbeitsmarktlage und von der lokalen Verkehrsanbindung bestimmt. Außerdem ist in diesem Zusammenhang die zunehmende Verflechtung zwischen den
Kernstädten und ihrem Umland zu berücksichtigen.

In Nordrhein-Westfalen läuft derzeit ein vierjähriger Modellversuch „Kommunale Wohnungsmarktbeobachtung", an dem 16 Städte beteiligt sind. Vorhandene statistische Daten werden zusammengeführt und durch eigene empirische
Erhebungen wohnungsmarktrelevanter Daten ergänzt, um einen aktuellen
Überblick zu erhalten.

Literatur zum 2. Kapitel:

1. *Birg*, H. (Hrsg.): Demographische Methoden zur Prognose der Haushalts- und Familien-
struktur. Campus Verlag 1986.

2. *Birg*, H.: Die demographische Zeitenwende. Verlag C.H.Beck 2001.

3. *Höbel*, R.: Methoden von Wohnungsbedarfsprognosen. Methodische Probleme und Hin-
weise zur Erstellung von Wohnungsbedarfsprognosen, InWIS-Bericht Nr. 5/94.

3 Wohnungsversorgung über Wohnungsmärkte

3.1 Einführung

Unter einem Markt versteht man die Gesamtheit der ökonomischen Beziehungen zwischen Anbietern und Nachfragern eines bestimmten Gutes an einem bestimmten Ort in einem bestimmten Zeitintervall. Die Wohnungsversorgung der Bevölkerung vollzieht sich in Deutschland über Märkte (Wohnungsmärkte), die ihrerseits in den Ordnungsrahmen der sozialen Marktwirtschaft eingebunden sind. Grundlegend ist folgende Unterscheidung:

- der Markt für **Wohnnutzungen** („space market"), auf dem zeitlich begrenzte Nutzungsrechte an einer Wohnung angeboten und nachgefragt werden sowie
- der Markt für **Wohnimmobilien**, auf dem Eigentumsrechte an Wohnimmobilien gehandelt werden.

Das Mietwohnungsangebot beinhaltet nur die Nutzungen, die von einer Wohnung innerhalb eines bestimmten Zeitraumes abgegeben werden. Das Angebot an Wohnungsnutzungen hat mithin eine sachliche und zeitliche Dimension. Die dem Mieter überlassene Wohnung geht nicht in sein Eigentum über. Ihm stehen lediglich die von der Wohnung ausgehenden Nutzungen langfristig zur Verfügung. Auf dem Markt für Wohnimmobilien werden dagegen Eigentumsrechte gehandelt.

Auf der Nachfrageseite unterscheidet man zwischen der Nachfrage nach dem Erwerb von Beständen (stock demand) und der Nachfrage nach Nutzungen aus diesen Beständen (flow demand). Flow demand am Wohnungsmarkt ist die Nachfrage nach den Nutzungen der vorhandenen Wohnungsbestände. Der Gegenstand der stock demand ist hingegen die Nachfrage nach Wohnimmobilien. Sie ist mithin auf den Immobilienmarkt gerichtet.

Wir können nun die Wohnungsmärkte genauer definieren:

- Unter dem Markt für Wohnnutzungen versteht man die Gesamtheit der ökonomischen Beziehungen zwischen Vermietern und Mietern von Wohnungen in einem bestimmten Region in einem bestimmten Zeitintervall.
- Unter dem Markt für Wohnimmobilien versteht man die Gesamtheit der ökonomischen Beziehungen zwischen Anbietern und Nachfragern von Wohnimmobilien in einem bestimmten Region in einem bestimmten Zeitintervall.

Wohnungsbedarf äußert sich in der Marktwirtschaft als Wohnungsnachfrage am Wohnungsmarkt. Wohnungsbedarf wird nur dann auch zu Wohnungsnachfrage, wenn der Haushalt über eine entsprechende Kaufkraft verfügt. Das bedeutet aber, daß die wirtschaftlichen Verhältnisse eines Haushaltes darüber entscheiden, ob und in welchem Ausmaß er am Wohnungsmarkt teilnehmen kann. Unterschiede im Einkommen und in den sozialen Verhältnissen führen dazu, daß nicht alle Haushalte als gleichberechtigte Nachfrager am Wohnungsmarkt auftreten können. Es gehört zu den Aufgaben der Wohnungspolitik, eine Mindestversorgung auch derjenigen Haushalte sicherzustellen, die über keine ausreichende Kaufkraft verfügen, um die vom Markt geforderten Mieten zu bezahlen (Abschnitt 6.3).

An einem freien Wohnungsmarkt bestimmen nicht die Kosten die am Markt erzielbare Miete, sondern Angebot und Nachfrage in der jeweiligen Marktsituation. Der Preis bildet sich im Spannungsverhältnis von Angebot und Nachfrage. Je knapper das Angebot im Verhältnis zur Nachfrage ausfällt, desto höher steigt der Preis und umgekehrt. Für den einzelnen Wohnungsanbieter heißt das: Finden sich – bei einem allgemeinen Überangebot an Wohnraum – zu der von ihm auf der Grundlage seiner laufenden Aufwendungen (Kapital- und Bewirtschaftungskosten, Abschnitt 5.1.3) kalkulierten Miete keine Mietbewerber, dann wird er seine Mietpreisforderung zurücknehmen müssen, um die Wohnung vermieten zu können. Die volle Deckung seiner Kosten durch die Mieteinnahmen ist dann nicht mehr gewährleistet. Auf der anderen Seite hat der Vermieter die Chance, mehr als seine laufenden Kosten am Markt zu verdienen, wenn die Nachfrage das Angebot übersteigt und die Wohnungsmieten steigen.

Um einschätzen zu können, ob ein normativer Wohnungsbedarf (jedem Haushalt eine Wohnung) sich auch als Wohnungsnachfrage äußern kann, sind sozioökonomische Daten heranzuziehen, z.B. Entwicklung der Mieten, Lebenshaltungskosten und Einkommen, Zahl der Arbeitslosen, der Wohngeldempfänger, der Sozialhilfeempfänger, der Obdachlosen und der Wohnungssuchenden. Die für die Wohnungsversorgung kritische Frage ist, ob am Markt genügend Wohnungen angeboten werden, deren Mieten auch mit den geringen Budgets einkommensarmer Haushalte für das Wohnen finanziert werden können. Wenn die Gesellschaft bestimmte qualitative und quantitative Mindeststandards für ein menschenwürdiges Wohnen durchsetzen will, dann wird sie die einkommensarmen Haushalte subventionieren müssen (Subjekt- oder Objektförderung, Abschnitt 6.3), wenn sie sich diese Standards aus eigener Kraft nicht leisten können.

Der Wohnungsmarkt wird auch als „**Bestandsmarkt**" bezeichnet. Mit dieser Bezeichnung wird auf die empirische Tatsache angespielt, daß der größte Teil des Angebots an Mietwohnungen aus dem bereits vorhandenen Wohnungsbestand stammt. Die jährlich hinzutretenden Wohnungsfertigstellungen machen dagegen in normalen Marktsituationen nur zwischen zwei und vier Prozent des Bestands aus. Es kommt hinzu, daß der größere Teil des Mietwohnungsbestandes durch langfristige Mietverträge bereits gebunden ist. Das Wohnungsangebot aus dem Bestand wird nur im Falle von Wieder-Vermietungen an den Markt gebracht. Es bildet in Hinblick auf die Preisbildung an den Wohnungsmärkten ein durchaus eigenständiges Marktsegment. Das in einem Jahr zur Neu- oder Wiedervermietung anstehende Angebot entspricht dagegen bei normalen Marktverhältnissen nur zwischen 10 bis 12 Prozent des gesamten Wohnungsbestands.

3.2   Der Wohnungsmarkt und seine Teilmärkte

Auf dem Markt für Wohnimmobilien (Immobilienmarkt) werden Eigentumsrechte gehandelt. Eine Wohnimmobilie geht gegen Entrichtung des Kaufpreises in das Eigentum des Käufers über. Dafür erhält der Erwerber ein unbefristetes Nutzungs- und Verfügungsrecht an der Immobilie. Im Rahmen der gesetzlichen Beschränkungen kann er sie nach Belieben nutzen, vermieten, beleihen oder veräußern.

Beim Handelsobjekt Wohnungsnutzungen handelt es sich dagegen um den Erwerb eines zeitlich beschränkten Nutzungsrechts an einer Wohnung. Der Anbieter einer Wohnung schließt mit dem Nachfrager einen Mietvertrag ab, in dem die wechselseitigen Rechte und Pflichten festgelegt sind. Als Gegenleistung für die Überlassung der Nutzungsrechte hat der Nutzungsberechtigte regelmäßig die vereinbarte Miete zu entrichten.

Eine Wohnung kann man sich aus wirtschaftlicher Sicht als ein komplexes, mehrdimensionales Bündel von Gütereigenschaften (sog. „Wohnwertmerkmalen") vorstellen, die ihren Wert für den Nutzer bestimmen. Je nach der Bedeutung der einzelnen Gütereigenschaften für den Nutzer kann der Wert ein- und derselben Wohnung für verschiedene Wohnungsnachfrager sehr unterschiedlich sein (z.B. Spielplatz auf dem Grundstück, Erreichbarkeit von Versorgungseinrichtungen mit öffentlichen Verkehrsmitteln). Zu den Wohnwertmerkmalen zählen im Einzelnen:

- **Standort** der Wohnung (Stadt, Umland oder ländlicher Raum, Makro- und Mikrostandort, Nachbarschaft, Lage im Gebäude, etc.),
- **Größe** und Zuschnitt (Grundriß, Zuordnung der Wohnräume),
- **Ausstattung** (z.B. Zentralheizung, Balkon, Parkett, elektrische Rolläden, Kabelfernsehen, Einbauschränke),
- **Bauliche Beschaffenheit** der Wohnung (einwandfreie Beschaffenheit oder Schäden an der Bausubstanz).

Mit den Wohnwertmerkmalen kann man den Wohnungsmarkt in räumliche und sachliche Teilmärkte einteilen. Auch Unterschiede in den rechtlichen Rahmenbedingungen (z.B. Mietrecht, Zugangsbeschränkungen und Art der Finanzierung) können zur Abgrenzung von Teilmärkten herangezogen werden. Wenn die einzelnen sachlichen und räumlichen Teilmärkte des Wohnungsmarktes auch nicht unverbunden nebeneinander stehen, so sind die Beziehungen zwischen vielen Teilmärkten doch nur lose (z.B. Wohnungsmarkt in Stuttgart und in Görlitz).

Beispiel: An einem regionalen Mietwohnungsmarkt ziehen die Mieten für besser ausgestattete Wohnungen aufgrund steigender Nachfrage in diesem Segment spürbar an. Aus der Sicht eines Wohnungsnachfragers führt dies zu einer höheren Rendite aus einer möglichen Investition in eine vergleichbare Eigentumswohnung: Er spart nun im Verhältnis zu seiner anfänglichen Investition mehr an Miete.

Für Familie Müller ergibt sich folgende Rechnung: Der Zinssatz für langfristige Staatsanleihen liegt derzeit bei 6,0 Prozent. Die Müllers verfügen aus einer Erbschaft über ein Geldvermögen von € 120.000, daß sie mit einer möglichst hohen Verzinsung anlegen wollen. Die Kaltmiete für die derzeit zur Miete bewohnte Eigentumswohnung mit 100 m² Wohnfläche ist von € 5,00 auf € 6,00 pro Monat und m² gestiegen. Die Wohnung wurde den Müllers von Ihrem Vermieter zum Kauf angeboten. Der Kaufpreis einschließlich der Erwerbsnebenkosten beträgt € 100.000.

Die Rendite r_0 für die Investition in Wohneigentum lag vor der Mieterhöhung bei 6 Prozent:

$r_0 = (€ 5,00 * 100 \text{ m}^2 * 12) / € 100.000$

Nach der Mieterhöhung ist sie auf 7,2 Prozent gestiegen:

$r_0 = (€ 6,00 * 100 \text{ m}^2 * 12) / € 100.000$.

Die Rendite der Investition in die Eigentumswohnung ist nun deutlich höher als die für sichere langfristige Kapitalanlagen. Familie Müller kauft die Wohnung, d.h. sie wechselt vom Markt für Mietwohnungen in den Markt für Wohneigentum. Auch andere Haushalte werden nun verstärkt Wohnungen aus dem Bestand kaufen oder neue Eigenheime bauen. Je mehr Nachfrager sich zu diesem Schritt entschließen, desto stärker sinkt die Nachfrage auf dem lokalen Vermietungsmarkt für gut ausgestattete Wohnungen. Dadurch sinken ceteris paribus die Mieten, während die Preise für Eigentumswohnungen und Einfamilienhäuser ebenso wie die Baupreise steigen. Der Prozeß kommt zum Stillstand, wenn der alternative Anlagezins wieder mit der durchschnittlichen Rendite für die Investition in Wohneigentum übereinstimmt.

Die **Standortgebundenheit** der Wohnung führt dazu, daß der Wohnungsmarkt in eine Vielzahl **regionaler Teilmärkte** zerfällt. Die Grenzen eines regionalen Teilmarktes hängen von verschiedenen Faktoren ab, die für den einzelnen Wohnungsnachfrager von unterschiedlicher Bedeutung sind:

- die Entfernung zum Arbeitsort und zu den für den Haushalt wichtigen infrastrukturellen Einrichtungen,
- die Leistungsfähigkeit der Verkehrsanbindung,

– die räumlichen Verhaltenspräferenzen der Nachfrager (Pendler- und Wanderungsverhalten).

Für die meisten Untersuchungszwecke hat es keinen Sinn, von „dem" deutschen Wohnungsmarkt zu sprechen. Hinter Aussagen die sich auf die Verfassung des Gesamtmarktes beziehen, verbergen sich stets differenzierte Entwicklungen der räumlichen Teilmärkte. Ein Nebeneinander von regionalen Teilmärkten mit Angebots- und Nachfrageüberhängen und entsprechend unterschiedlichen Preistendenzen ist durchaus die Regel (z.B. Wohnungsmangel in Stuttgart, Überangebot in Görlitz). Räumliche Wohnungsteilmärkte darf man sich aber auch nicht als Inseln vorstellen.

Sachliche Teilmärkte können durch unterschiedliche Regulierungsansätze begründet werden. Je nach der Intensität der staatlichen Intervention auf dem jeweiligen Teilmarkt ergeben sich unterschiedliche Rahmenbedingungen wirtschaftlichen Handelns. Zu unterscheiden sind hier der **frei finanzierte** und der (öffentlich geförderte) **soziale Wohnungsbau** (Abschnitt 6.3). In diesem Marktsegment nimmt der Staat insbesondere Einfluß auf die Investitionsbedingungen, die Mietpreisbildung und den Marktzugangsmöglichkeiten der Wohnungsnachfrager.

Wegen der Unterschiede in der Art der gehandelten Güter, den unterschiedlichen rechtlichen Rahmenbedingungen (Mietpreisbildung und Marktzugang) und der regionalen Beschränktheit der Teilmärkte ergibt sich das Gesamtbild eines ausgeprägt **heterogenen Wohnungsmarktes**. Eine wesentliche Folge der Heterogenität ist die **eingeschränkte Markttransparenz**. Anbieter und Nachfrager haben Probleme, sich eine Marktübersicht zu verschaffen. Damit sind die Möglichkeiten eines Preisvergleichs eingeschränkt und die Einschätzung der Marktsituation wird den Marktteilnehmern erschwert. Wegen der fehlenden Marktübersicht können sich erhebliche Preisunterschiede für vergleichbare Wohnungen ergeben. Investitionsentscheidungen sind mit großen Unsicherheiten verbunden. Zur Verbesserung der Markttransparenz können sogenannte „Mietspiegel" (Preisübersichten, Abschnitt 6.2.1.2) oder Marktforschungsaktivitäten beitragen.

3.3 Anpassungsprozesse am Wohnungsmarkt

Am Wohnungsmarkt werden besonders **langlebige Investitionsgüter** gehandelt. Die mit der Erstellung einer Mietwohnung verbundenen Ein- und Auszahlungsströme verteilen sich auf Zeiträume zwischen 50 und 100 Jahren. Die Kosten aus der Vermietung einer Wohnung setzen sich zusammen aus den Kapitalkosten (Zinsen für das in der Immobilie gebundene Kapital) und den laufenden Bewirtschaftungskosten (Verwaltungs-, Instandhaltungskosten, Mietausfallwagnis, siehe dazu Abschnitt 5.1.3).

Durch seine verzögerte Reaktion auf Änderungen der Marktpreise unterscheidet sich der Wohnungsmarkt grundlegend von den meisten Konsum- und Investitionsgütermärkten (**Trägheitseigenschaft**). Eine Angebotsausweitung kann am Wohnungsmarkt nur mit erheblichen zeitlichen Verzögerungen realisiert werden. Von der Investitionsentscheidung für ein Neubauvorhaben bis zur Marktwirksamkeit desselben können drei bis vier Jahre vergehen.

Aufgrund dieser Wirkungsverzögerungen reagiert der Wohnungsmarkt auf Nachfragesteigerungen zunächst vergleichsweise starr. Die Folge sind Warteschlangen und spürbare Preiserhöhungen. Diese nimmt die Wohnungspolitik regelmäßig zum Anlaß für Interventionen, z.B. eine intensivere Förderung des sozialen Wohnungsbaus oder ein restriktiveres Mietpreisrecht.

Es kommt hinzu, daß die Bereitschaft der Anbieter zur Ausweitung des Wohnungsangebotes von den Rahmenbedingungen wohnungswirtschaftlicher Investitionen abhängt (z.B. Erhältlichkeit von Krediten, Verfügbarkeit geeigneten Baulands, freie Kapazitäten in der Bauwirtschaft). Es nehmen also auch vorgelagerte Märkte Einfluß auf die Anpassungsreaktionen der Anbieter am Wohnungsmarkt. Zwischen der Wohnungswirtschaft und den ihr vorgelagerten Märkten (Bau-, Boden- und Kapitalmärkte) bestehen Interdependenzen (Abschnitte 4.1, 4.2 und 5).

Ausgeprägte Starrheiten weist das Wohnungsangebot nicht nur bei steigenden, sondern auch bei fallenden Mietpreisen auf. Ein vorhandenes Wohnungsangebot kann bei einem Nachfragerückgang selbstverständlich nicht sofort vom Markt genommen werden. Die nicht nachgefragten Wohnungen stehen zunächst leer. Sie bleiben aber als Angebot am Markt wirksam und können einen allgemeinen Rückgang der Wohnungsmieten auslösen.

3.4   Anbietergruppen am Wohnungsmarkt

Unter einem Anbieter von Mietwohnungen wird eine private oder juristische Personen verstanden, die bezugsfertige Wohnungen aus dem eigenen Wohnungsbestand (einschließlich Erstvermietung) zur Vermietung anbietet. Nicht als Anbieter in diesem Sinne gelten Bauträger, die zwar Eigentums-Wohnungen auf eigene Rechnung herstellen, sie aber so bald wie möglich an Kapitalanleger oder Selbstnutzer weiterveräußern wollen. Wohneigentümer, die ihre Wohnung selbst bewohnen, sind zugleich Anbieter und Nachfrager.

Anbietergruppe	Anteil am gesamten Wohnungsbestand in Prozent	Anteil am Wohnungsbestand in Gebäuden mit drei und mehr Wohnungen in Prozent
Privatpersonen	73,4	54,0
Gemeinde oder Kommunales Wohnungsunternehmen	8,9	15,6
Wohnungsbaugenossenschaften	6,6	11,8
Wohnungsunternehmen	6,5	11,2
Kirchen, Religionsgemeinschaften	0,2	0,2
Bund, Land, Juristische Personen des öffentlichen Rechts	1,6	1,8
Versicherungen	0,6	1,1
Sonstige Unternehmen	1,1	1,7
Treuhandanstalt	0,3	0,3
Immobilienfonds	0,3	0,5
Kreditinstitute	0,2	0,2
Sonstige	0,3	1,6

Tab. 3.1   Verteilung des Wohnungsbestandes auf die Eigentümergruppen
1998

Von den Wohnungen, die die Eigentümer selber bewohnen (selbstgenutztes Wohneigentum) zu unterscheiden sind die Wohnungen, die am Wohnungsmarkt zur Vermietung angeboten werden. Dem Mietwohnungsmarkt kommt in Deutschland das größere Gewicht zu. 57,4 Prozent des Wohnungsbestandes sind Mietwohnungen (im Westen 55,4 Prozent und im Osten 65,8 Prozent des Wohnungsbestandes).

Bewohnte Wohneinheiten in Wohngebäuden nach Art der Nutzung *					
	2002				
		Davon			
Land	Insgesamt	Eigentümer-		Miet-	
		wohneinheiten			
	1 000	1 000	%	1 000	%
Baden-Württemberg	4 355,6	2 148,0	49,3	2 207,1	50,7
Bayern	5 207,6	2 545,8	48,9	2 661,9	51,1
Berlin	1 682,3	214,1	12,7	1 468,2	87,3
Brandenburg	1 085,6	431,6	39,8	654,0	60,2
Bremen	327,8	115,1	35,1	212,6	64,9
Hamburg	804,1	175,8	21,9	628,3	78,1
Hessen	2 584,4	1 156,1	44,7	1 428,3	55,3
Mecklenburg-Vorpommern	753,6	270,7	35,9	482,9	64,1
Niedersachsen	3 335,2	1 701,2	51,0	1 634,0	49,0
Nordrhein-Westfalen	7 543,6	2 939,5	39,0	4 604,1	61,0
Rheinland-Pfalz	1 680,9	936,8	55,7	744,1	44,3
Saarland	458,0	260,4	56,9	197,6	43,1
Sachsen	1 920,5	594,8	31,0	1 325,6	69,0
Sachsen-Anhalt	1 103,2	436,3	39,6	666,8	60,4
Schleswig-Holstein	1 240,0	612,5	49,4	627,5	50,6
Thüringen	1 045,8	437,3	41,8	608,5	58,2
Deutschland	**35 128,2**	**14 976,1**	**42,6**	**20 152,1**	**57,4**
Nachrichtlich:					
Früheres Bundesgebiet	28 590,1	12 738,2	44,6	15 851,9	55,4
Neue Länder und Berlin-Ost	6 538,1	2 237,9	34,2	4 300,3	65,8
* Ohne Wohnheime.					

Aktualisiert am 13. August 2003

Tab. 3.2   Bewohnte Wohneinheiten in Wohngebäuden nach Art der Nutzung
Quelle: Statistisches Bundesamt 2004

Der deutsche Mietwohnungsmarkt weist eine heterogene Anbieterstruktur aus. Die Anbieter am Mietwohnungsmarkt können zu drei großen Gruppen zusammengefaßt werden: private Anbieter, Wohnungsgenossenschaften und Wohnungsunternehmen.

3.4.1   Die Gruppe der privaten Anbieter

Die privaten Anbieter sind die größte Anbietergruppe. Sie unterscheiden sich von den institutionellen Anbietern nicht nur durch ihren in der Regel geringen Marktanteil, sondern auch durch ihre geringere Professionalität und ihr Verhalten am Markt (z.B. Nichtausschöpfen von Mieterhöhungsspielräumen). Die große Bedeutung der Privatanleger für das Marktgeschehen kann nicht zuletzt mit den über viele Jahre gewährten Steuervorteilen erklärt werden, die eine Investition in den Mietwohnungsbau insbesondere für gutverdienende Privatanleger attraktiv erscheinen ließ.

Der sogenannte „Amateuranbieter" besitzt nur wenige Wohneinheiten, die er selbst verwaltet. Als Investitionsmotive kommen neben steuerlichen Gründen, die Motive der Selbstversorgung, der Altersvorsorge und der Vermögensanlage in Frage.

Von dieser Gruppe zu unterscheiden sind diejenigen privaten Anbieter, die die mit ihrem Hausbesitz verbundenen Verwaltungsaufgaben einem Makler oder einem Hausverwalter übertragen haben. Ihre geringere Professionalität wird in diesen Fällen durch die Übergabe an einen entsprechend spezialisierten Dienstleistungsbetrieb ausgeglichen. Daneben gibt es private Anbieter, die einen meist größeren Wohnungsbestand professionell selbst verwalten.

3.4.2   Wohnungsunternehmen als institutionelle Wohnungsanbieter

Für die Wohnungswirtschaft und den Mietwohnungsmarkt sind insbesondere die Wohnungsunternehmen von strategischer Bedeutung. In ihrem Eigentum befinden sich 39 Prozent der Wohnungen in Mehrfamilienhäusern. Ein Unternehmen gilt dann als Wohnungsunternehmen (im weiteren Sinne), wenn der Unternehmensgegenstand laut Satzung betrifft:

- den Bau und die Vermietung von Wohnungen im eigenen Namen,
- die wohnungswirtschaftliche Betreuung (Wohnungsverwaltung im Auftrag Dritter, Baubetreuung) oder
- die Errichtung und Veräußerung von Eigenheimen, Kleinsiedlungen und Eigentumswohnungen (Bauträgergeschäft).

Im engeren Sinne rechnet man zu den Wohnungsunternehmen nur die bestandshaltenden Unternehmen, d.h. man schließt die Unternehmen aus, die lediglich als Bauträger oder als Anbieter von Betreuungs- oder Verwaltungsleistungen für Dritte auftreten. Unternehmen anderer Wirtschaftszweige, die zwar wohnungswirtschaftliche Leistungen anbieten, deren satzungsmäßiger Hauptzweck aber ein nicht wohnwirtschaftlicher ist (z.B. Versicherungen oder Banken), zählen nicht zu den Wohnungsunternehmen. Auf der anderen Seite haben viele Wohnungsunternehmen in den letzten Jahren ihren Aufgabenbereich wesentlich erweitert, z.B. durch das Angebot von

- sozialen Dienstleistungen, die das Wohnraumangebot zielgruppenbezogen abrunden (Beratung, Betreuungs- und Pflegeleistungen, Kommunikationsangebote),
- gewerblichen Dienstleistungen (z.B. Reparaturservice, Energieversorgung durch Fern- oder Blockheizwerke, Planungs-, Reinigungs- Sicherheitsdienste) und
- öffentlichen Dienstleistungen, (z.B. Infrastrukturentwicklung für Kommunen, Projektentwicklung für Brachflächen, Altlastensanierung).

Die wichtigsten Rechtsformen von Wohnungsunternehmen sind neben dem Einzelunternehmen und der Wohnungsgenossenschaft die Kapitalgesellschaften in der Form der Aktiengesellschaft (AG) und der Gesellschaft mit beschränkter Haftung (GmbH).

3.4.2.1 Wohnungsgenossenschaften

Nach § 1 Genossenschaftsgesetz (GenG) handelt es sich bei Genossenschaften um „Gesellschaften mit einer nicht geschlossenen Mitgliederzahl, welche die Förderung des Erwerbes oder der Wirtschaft ihrer Mitglieder mittels gemeinschaftlichen Geschäftsbetriebes bezwecken". Als Sozialgebilde sind sie Personenvereinigungen, die in der Regel aus natürlichen Personen bestehen, die der Genossenschaft aus wirtschaftlichen Motiven angehören. Als Wirtschaftsgebilde müssen sie sich dem Markt wie jedes andere Unternehmen stellen. Zum Wesen einer Genossenschaft gehört aber neben der wirtschaftlichen Förderung ihrer Mitglieder auch ein Minimum an Gemeinschaftsgeist.

Die Nutzer der Wohnungen einer Wohnungsbaugenossenschaft sind nicht Mieter, sondern Nutzungsberechtigte einer Genossenschaftswohnung, da neben dem Mietvertrag ein Mitgliedschaftsrecht an der Genossenschaft besteht, das auch ein Mitbestimmungsrecht enthält. Im allgemeinen veräußern die Wohnungsbaugenossenschaften ihre Mietwohnungen nicht oder wandeln sie in Eigentumswohnungen um. Sie sind nicht an Gewinnerzielung, sondern an der dauerhaften Vermietung und an der laufenden Instandhaltung und Modernisierung ihrer Wohnungen interessiert.

3.4.2.2 Gesellschaft mit beschränkter Haftung (GmbH)

Die Rechtsverhältnisse einer GmbH sind im GmbH-Gesetz geregelt. Die Gesellschafter haften nur mit ihrer Einlage. Das Stammkapital muß mindestens 25.000 Euro betragen. Die Gesellschaftsanteile sind übertragbar, aber nicht teilbar. Eine Erhöhung oder Verminderung des Stammkapitals ist nur durch Änderung des Gesellschaftsvertrags möglich.

Die Organe einer GmbH sind: Geschäftsführer, Gesellschafter, Gesellschafterversammlung und Aufsichtsrat (fakultativ). Der Geschäftsführer führt die laufenden Geschäfte. Die Gesellschafterversammlung beschließt über den Jahresabschluß und legt die Verwendung der Gewinne fest. Sie bestellt den Geschäftsführer und hat außerdem die Aufgabe, die Geschäftsführung zu prüfen und zu überwachen (Kontrollrecht). Die Beteiligung an Gewinnen und Verlusten richtet sich nach dem Verhältnis der Stammeinlagen (dispositiv).

3.4.2.3 Aktiengesellschaft (AG)

Die Rechtsverhältnisse der Aktiengesellschaften sind im Aktiengesetz geregelt. Die Organe einer AG sind: Vorstand, Aufsichtsrat und Hauptversammlung. Der Vorstand führt die laufenden Geschäfte. Die Aufgaben des Aufsichtsrates sind dagegen überwachender und kontrollierender Natur. Der Aufsichtsrat wird von der Hauptversammlung auf höchstens vier Jahre bestellt. Er überwacht den Vorstand und kann Einblick in die Geschäftsbücher nehmen. Der Vorstand erstattet dem Aufsichtsrat Bericht. Zu den Aufgaben des Aufsichtsrates gehört auch die Prüfung des Jahresabschlusses und der Vorschlag über die Verwendung des Jahresüberschusses.

Die Hauptversammlung hat keinen Einfluß auf die Geschäftsführung. Sie kann in der Regel den Jahresabschluß nicht beeinflussen und damit auch nicht die Höhe des zur Verteilung kommenden Gewinnes. Die Aktionäre tragen das gesamte Kapitalrisiko. Sie beschließen in der Hauptversammlung über:

- die Bestellung der Mitglieder des Aufsichtsrates,
- die Verwendung des Bilanzgewinns,
- die Bestellung der Abschlußprüfer,
- Satzungsänderungen,
- Maßnahmen der Kapitalbeschaffung und der Kapitalherabsetzung,
- die Bestellung von Prüfern zur Prüfung von Geschäftsvorgängen,
- die Auflösung der Gesellschaft.

3.4.2.4 Kommunale Wohnungsunternehmen

Um ein kommunales Wohnungsunternehmen handelt es sich, wenn eine Gemeinde oder ein Gemeindeverband mindestens 50 Prozent der Anteile hält.

Diese Unternehmen haben in der Regel die Rechtsform der GmbH oder der AG. Bei den kommunalen Gesellschaften steht der Versorgungsauftrag im Vordergrund. Ihre besondere Aufmerksamkeit widmen sie denjenigen Wohnungssuchenden, die sich aus eigener Kraft nicht an den Wohnungsmärkten behaupten können.

Die kommunalen Wohnungsunternehmen in Ostdeutschland unterscheiden sich in ihrer Bestandsstruktur ganz wesentlich von denen in Westdeutschland. Die ostdeutschen Gesellschaften haben 1990 neben den volkseigenen Wohnungsbeständen auch alle Bestände übernommen, deren Vermögenszuordnung noch nicht geklärt war.

3.4.2.5 Gemeinnützige Wohnungsunternehmen

Die Idee der Wohnungsgemeinnützigkeit ist die eines mehr am Gemeinwohl als am Profit orientierten Wirtschaftens. Bei den gemeinnützigen Wohnungsunternehmen standen dementsprechend der Versorgungsauftrag sowie sozialpolitische Ziele im Vordergrund. Dieses Selbstverständnis prädestinierte sie für ihre Rolle als Träger des sozialen Wohnungsbaus (Abschnitt 6.3). Die gemeinnützigen Unternehmen haben in der Zeit des Wiederaufbaus einen Großteil der im Rahmen des sozialen Wohnungsbaus geförderten Geschoßwohnungen errichtet. Private Investoren und Unternehmen haben in diesem Marktsegment nur eine Nebenrolle gespielt.

Um den privilegierten Status eines „gemeinnützigen" Wohnungsunternehmens und damit die steuerlichen Vorteile zu erhalten, mußten die Unternehmen einige Voraussetzungen erfüllen. So durften sie nicht dem überwiegenden Einfluß des Baugewerbes unterliegen. Die Beschränkung der Gewinnansprüche der Anteilseigner kam in der umfassenden Geltung des Kostendeckungsprinzips und der Höchstdividende von 4 Prozent zum Ausdruck. Weiterhin war man auf den Kleinwohnungsbau beschränkt (nicht mehr als 120 m^2 Wohnfläche) und mußte den Mietern vertraglich einen besonders intensiven Kündigungsschutz gewähren (Dauernutzungsvertrag).

Zur Gruppe der ehemals gemeinnützigen Wohnungswirtschaft gehören neben den Genossenschaften und Bauvereinen die Wohnungsbaugesellschaften (Rechtsformen, GmbH, AG oder öffentlich-rechtliche Stiftung bzw. Körperschaft) und die als Betreuungsunternehmen fungierenden Heimstätten und Landesentwicklungsgesellschaften.

Der bedeutendste Anbieter in den Reihen der gemeinnützigen Unternehmen war die gewerkschaftseigene Unternehmensgruppe „Neue Heimat", die bis zu 400.000 Mietwohnungen bewirtschaftete und rund die Hälfte aller Wohnungseigentumsanlagen errichtet hat. Durch Mißwirtschaft und korruptes Verhalten des Managements geriet die „Neue Heimat" Mitte der 80er Jahre in eine Krise, die in letzter Konsequenz zu ihrer zur Auflösung geführt hat. Diese und andere negative Erscheinungen im gemeinnützigen Sektor wurden zum Anlaß genommen, seine Notwendigkeit politisch grundsätzlich in Frage zu stellen. In der Folge wurde das deutsche Wohnungsgemeinnützigkeitsgesetz mit Wirkung vom 1.1.1990 an aufgehoben.

Die früher gemeinnützigen Wohnungsunternehmen sind nun aller Bindungen ledig, aber auch in vollem Umfang steuerpflichtig. Das Anbieterverhalten ist nicht mehr von den besonderen Rechtsvorschriften, sondern von der Interessenlage der Unternehmen abhängig. Ehemals gemeinnützige Anbieter, die unter dem Einfluß der Gemeinden, der Länder oder der Kirchen stehen, und kleinere Wohnbaugenossenschaften wenden oft weiterhin das Prinzip der Kostendeckung an. Privatwirtschaftlich orientierte Anbieter aus den Reihen der ehemals Gemeinnützigen haben dagegen ihre Mieten auf Marktniveau erhöht oder ihre Bestände veräußert.

Als Folge dieser Neuorientierung ist der Bestand der rund 1.800 früheren gemeinnützigen Wohnungsunternehmen (3,4 Mio. Wohnungen Ende der 80er Jahre) inzwischen erheblich zurückgegangen. Ein Ende dieser Entwicklung ist nicht abzusehen.

Land	Wohnungsbestand insgesamt, absolut in 1.000 WE	Wohnungsbestand GWU, absolut in 1.000 WE	Anteil am Gesamt-wohnungsbestand	Anteil am Miet-wohnungsbestand
Österreich	3.100	425	14%	36%
Belgien	4.000	250	6%	19%
Dänemark	2.400	430	18%	45%
Deutschland	28.400	2.500	9%	17%
England	20.200	850	4%	13%
Frankreich	22.500	3.300	15%	38%
Niederlande	6.300	2.300	37%	74%

Tab. 3.3 Wohnungsbestände Gemeinnütziger Unternehmen 1998
Quelle: Donner, C.: Wohnungsgemeinnützigkeit und Marktwirtschaft in der EU, in: WBFÖ 3/1998.

3.4.3 Verbände der Wohnungswirtschaft

Die Wohnungs- und Immobilienwirtschaft ist in Verbänden zusammengeschlossen. Ein Verband ist eine auf Dauer angelegte Vereinigung von natürlichen oder juristischen Personen. Verbände haben eine Satzung, in der der Zweck und die Struktur des Verbandes sowie die Form der Willensbildung festgelegt sind.

Die wohnungs- und immobilienwirtschaftlichen Verbände üben auf die Gestaltung und Ordnung ihrer Branche und der mit ihr verbundenen Wirtschaftszweige (etwa Bauwirtschaft, Bankensektor) einen nachhaltigen Einfluß aus. Die wohnungspolitischen **Einflußverbände** versuchen, die Beschlüsse der Entscheidungsträger der Wohnungspolitik in ihrem Sinne zu beeinflussen. Dies geschieht unter anderem durch die Information der Öffentlichkeit, Resolutionen auf Verbandstagen, Fachgespräche mit Regierungs- oder Verwaltungsangehörigen, die Entsendung von Verbandsvertretern in die Parlamente und öffentliche Demonstrationen. Zu dieser Art von Verbänden gehören u.a. der GdW Bundesverband Deutscher Wohnungsunternehmen, der Bundesverband freier Wohnungsunternehmen, die Haus- und Grundbesitzervereine, die Maklerverbände und der die Nachfrageseite repräsentierende Deutsche Mieterbund.

3.5 Wohnungsnachfrage

3.5.1 Besonderheiten der Wohnungsnachfrage

Wohnungsnachfrager sind Haushalte, die aus einer oder mehreren Personen bestehen können. Für die Wohnungsnachfrage gilt, daß der Haushalt primär an der Nutzung einer Wohnung interessiert ist. Die Nachfrage richtet sich somit nicht auf den Erwerb des Wohnobjektes, sondern auf die „Nutzungen" (Nutzenstrom), die von einer Wohnung im Zeitablauf abgegeben werden.

Für den Wohnungsnachfrager zählt das Wohnen zu den „basic needs", den lebensnotwendigen **Grundbedürfnissen**. Das erklärt die Dringlichkeit, die das Wohnen innerhalb der Bedürfnisstruktur eines Haushaltes besitzt. Auf die negativen psychischen und physischen Folgen mangelnden Wohnkonsums verweisen psychologische und medizinische Studien. Ein Mindestkonsum beim Gut Wohnen ist zur Sicherung der menschlichen Existenz notwendig. Es bestehen allerdings Unterschiede in bezug auf den Zeitpunkt und die Qualitätsdimension des Wohnbedürfnisses und der daraus resultierenden Wohnungsnachfrage.

Die Wohnungsnachfrage setzt sich zusammen aus der permanenten Nachfrage der Haushalte, die mit Wohnraum versorgt sind (als Mieter oder Selbstnutzer) und der Nachfrage der Haushalte, die die Wohnung wechseln oder einen Haushalt gründen wollen. Es gibt grundsätzlich zwei Möglichkeiten, Nachfrage empirisch zu erfassen:

- als vom Haushalt **angestrebte** Wohnungsnachfrage. Sie kann ermittelt werden durch Befragung bzw. Erfassung wohnungssuchender Haushalte (durch Wohnungsunternehmen, Wohnungsämter, Makler, etc.)
- als vom Haushalt **realisierte** Nachfrage.

Der größere Teil der wohnungssuchenden Nachfrage richtet sich auf vorhandene, schon vermietete Wohnungen, die andere Wohnungsinhaber zum Beispiel infolge veränderter Wohnansprüche freigezogen haben. Nur ein relativ kleiner Teil der Gesamtnachfrage wird durch den Erstbezug von Neubauwohnungen gedeckt. Mit einem Wohnungswechsel kann ein qualitativer Umschichtungsprozeß zwischen den Marktsegmenten verbunden sein.

Sofern Haushalte mit größerer wirtschaftlicher Leistungsfähigkeit aus ihrer Wohnung ausziehen, um eine neuere, größere oder besser ausgestattete Wohnung zu beziehen, wird die Wohnung frei für den Bezug durch leistungsschwächere Haushalte. In der Literatur wird dieser Marktprozeß als „**Sickereffekt**" bezeichnet. Dahinter steht die idealtypische Vorstellung, daß die durch Umzugsketten ausgelösten Sickereffekte auch dann zu einer allgemeinen Verbesserung der Wohnungsversorgung führen können, wenn die Neubautätigkeit ausschließlich in Marktsegmenten mit gehobener Wohnqualität stattfindet.

Die Nachfrage nach Wohnraum verhält sich bei Änderungen der Mietpreise vergleichsweise starr. Die Anpassungsfähigkeit an Veränderungen des Marktes ist eingeschränkt. Die Wohnungsnachfrager am unteren Ende der Einkommensskala reagieren im Falle einer Wohnungsknappheit mit ihrer nachgefragten Menge kaum auf die damit verbundenen Preiserhöhungen. Ihre Mietbelastungsquote[6] steigt entsprechend an. Die betroffenen Haushalte müssen sich an anderer Stelle einschränken. Die Wohnungspolitik ist bemüht, den einkommensarmen Haushalten eine angemessene Versorgung mit Wohnraum bei einer akzeptablen Mietbelastung zu gewährleisten. Dieses Ziel wird zum einen mit der Erhöhung des verfügbaren Einkommens der Zielgruppe (Wohngeld), zum anderen mit der Mietpreisgestaltung im Rahmen der sozialen Wohnraumförderung verfolgt.

---

[6] Die Mietbelastungsquote ist das Verhältnis der gesamten Wohnkosten eines Haushalts (Brutto-Warmmiete einschließlich aller Nebenkosten) zum gesamten Haushaltsnettoeinkommen (einschließlich aller sozialen Transferleistungen und unter Abzug von Steuern und Sozialbeiträgen).

3.5.2 Bestimmungsgründe der Nachfrage nach Wohnraum

Für die Entscheidung eines Haushalts über die Höhe der Ausgaben für das Wohnen sind die **relativen Preise** bestimmend. Der Mietpreis wird in Bezug zu den Preisen für andere in seinem Budget enthaltene Konsum- und Investitionsgüter gesetzt. Steigen etwa die Mieten, so müßte der Haushalt bei gegebener Menge an Wohnungsnutzungen die Nachfrage nach anderen Gütern einschränken. Aus der Mietpreissteigerung folgt ein **Einkommenseffekt** (Abnahme des Realeinkommens aufgrund der Preissteigerung) und ein **Substitutionseffekt** (das Wohnen wird teilweise durch andere Güter substituiert). Die Bedeutung des Substitutionseffekts darf aber beim Gut Wohnen nicht überschätzt werden (Abschnitt 3.5.1).

Wie alle Märkte tendiert auch der Wohnungsmarkt auf lange Sicht zu einem spontanen **Gleichgewichtszustand**. Die Anpassungsreaktionen sind allerdings mit so erheblichen Friktionen und Verzögerungen verbunden, daß ein Marktgleichgewicht möglicherweise nie erreicht wird. Schon auf dem Weg zu einem neuen Gleichgewicht werden regelmäßig Ereignisse eintreten, die eine erneute Verschiebung der Nachfragekurve mit sich bringen. Als mögliche Gründe für eine Änderung der Nachfrage kommen in Frage:

- Anzahl der Nachfrager / Haushalte,
- Geschmäcker und Präferenzen,
- Einkommen,
- Preise anderer Güter,
- Zugang zu Krediten,
- Erwartungen über zukünftige Preise.

Anzahl der Nachfrager / Haushalte: Die Zahl der Nachfrager am Wohnungsmarkt wird in erster Linie von demographischen Faktoren bestimmt. Neben der natürlichen Bevölkerungsentwicklung spielt hier auf regionaler und nationaler Ebene das Wanderungsgeschehen eine Rolle. So können Stadt-Umland-Wanderungen etwa aus der Stadt Halle (Saale) in den Saalkreis ebendort zu einer größeren Wohnraumnachfrage führen. Im größeren Maßstab können interregionale Wanderungen (etwa von Ostdeutschland nach Süddeutschland) und zwischenstaatliche Wanderungen (etwa von Mittel- und Osteuropa nach Westeuropa) die Nachfrage nach Wohnungen beeinflussen. Auch Änderungen bei der durchschnittlichen Haushaltsgröße können die Nachfrage nach Wohnraum ganz wesentlich beeinflussen, denn die Haushalte sind die eigentlichen Bedarfsträger. Abnehmende Haushaltsgrößen führen zu einer zusätzlichen Nachfrage, zunehmende Haushaltsgrößen dagegen zu einem Nachfragerückgang.

Einkommen: Das Einkommen der Haushalte ist einer der wichtigsten Bestimmungsgründe der Nachfrage nach Wohnraum. Dies gilt in quantitativer (Wohnungsgröße) wie auch in qualitativer Hinsicht (Standort, Ausstattung). Wohnen ist insofern ein „normales" (und kein „inferiores") Gut als die Ausgaben für das Wohnen sich absolut gesehen stets in die gleiche Richtung wie das Einkommen bewegen. Nach dem **Engel-Schwabeschen Gesetz** ist Wohnen aber ein **relativ inferiores Gut**. Die Mietbelastung ist negativ mit dem Einkommen korreliert. Der Anteil des Wohnens am gesamten Haushaltsbudget nimmt zu, wenn das Einkommen zurückgeht et vice versa. Wichtig ist in diesem Zusammenhang die Unterscheidung zwischen dem laufenden und dem **permanenten** Einkommen. Die Nachfrage nach Mietwohnungen reagiert auf für vorübergehend gehaltene Einkommenssteigerungen (etwa aufgrund einer Senkung der Einkommensteuer, die mit einer zusätzlichen Staatsverschuldung finanziert wird) wegen der anfallenden Umzugskosten nur schwach. Die Nachfrage nach Eigenheimen bleibt wegen der Langfristigkeit der Kapitalbindung von vorübergehenden Einkommenszuwächsen in solchen Fällen sogar praktisch unbeeinflußt.

Preise anderer Güter: Für die Reaktionsrichtung ist hier entscheidend, ob es sich bei dem „anderen Gut" um ein Substitutions- oder ein Komplementärgut handelt. Für die Nachfrage nach Wohnraum sind in erster Linie **Substitutionsbeziehungen** von Bedeutung:

- Bei steigenden Sozialabgaben werden die Ausgaben für das Wohnen (mittelfristig) eingeschränkt.
- Bei steigenden Hypothekenzinsen wird länger für ein Eigenheim vorgespart. Damit bleibt ein größerer Teil der Nachfrage auf den Mietwohnungsmarkt gerichtet.
- Bei steigenden Heizkosten sinkt die Nachfrage nach größeren Wohnungen.

Zugang zu Krediten: Wenn es den Haushalten leichter gemacht wird, sich zu verschulden (niedrigere Hypothekenzinsen, geringere Bonitätsanforderungen, großzügigere Bewertung der als Sicherheit eingebrachten Immobilie, etc.), wird sich das stimulierend auf die Nachfrage nach Wohnungen zur Selbstnutzung auswirken, während die Nachfrage nach Mietwohnungen sinken wird. Umgekehrt fällt die Reaktion bei einer erschwerten Erhältlichkeit von Krediten aus.

Erwartungen über zukünftige Preise: Immobilien sind langlebige Investitionsgüter. Entsprechend sensibel reagieren die Investoren auf Änderungen in ihren Erwartungen über zukünftige Preise. Dies gilt z.B. für die Hypothekenzinsen. Wenn steigende Zinsen erwartet werden, wird man den geplanten Erwerb eines Eigenheims vorziehen und die Nachfrage nach Wohnraum zur Miete wird entsprechend sinken. Gleiches gilt, wenn steigende Mieten, steigende Grundstücks- oder Baupreise oder eine Erhöhung der Grunderwerbsteuer erwartet werden.

3.5.3   Wohnungswechsel und Wohnungssuche

Die Umzugsentscheidung eines Haushaltes weist Ähnlichkeiten mit einer langfristigen Investitionsentscheidung auf. Ein Umzug ist für den Haushalt mit nicht unerheblichen Kosten verbunden (nicht-pekuniäre Kosten etwa aus der Aufgabe der gewohnten Nachbarschaft eingeschlossen). Daher wird der Haushalt in seine Entscheidung neben aktuellen Daten auch langfristige Erwartungen einfließen lassen (z.B. im Hinblick auf sein verfügbares Einkommen, das zukünftige Preis- und Mietenniveau). Als Faktoren, die einen Wohnungswechsel auslösen können, kommen in Frage:

- Veränderungen im Familienlebenszyklus (z.B. Geburt eines Kindes),
- Kündigung des Vermieters (z.B. wegen Eigenbedarf),
- Veränderungen in der Einkommenssituation,
- Unzufriedenheit mit der bisherigen Wohnung (z.B. Lage im Gebäude, Wohnumfeld, Wohnungszuschnitt, soziales Umfeld),
- Größere Attraktivität alternativer Wohnungsangebote (z.B. aufgrund staatlicher Förderung oder gesunkener Mieten),
- Wechsel des Arbeitsortes.

Ein wohnungssuchender Haushalt hat verschiedene Möglichkeiten, eine Wohnung zu finden. Sofern der Haushalt die Kriterien zum Bezug einer **Sozialwohnung** erfüllt, kann er sich an die dafür zuständige Stelle, in der Regel das Wohnungsamt der Kommune, wenden. Diese stellt ihm einen Wohnberechtigungsschein aus. Damit ist jedoch kein Rechtsanspruch auf den Bezug einer mit öffentlichen Mitteln geförderten Sozialwohnung verbunden.

Der Bewerber für eine **frei finanzierte Wohnung** wendet sich direkt an einen Wohnungsanbieter, z.B. ein Wohnungsunternehmen oder einen privaten Haus- und Grundeigentümer. Wohnungsangebote finden sich in Zeitungsannoncen oder (mit zunehmender Bedeutung) in entsprechenden Internet-Portalen. Eine weitere Möglichkeit ist der Nachweis durch einen Makler.[7] Nicht unbedeutend ist auch die informelle Wohnungsvermittlung durch Freunde oder Bekannte.

---

[7] Makler betätigen sich professionell in allen Sparten des Immobiliengeschäfts. Sie betreiben unter anderem den Nachweis und die Vermittlung von Häusern, Grundstücken und Eigentumswohnungen sowie die Vermittlung von Miet- und Pachtobjekten. Für ihre erbrachte Leistung erhalten sie eine Maklerprovision.

3.5.4 Wohnkosten

Die Miete ist der Preis, den der Mieter für die zeitweise Überlassung einer Wohnung zu entrichten hat. Bei der Vereinbarung der Miete müssen die Parteien die gesetzlichen Mietbegrenzungen beachten (z.B. ortsübliche Vergleichsmiete, Kappungsgrenzen, Wesentlichkeitsgrenze, Wucherparagraph, siehe dazu Abschnitte 6.2.1, 6.2.1.3 und 7.2.6.2). Die Miete setzt sich aus folgenden Bestandteilen zusammen:

- Grundmiete,
- Zuschläge (z.B. Untermietzuschlag),
- Vergütungen (z.B. für Garage, Stellplatz, Hausgarten),
- Vorauszahlungen auf die Betriebskosten.

Zuschläge, Vergütungen und die Vorauszahlungen auf die Betriebskosten faßt man im Begriff der „**Nebenkosten**" zusammen. Die Summe aus Nebenkosten und Grundmiete wird als „Bruttomiete" bezeichnet.

Zu Beginn der 60 Jahre hatten über 50 Prozent der westdeutschen Hauptmieterhaushalte lediglich eine Mietbelastungsquote von unter 10 Prozent zu tragen. Der Anteil der Haushalte mit einer Mietbelastung unter 10 Prozent nahm von Erhebung zu Erhebung ab und lag 1998 in Deutschland nur noch bei 3,4 Prozent. 17 Prozent aller Haushalte hatten zu diesem Zeitpunkt bereits mehr als 40 Prozent ihres Einkommens für die Miete aufzuwenden. Im Durchschnitt lag die Mietbelastung 1998 bei 23,5 Prozent.

Die Ursachen für den Anstieg der Belastung des Einkommens mit Wohnkosten sind vielfältig. Mit der Aufhebung der Preisvorschriften kam es im Verlauf der 60er Jahre zu umfänglichen Mieterhöhungen (Abschnitt 7.2.6). Außerdem sind über die Jahre die Wohnungen größer geworden, die Ausstattung hat sich verbessert und die Nebenkosten (insbesondere die öffentlichen Gebühren) sind stark angestiegen.

Literatur zum 3. Kapitel:

1. *Bison*: Die Regulierung des Mietwohnungsmarktes in der Bundesrepublik Deutschland. Eine positive ökonomische Analyse.

2. *Donner*, C.: Wohnungsgemeinnützigkeit und Marktwirtschaft in der EU, in: WBFÖ 3/1998.

3. *Holtmann / Killisch*: Der gespaltene Wohnungsmarkt, Leske & Budrich 1995.

4. *Lüde*, R.: Die Nachfrage nach Wohnungen. Eine Theoretisch-empirische Analyse. 1978.

5. *Mayer*: Theorie und Politik des Wohnungsmarktes. Eine Analyse der Wohnungspolitik in Deutschland, Duncker & Humblot.

6. *Thies*: Wohnungsgemeinnützigkeit, C.H. Beck Verlag 1996.

4 Wohnungsmarkt und vorgelagerte Märkte: Boden- und Baumarkt

Der Wohnungsmarkt ist keine Insel. Die Marktprozesse am Wohnungsmarkt (Produktion, Verteilung und Preisbildung) werden von den Entwicklungen auf vorgelagerten Märkten beeinflußt, die zum Wohnungsmarkt in einer mehr oder weniger engen Beziehung stehen. Zu nennen sind hier die Boden-, Bau- und Kapitalmärkte. Bevor die Wohnungswirtschaft Bauleistungen nachfragt, tritt sie als Nachfrager auf den Boden- und Kapitalmärkten in Erscheinung.

Die Produktion von neuem Wohnraum ist auf ein ausreichendes **Angebot an Bauland** angewiesen. Dem Bodenmarkt kommt daher eine zentrale Bedeutung für die Entwicklung des Wohnungsangebots zu.

Nicht unterschätzt werden darf daneben die Abhängigkeit vom **Kapitalmarkt** (Abschnitt 5). Abgesehen von dem äußerst seltenen Fall der vollständigen Eigenfinanzierung, werden bei einem Bauvorhaben üblicherweise in erheblichem Umfang Fremdmittel eingesetzt. Hohe Kreditkosten oder ein zu geringes Kreditangebot (Beleihungsmöglichkeiten) können die Ausweitung der Wohnungsbautätigkeit ebenso behindern wie ein knappes Angebot an Bauland.

Erst wenn die Beschaffung von Bauland und Finanzierungsmitteln zu angemessenen Konditionen gesichert ist, kann die Wohnungswirtschaft als Bauherr auftreten und auf dem Baumarkt Planungs- und Bauleistungen nachfragen.

4.1 Bodenmarkt

4.1.1 Besonderheiten des Bodenmarktes

Der Boden erfüllt vielfältige Funktionen im Naturhaushalt und als Produktionsstandort der Landwirtschaft. Die wirtschaftliche Bedeutung des Bodens liegt in seiner Rolle als Produktionsfaktor und als Wertaufbewahrungsmittel. Das Gut Boden weist einige Besonderheiten auf, die es in ihrer Kombination aus ökonomischer Sicht deutlich von allen anderen Wirtschaftsgütern unterscheiden. Besonders hervorzuheben sind die Eigenschaften Immobilität, Unvermehrbarkeit, Heterogenität und Unzerstörbarkeit. Außerdem unterliegt der Boden in der Regel keiner wirtschaftlichen Abnutzung. Prägend ist schließlich die eingeschränkte Umnutzbarkeit des Bodens, wenn er einmal einer bestimmten Nutzung zugeführt worden ist. Maßgeblich für die Nutzungsmöglichkeiten und die Preisbildung ist in der deutschen Bodenordnung der baurechtliche Planungsvorbehalt.

Eigenschaft	Boden	Immobilie
immobil	ja	ja
unvermehrbar	ja, aber ...	nein
heterogen	ja	ja
unzerstörbar	ja, aber ...	nein
abnutzbar	nein, aber ...	ja

Tab. 4.1 Besonderheiten Boden und Immobilie

Die ökonomisch relevanten Eigenschaften des Bodens unterscheiden sich von denen der aufstehenden Immobilien (Tab 4.1). Unterschiede ergeben sich bei den Kriterien Unvermehrbarkeit, Unzerstörbarkeit und Abnutzbarkeit.

Während eine **Vermehrung** des Immobilienbestandes ohne weiteres möglich ist (z.B. Wohnungsfertigstellungen, die über den jährlichen Wohnungsabgang hinausgehen), kann der Produktionsfaktor Boden nur in Ausnahmefällen und nur mit großem technischen Aufwand vermehrt werden, etwa durch die Aufschüttung von Land an der Küste. Ein Beispiel für derartige Maßnahmen zur Landgewinnung ist der fünf Quadratkilometer große künstliche Inselflughafen „**International Kansai Airport**" in der Bucht von Osaka. Für dieses Projekt wurde eine ganze Hügellandschaft abgetragen, um Material für die Aufschüttung des Baufundaments zu gewinnen (doppelte Landgewinnung). Es ist kein Zufall, daß die künstliche Baulandgewinnung ausgerechnet an der japanischen Ostküste versucht wurde, denn diese Region ist mit 1.245 Menschen pro Quadratkilometer sehr dicht bevölkert. Inzwischen ist der Flughafen allerdings wegen des weichen Meeresbodens bereits so weit und so ungleichmäßig abgesackt, daß seine dauerhafte Nutzbarkeit in Frage gestellt wird.

Auch die Frage nach der **Unzerstörbarkeit** des Bodens muß differenziert beantwortet werden (Abschnitt 4.1.1.1). Bestimmte Bodennutzungen können die Qualität des Bodens so weit verschlechtern, daß Anschlußnutzungen nur nach einem Austausch des Bodens möglich sind (z.B. Bau eines Kindergartens auf einem Gelände mit industriellen Altlasten). Natürlich lassen sich auch Beispiele für eine laufende **Abnutzung des Bodens** finden. Boden kann durch einseitige oder belastende Nutzungen bis hin zur Zerstörung laufend degradiert werden.

4.1.1.1 Eigenschaften des Bodens

Nach dem deutschen Bodenschutzgesetz ist der Boden „*die obere Schicht der Erdkruste, soweit sie Träger der Bodenfunktionen ist, einschließlich der flüssigen Bestandteile (Bodenlösung) und der gasförmigen Bestandteile (Bodenluft), ohne Grundwasser und Gewässerbetten*". Der Boden erfüllt neben wirtschaftlich orientierten Nutzungsfunktionen auch wichtige Funktionen für Natur und Gesellschaft. Im einzelnen sind folgende Funktionsbereiche des Bodens zu unterscheiden:

- **Natürliche Funktionen** als
  Lebensgrundlage und Lebensraum für Menschen, Tiere, Pflanzen und Bodenorganismen,
  Bestandteil des Naturhaushalts, insbesondere mit seinen Wasser- und Nährstoffkreisläufen,
  Abbau-, Ausgleichs- und Aufbaumedium für stoffliche Einwirkungen aufgrund der Filter-, Puffer- und Stoffumwandlungseigenschaften, insbesondere auch zum Schutz des Grundwassers.

- Funktionen als **Archiv der Natur- und Kulturgeschichte**,

- **Nutzungsfunktionen** als
  Rohstofflagerstätte,
  Fläche für Siedlung und Erholung,
  Standort für die land- und forstwirtschaftliche Nutzung,
  Standort für sonstige wirtschaftliche und öffentliche Nutzungen, Verkehr, Ver- und Entsorgung.

In der Wohnungs- und Immobilienwirtschaft steht naturgemäß die Nutzungsfunktion des Bodens und darunter besonders die Funktion als Siedlungsfläche im Vordergrund. Nutzungskonflikte mit der natürlichen Funktion und der Archivfunktion sind dabei nicht ausgeschlossen. Man kann der Definition des Bodenschutzgesetzes eine immobilienwirtschaftliche Definition des Bodens gegenüberstellen: „Boden ist die obere Schicht der Erdkruste, soweit sie zur Auferstellung von wirtschaftlich nutzbaren Immobilien technisch und rechtlich geeignet erscheint".

Wegen seiner langen Entstehungszeiträume (100-400 Jahre je cm Oberboden), muß der Boden als **nicht erneuerbare** (oder erschöpfbare) **Ressource** angesehen werden.[8] Jede Generation ist damit weitegehend an die Allokationsentscheidungen der Vorgängergenerationen gebunden. Nach der Substitutionsregel dürfen erschöpfbare Ressourcen nur in dem Maße verbraucht werden, wie funktionsgleiche Substitute geschaffen werden. Gerade die erscheint aber im Falle des Bodens wegen der Eigenschaft der Unvermehrbarkeit weitgehend ausgeschlossen, so daß alles für einen sparsamen Umgang mit der nicht erneuerbaren und nicht substituierbaren Ressource Boden spricht.

---

[8] Weitere Beispiele für erschöpfbare Ressourcen sind Öl, Kohle, Erdgas, und Mineralien (Kupfer, Nickel).

Im Unterschied zu anderen natürlichen Ressourcen wie Luft und Wasser ist der Boden in Form von Grundstücken exklusiv zuteilbar und nutzbar. Mit der Geltung des **Ausschlußprinzips** erfüllt der Boden eine wesentliche Eigenschaft eines **privaten Gutes**. Damit ist eine Übernutzung des Bodens (Abschnitt 4.1.1.2) im Einzelfall aber ebensowenig ausgeschlossen wie externe Effekte der Bodennutzung (Abschnitt 4.1.1.3).

4.1.1.2 Bodendegradierung

Die Probleme der Bodendegradierung und der Bodenzerstörung sind auf den Wettbewerb zwischen den unterschiedlichen Formen der Bodennutzung zurückzuführen. Die land- und forstwirtschaftliche Nutzung ist oft nicht nachhaltig. Beispiele dafür sind die Überweidung von Flächen, die Brandrodung und die übermäßige Abholzung der Wälder. Als Folge sind die Böden den Erosionskräften von Wind und Wasser schutzlos ausgeliefert. Auch die Industrialisierung, der Ausbau der Verkehrinfrastruktur und die Verstädterung sind als Ursachen der Bodendegradierung anzuführen.

Die laufende Bodenversiegelung hat in den Industrieländern mittlerweile ein bedrohliches Ausmaß angenommen. In Deutschland werden zur Zeit etwa 120 ha/Tag an Boden einer Nutzung als Siedlungs- und Verkehrsfläche zugeführt. Setzt sich der Bodenverbrauch in diesem Ausmaß fort, so werden in 60 Jahren bereits 20 Prozent der Gesamtfläche Siedlungs- und Verkehrsfläche sein (derzeit 12,3 Prozent, siehe Tab. 4.2).

Bodenflächen nach Art der tatsächlichen Nutzung						
Nutzungsart	1993 [1]		1997 [1]		2001 [1]	
	1.000 ha	Prozent	1.000 ha	Prozent	1.000 ha	Prozent
Bodenfläche insgesamt	35 697,0	100	35 703,0	100	35 703,1	100
Gebäude- und Freifläche	2 073,3	5,8	2 193,7	6,1	2 308,1	6,5
Betriebsfläche	242,7	0,7	251,4	0,7	252,8	0,7
darunter						
Abbauland	187,8	0,5	189,4	0,5	179,6	0,5
Erholungsfläche	225,5	0,6	237,4	0,7	265,9	0,7
Verkehrsfläche	1 644,1	4,6	1 678,6	4,7	1 711,8	4,8
Landwirtschaftsfläche	19 511,2	54,7	19 307,5	54,1	19 102,8	53,5
Waldfläche	10 453,6	29,3	10 490,8	29,4	10 531,4	29,5
Wasserfläche	783,7	2,2	794	2,2	808,5	2,3
Flächen anderer Nutzung	763	2,1	749,7	2,1	721,9	2
darunter						
Friedhof	32,7	0,1	33,5	0,1	35	0,1
nachrichtlich						
Siedlungs- und Vekehrsfläche [2]	4 030,5	11,3	4 205,2	11,8	4 393,9	12,3

[1] Stichtag 31.12 des Vorjahres.

[2] Summe aus den Nutzungsarten: Gebäude- und Freifläche, Betriebsfläche (ohne Abbauland), Erholungsfläche, Verkehrsfläche, Friedhof. „Siedlungs- und Verkehrsfläche" und „versiegelte Fläche" können nicht gleichgesetzt werden, da in die Siedlungs- und Verkehrsfläche auch unbebaute und nicht versiegelte Flächen eingehen.

Tab. 4.2 Bodenflächen nach Art der tatsächlichen Nutzung

4.1.1.3 Externalitäten der Bodennutzung

Als **externe Effekte** („spillovers") bezeichnet man die tatsächlichen oder die möglichen Folgen von wirtschaftlichen Aktivitäten eines Wirtschaftssubjekts für die Produktions- oder Konsummöglichkeiten anderer Wirtschaftssubjekte – soweit sie vom Verursacher bei der Aufstellung seiner Wirtschaftspläne nicht berücksichtigt und nicht über Märkte bewertet und vermittelt werden. Negative Externalitäten („external diseconomies"), die andere Wirtschaftssubjekte belasten, treten besonders im Umweltbereich auf. Die Grundlagenforschung gilt als Beispiel für eine Produktion mit positiven Externalitäten („external economies"). Die Waldpflege durch die Forstwirtschaft kann als weiteres Beispiel für positive externe Effekte (in diesem Fall der Produktion für den Konsum) genannt werden.

Als Beispiel für negative externe Effekte im Umweltbereich lassen sich die **Belastungen durch Verkehrslärm** anführen. Dabei kann es sich um gewerblichen wie auch um Freizeitverkehr handeln. Negative externe Effekte können sich daraus sowohl für den Konsum (Beeinträchtigung des Wohnwertes von Eigenheimen) als auch für die Produktion ergeben (niedrigere Mieten, Leerstand).

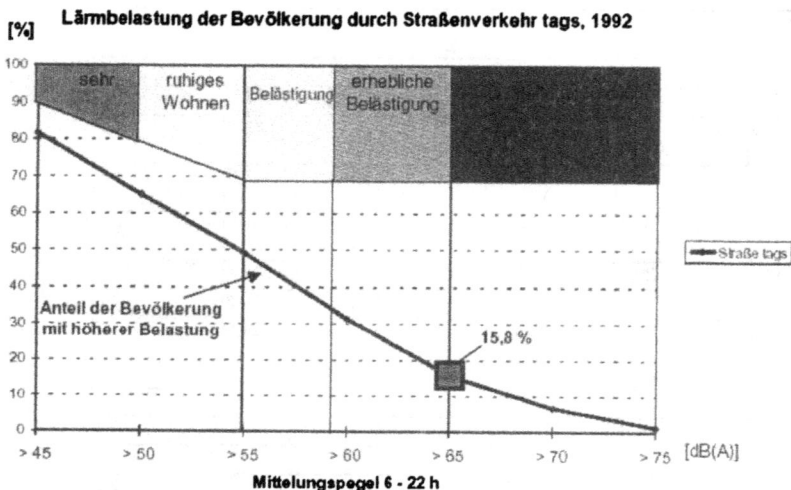

Bild 4.1 Belastung der Bevölkerung durch Straßenverkehrslärm
Quelle: Umweltbundesamt

Die Gründe für die zunehmende Belastung durch Verkehrslärm liegen in den ständig steigenden Mobilitätsansprüchen von Wirtschaft und Gesellschaft. Die Zahl der gefahrenen Kilometer im bodengebundenen Verkehr nimmt kontinuierlich zu und die Verkehrsinfrastruktur wird ständig ausgeweitet. Den prozentualen Anteil der Bevölkerung mit hoher Belastung durch Straßenverkehrslärm im Wohnumfeld zeigt Bild 4.1.

Es handelt sich bei den externen Effekten um einen Fall von **Marktversagen,** der grundsätzlich eine Begründung für eine staatliche Intervention mit dem Ziel der Internalisierung der externen Effekte liefern kann. Im Falle negativer externer Effekte wird von ihrem Verursacher mehr produziert als gesellschaftlich erwünscht sein kann. Bei externen Vorteilen verhält es sich gerade umgekehrt. Hier kommt es aus gesellschaftlicher Sicht zu einer Überproduktion.

Mögliche Quellen von negativen Externalitäten der Bodennutzung sind:

- Emmissionen,

- bauliche Gestaltungen, die die Nachbargrundstücke im Wert mindern,

- Vernachlässigung des Gebäudes und / oder des Grundstücks,

- negative Nachbarschaftsexternalitäten, z.B. Industriebetrieb im Wohngebiet.

Als mögliche Quellen von externen Vorteilen der Bodennutzung kommen in Frage:

- positive Nachbarschaftsexternalitäten bzw. Fühlungsvorteile (Wohnen bzw. Gewerbe),

- bessere Auslastung der Infrastruktur durch gemeinsame Nutzung.

Der Boden wird für Wohnzwecke in aller Regel im Siedlungszusammenhang genutzt. Aus dem Zusammenleben in Siedlungen ergeben sich **Effizienzvorteile** für alle Beteiligten. So kann die komplementäre Infrastruktur (Straßen, Beleuchtung, Leitungen) gemeinsam genutzt werden. Das Zusammenleben in einer Siedlung bietet dem einzelnen außerdem Sicherheit und ein soziales Umfeld.

Die Zusammenballung von Wohnungen in Siedlungen kann zur Quelle von **externen Effekten** werden. Nachbarn können angenehm oder lästig sein. Externe Belastungen der Nachbarn können sich bspw. aus Lärm, aus baulichen Gestaltungen, die sich nicht in die Umgebung einfügen, oder aus unterlassenen Instandhaltungen an einem Gebäude ergeben. Zu denken wäre auch an Externalitäten im Verhältnis unterschiedlicher Arten der Bodennutzung zueinander (etwa Wohnen und Gewerbe).

4.1.2 Planungshierarchie und Planungsrecht

Aus Gründen des Gemeinwohls werden die mit dem Eigentum an Grund und Boden verbundenen Verfügungs- und Nutzungsmöglichkeiten durch die staatliche Bodenordnung beschränkt. Die Bodenordnung hat die Aufgabe, die gesellschaftlichen Interessen gegenüber den einzelwirtschaftlichen Interessen der Bodeneigentümer zur Geltung zu bringen. Die Kompetenzen für die Stadtplanung, die Landesplanung und die Raumordnung sind entsprechend des föderalen Staatsaufbaus (Gemeinden – Bundesländer – Bund) verteilt. Das Baugesetzbuch (BauGB) überträgt die Flächenplanung den Gemeinden und den gemeindlichen Planungsverbänden (soweit diese bestehen).

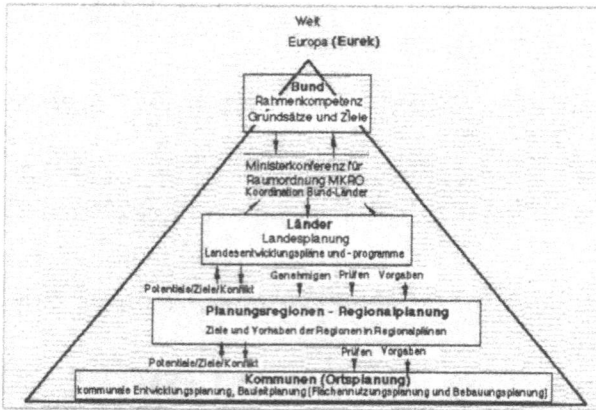

Bild 4.2   Planungshierarchie

Raumordnung und Raumplanung haben die Aufgabe, den Raum so zu gestalten, daß er den Bedürfnissen der Gesellschaft hinsichtlich einer gerechten und zweckmäßigen Ordnung des kulturellen, wirtschaftlichen und sozialen Lebens entspricht. **Raumordnung** heißt: räumliche Verteilung der „menschlichen" Funktionen wie Arbeiten, Wohnen, Verkehr, Freizeitgestaltung, Bildung usw. unter Beachtung der ökologischen Erfordernisse. Die **Raumplanung** erfolgt auf vier Planungsebenen:

- **Bundesplanung**: Der Bund legt im Raumordnungsgesetz die Grundsätze der Raumordnung fest. Die von den Gemeinden aufzustellenden Bauleitpläne dürfen dazu nicht in Widerspruch stehen.
- **Landesplanung**: Die Bundesländer stellen für ihr Gebiet zusammenfassende und übergeordnete Pläne auf (Landesentwicklungsprogramme und Landesentwicklungspläne), in denen die Grundsätze der Raumordnung konkretisiert werden. Die Länder haben den Auftrag, Landesplanungsgesetze zu verabschieden, in denen das Landesgebiet in Regionen aufgeteilt wird.
- **Regionalplanung**: Die Regionalpläne (Gebietsentwicklungspläne, Verbandspläne) werden von den Regionalen Planungsverbänden aufgestellt.
- **Kommunale Planung**: Die von den Gemeinden aufzustellenden Bauleitpläne sind an die Ziele der Raumordnung und Landesplanung anzupassen. Dadurch werden die überörtlichen Raumordnungspläne mit der örtlichen Bauleitplanung verzahnt.

Den Gemeinden steht die örtliche Planungshoheit zu. Die **Bauleitplanung** einer Gemeinde vollzieht sich auf zwei Ebenen: Im **Flächennutzungsplan** wird die Art der Bodennutzung in ihren Grundzügen für das gesamte Gemeindegebiet dargestellt. Die Ziele der Raumordnung und der Landesplanung sind bei der Aufstellung von Flächennutzungsplänen entsprechend zu berücksichtigen. Aus einem solchen vorbereitenden Bauleitplan kann der Bürger jedoch keine unmittelbaren Rechte gegenüber der Gemeinde herleiten. Der Flächennutzungsplan dient als Grundlage für die Erstellung der **Bebauungspläne**. Der Bebauungsplan ist der für die Bürger und Grundstückseigentümer verbindliche Bauleitplan. Im Bebauungsplan werden u.a. Festlegungen über Art und Maß der baulichen Nutzung, über die Bauweise und die überbaubaren und nicht überbaubaren Grundstücksflächen getroffen.

4.1.3 Preisbildung am Bodenmarkt

Wie alle Preise richten sich in der Marktwirtschaft auch die Bodenpreise (Preise für unbebaute Grundstücke) nach Angebot und Nachfrage. Der Preis für Bauland richtet sich nach den zukünftigen Erträgen die nach einer Bebauung zu erzielen sind. Maßgeblich sind dafür aber nicht alle möglichen, sondern nur die planungsrechtlich zulässigen Nutzungsarten.

Wenn das Grundstück nicht „überplant" ist (d.h. in einem Bebauungsplan berücksichtigt wurde) und auch nicht in einem „im Zusammenhang bebauten Ortsteil" liegt, kann es in der Regel nur land- oder forstwirtschaftlich genutzt, aber nicht bebaut werden. Der Bodenwert richtet sich in diesem Fall nach den erwarteten Erträgen aus der land- oder forstwirtschaftlichen Nutzung. Wirtschaftlich wertvoll werden Grundstücke erst, wenn sie mittels Bebauungsplan überplant bzw. wenn sie zu „Bauerwartungsland" werden (Funktionszuweisung im Flächennutzungsplan).

Obwohl die Preisbildung am Grundstücksmarkt frei ist, steuert der Staat mit den Instrumenten des Planungsrechts das allgemeine Baulandangebot ebenso wie das Angebot für die unterschiedlichen Nutzungsarten (z.B. Wohnen und Gewerbe). Dabei ist kein Verlaß darauf, daß die staatlichen Behörden auf Nachfrageimpulse in angemessener Weise reagieren. Auf eine Ausweitung der Wohnungsnachfrage in einer Region durch Zuwanderungen folgt keineswegs zwangsläufig eine parallele Ausweitung des Baulandangebotes.

Der Marktmechanismus führt grundsätzlich zu einer **effizienten Allokation des Bodens**. Jedes Grundstück wandert zum „besten Wirt" (Adam Smith), sprich zu dem Investor mit der höchsten Zahlungsbereitschaft. Der Investor mit der höchsten Zahlungsbereitschaft ist aber zugleich derjenige, der dem Grundstück den höchsten Ertragswert beimißt. Da die Ertragserwartungen ihrerseits die Präferenzen der Nachfrager widerspiegeln, muß der Investor mit der höchsten Zahlungsbereitschaft offenbar das beste Nutzungskonzept für das Grundstück haben: „Gute Projekte verdrängen schlechte."

Da die staatlichen Planungsaktivitäten in den meisten Fällen erst die Voraussetzung für die Bebaubarkeit von Grundstücken schaffen, stellt sich aus allokativer Sicht die Frage, ob der Staat etwa einen freien Grundstücksmarkt perfekt simulieren kann. Das kann man sicher nicht annehmen. Politische Einflüsse auf die Baulandbereitstellung wird man kaum ausschließen können. Es ist eine Aufgabe der Finanzpolitik, den Gemeinden Anreize zu einem nachfragegerechten Ausbau aller Nutzungsarten zu geben. Dabei sind die Externalitäten der Bodennutzung in angemessener Weise zu berücksichtigen. Es gilt der Grundsatz des möglichst sparsamen Umgangs mit der Ressource Boden.

Abgesehen von der (direkten) planerischen Steuerung des Baulandangebotes greift der Staat auch auf indirekte Weise in die Bodenpreisbildung ein. Solche Eingriffe finden immer dann statt, wenn der Staat Grundstückstransaktionen oder die laufende wirtschaftliche Nutzung von Immobilien mit Abgaben belastet oder subventioniert. Als Beispiele für solche unbewußten Eingriffe in die Bodenpreisbildung können genannt werden:

- Grunderwerbsteuer,
- Grundsteuer,
- einkommensteuerliche Behandlung von Immobilieninvestitionen,
- Wertzuwachsbesteuerung,
- Wohnungsbauförderung,
- Mietrecht, besonders Mietpreisrecht,
- etc.

Die sonstigen bodenwertbeeinflussenden Faktoren lassen sich in grundstücksbezogene und allgemeine grundstückswertbestimmende Faktoren einteilen. Diese Faktoren können internationale, nationale, regionale oder lediglich zonale Auswirkungen haben.

Faktoren von **bundesweiter** Bedeutung sind z.B. die rechtliche Absicherung des Grundeigentums (Art. 14 Grundgesetz) und seine gegenwärtige und zukünftig erwartete Besteuerung. **Regional** wirkende Faktoren sind z.B. die Bevölkerungsdichte, die Arbeitsmarktsituation, die Zahl und die Qualifikation der Beschäftigten, die Kaufkraft, die Attraktivität der Region als Wohn- und Geschäftsstandort (weiche Standortfaktoren), die Ausstattung mit wirtschafts- und wohnnaher Infrastruktur (Verkehr, Ver- und Entsorgung, Erholungsmöglichkeiten) und das Bodenmanagement der Gemeinde.

Zonale Faktoren sind Einflüsse, die sich auf einen Stadtteil, eine Nachbarschaft oder auch nur auf einen Block oder Straßenzug beziehen, z.B. das Ansehen eines Stadtteils, die baurechtlich zulässigen Nutzungsmöglichkeiten, die

Art der Umgebungsbebauung und deren Zustand und die Erreichbarkeit des Grundstücks (Stadtzentrum, Arbeitsplatz, Infrastruktureinrichtungen). Diese Faktoren bestimmen das Niveau der Preise für Grundstücke im näheren zonalen Bereich. **Grundstücksindividuelle** Faktoren sind teils rechtliche Gegebenheiten, teils tatsächliche Eigenschaften, die das betreffende Grundstück aufweist. Das sind neben den natürlichen Eigenschaften des Grundstücks (z.B. die geographische Lage) auch Faktoren wie Lärmbelastung, Umfeldbebauung, soziale Nachbarschaft und die Entfernung zu Infrastruktureinrichtungen.

4.2   Baumarkt

Die Bauwirtschaft weist einige ökonomische Besonderheiten auf, die ihr eine besondere Stellung im Wirtschaftskreislauf verleihen. Die mittelständisch strukturierte Bauwirtschaft kann als ein besonders konjunkturanfälliger und zugleich arbeitsintensiver Wirtschaftszweig charakterisiert werden.

Das Endprodukt der Bauwirtschaft, die **Immobilie**, gehört zu den wenigen nicht transportfähigen Produkten. Sie läßt sich an verschiedene Verwendungszwecke anpassen und ist eines der dauerhaftesten Erzeugnisse des Menschen. Immobilien liefern die physische Infrastruktur zum Leben und Arbeiten und zur Produktion von Gütern und Dienstleistungen. Die meisten Bauprojekte sind Prototypen. Das Angebot am Immobilienmarkt weist nach Typen, Regionen und Qualitäten eine dementsprechend heterogene Struktur auf: „Jede Immobilie ist verschieden von allen anderen." Schließlich bedürfen Immobilien der regelmäßigen Instandhaltung und ggf. auch der Modernisierung: Die Hälfte aller Bauprojekte betrifft Renovierungsarbeiten.

Die Bauinvestitionen hatten 2002 einen Anteil von 54,5 Prozent an den gesamten Anlageinvestitionen in Deutschland (1997 knapp 60 Prozent). Der Anteil der Bauinvestitionen am Bruttoinlandsprodukt lag bei 10,1 Prozent (1997 knapp 13 Prozent). Die Bauinvestitionen sind ein makroökonomisches Aggregat von einem so großen Gewicht, daß von ihm **gesamtwirtschaftliche Störungen** ausgehen können. Die Vergangenheit hat gezeigt, daß sich die Bauinvestitionen durchaus nicht immer parallel zum allgemeinen Konjunkturzyklus, aber auch nicht völlig unabhängig von ihm, entwickelt haben. Die von der Politik gesetzten Rahmenbedingungen haben einen wesentlichen Einfluß auf ihre Entwicklung. Dies ist bei den öffentlichen Bauten ganz offensichtlich. Es gilt aber auch für die Wohnungsbauinvestitionen, die der Staat mit den Mitteln des Mietrechts (Abschnitte 6.2 und 7.2) und der verschiedenen Förderinstrumente (Abschnitte 6.3 bis 6.5) bewußt oder unbewußt beeinflußt. Die Konjunkturabhängigkeit ist bei den gewerblichen Bauinvestitionen am höchsten.

Innerhalb des produzierenden Gewerbes weist die Bauwirtschaft die höchste **Arbeitsintensität** auf. Ihr kommt mithin eine wichtige Rolle bei der Sicherung der Beschäftigung zu.

Die Bauwirtschaft ist ein **heterogener** und **zersplitterter** Wirtschaftsbereich, der eine Vielzahl sehr unterschiedlicher Branchen mit unterschiedlichen Interessen umfaßt. Die Baumärkte sind überwiegend Märkte mit lokalem bzw. regionalem Charakter. Eine weitere Besonderheit ist die mittelständische Struktur der Bauwirtschaft. 83 Prozent der westdeutschen und 85 Prozent der ostdeutschen Betriebe haben weniger als 20 Beschäftigte. 95 Prozent aller Betriebe beschäftigen weniger als 50 Mitarbeiter.

Eine traditionelle Lehrmeinung besagt, daß Standortprobleme für die Bauwirtschaft nicht die gleiche Rolle wie für das verarbeitende Gewerbe spielen. Anders als für Industrieprodukte gelte für die Erstellung von Bauleistungen das Prinzip der „**Produktion vor Ort**". Doch gilt dieses Prinzip heute aus folgenden Gründen bei weitem nicht mehr so absolut wie in der Vergangenheit:

- Der **Einsatz vorgefertigter Teile** (Fertigbau bzw. Teilfertigbau) wird im Trend weiter steigen. Die Bauproduktion wird daher in Zukunft ein Stück weit die Eigenschaften eines industriell geprägten Endmontageprozesses annehmen.

- **Arbeitskräftewanderungen** aus verschiedenen europäischen Niedriglohnländern und das damit einhergehende Konkurrenzangebot ausländischer Subunternehmer haben die Abschottungswirkung geradewegs in ihr Gegenteil verkehrt. Die Wettbewerbsnachteile der deutschen Bauwirtschaft auf Grund der höheren Sozialstandards in Deutschland können immer weniger durch regional bedingte Standortvorteile ausgeglichen werden. Eine weitere Verschärfung der Konkurrenzsituation auf den deutschen Baumärkten wird nach Herstellung von Freizügigkeit und Dienstleistungsfreiheit gegenüber den neuen mittel- und osteuropäischen Mitgliedsländern der Europäischen Union erwartet.

Die **Markteintrittsbarrieren** liegen an den meisten Teilmärkten niedrig. Unternehmen können sich leicht etablieren, da eine Neugründung relativ wenig Betriebskapital erfordert. Das Geschehen an vielen Baumärkten wird daher von einem **intensiven Wettbewerb** bestimmt.

Logistik und Transport sind für die Bauwirtschaft von größter Bedeutung. Die Bauwirtschaft ist einer der geographisch am weitesten verzweigten Wirtschaftssektoren.

Das Baugewerbe weist stärkere **Produktions- und Beschäftigungs-schwankungen** auf als andere Wirtschaftszweige. Die Schwankungen der Nachfrage treffen die Betriebe und die Arbeitnehmer gleichermaßen. Folgende Gründe sind dafür maßgeblich:

- Als **Bereitstellungsgewerbe** kann das Baugewerbe lediglich Bauleistungen anbieten und hat in der Regel nur wenig Einfluß auf das Produktionsprogramm. Das Baugewerbe unterliegt dem **Auftragsrisiko**, das warenproduzierende Gewerbe dagegen dem Absatzrisiko.

- Eine **Produktion auf Lager** ist grundsätzlich nicht möglich. Damit entfällt aber auch die Pufferfunktion der Lagerhaltung.

- Die Bauproduktion unterliegt in besonderem Maße witterungsbedingten Einflüssen und ist mitunter noch immer **Saisonarbeit**. Im Winter droht den Arbeitnehmern saisonale Arbeitslosigkeit.

- Als ein Wirtschaftszweig, der ausschließlich langlebige Investitionsgüter herstellt, ist die Bauwirtschaft in besonderem Maße von **Nachfrage-schwankungen** betroffen. Die Nachfrage nach langlebigen Investitionsgütern reagiert schon bei vergleichsweise geringfügigen Änderungen bestimmter Rahmenbedingungen, die die zukünftigen Erlöse oder Kosten beeinflussen (Zinsen, Löhne, Förderprogramme), äußerst sensibel.

- Angebot und Nachfrage nach Immobilien zeigen kurz- und mittelfristig vergleichsweise starre Reaktionen auf Marktsignale (Abschnitte 3.3 und 3.5.1). Von der Investitionsentscheidung bis zur Fertigstellung einer Immobilie können wegen Verzögerungen durch Planungs-, Genehmigungs- und Bauzeiten Jahre vergehen. Die Immobilienmärkte sind daher anfällig für eigendynamische Zyklen, die selbstverständlich auf die Nachfrage nach Bauleistungen durchschlagen.

Auch der **Bau-Arbeitsmarkt** weist einige Besonderheiten auf:

- Der Bau-Arbeitsmarkt nimmt traditionell eine große Zahl **wenig qualifizierter Hilfskräfte** auf. Der Anteil der gering qualifizierten Arbeitnehmer an der Gesamtbeschäftigung weist allerdings eine säkular fallende Tendenz auf.

- Wegen der heterogenen und zersplitterten Struktur des Baugewerbes und der Besonderheiten des Marktes (mobile Arbeitskräfte, instabile Nachfrage und scharfer Wettbewerb) sind die Unternehmen bei Investitionen in die **Aus- und Fortbildung** oft zurückhaltender als es gesamtwirtschaftlich verträglich erscheint.

- Wegen der hohen Mobilität der Arbeitskräfte kommt es im EU-Raum immer wieder zu Arbeitskräftewanderungen in die Hochlohnländer mit einer großen Nachfrage nach Bauleistungen. Die angelernten ausländischen Arbeitskräfte sind oft bereit, ihre Arbeitskraft unterhalb des im Aufnahmeland herrschenden Lohnniveaus anzubieten und verschärfen auf diese Weise die Konkurrenzsituation am dortigen Bau-Arbeitsmarkt.

- Die Anforderungen an die **Qualifikation** der Beschäftigten im Baugewerbe nehmen mit der Weiterentwicklung der Bautechnik und dem intensiven Wettbewerb an den Arbeitsmärkten ständig zu.

- Im Vergleich zu anderen Branchen ist der Anteil **selbständiger Arbeit** hoch. Auch Zeit- und Teilzeitarbeit sowie Gelegenheitsarbeit kommen häufiger vor. Die Arbeitsverträge sind oft auf die Projektdauer befristet.

- Die Arbeiten am Bau sind für die Arbeitnehmer gefahrvoll. Arbeitsunfälle kommen verhältnismäßig häufig vor.

Die Bauwirtschaft ist ein Wirtschaftszweig von großer **umweltpolitischer Bedeutung**. Das Baugewerbe produziert große Mengen an Bauschutt und Abbruchmaterial (im gesamten EU-Raum über 270 Millionen Tonnen jährlich). Auf Bauwerke entfallen 42 Prozent des Energieverbrauchs der Europäischen Union.

Literatur zum 4. Kapitel:

1. *Battis*: Öffentliches Baurecht und Raumordnungsrecht, Kohlhammer Verlag 1999.

2. *Koch / Hendler*: Baurecht, Raumordnungs- und Landesplanungsrecht, Boorberg Verlag 2000.

3. *Kofner*, S. Zukunftsperspektiven der deutschen Bauwirtschaft, Reihe Wirtschaftspolitische Diskurse der Friedrich-Ebert-Stiftung Nr.111 (1998).

4. *Ottnad*, A. / *Hefele*, P.: Die Zukunft der Bauwirtschaft in Deutschland. Olzog Verlag 2002.

5   Wohnungsbaufinanzierung

Neben den Boden- und den Baumärkten spielen auch die Kapitalmärkte eine wesentliche Rolle als Beschaffungsmärkte der Wohnungswirtschaft. Im Unterschied zu den Boden- und Baumärkten sind die Kapitalmärkte aber weit weniger auf die Wohnungs- und Immobilienwirtschaft „fixiert". Langfristiges Kapital wird für langfristige Investitionen jeder Art benötigt, also auch für die Finanzierung von Schiffen, Flugzeugen, etc.

5.1   Grundlagen

5.1.1   Aufgaben der Wohnungsbaufinanzierung

Unter Wohnungsbaufinanzierung ist die Beschaffung, die Bereitstellung und die Planung des Einsatzes von finanziellen Mitteln zur Deckung der einmaligen und der laufenden Ausgaben für wohnungswirtschaftliche Investitionen verstanden. Finanzielle Mittel werden für den Wohnungsneubau ebenso benötigt (und zwar bereits in der Planungs- und Bauphase) wie zur Finanzierung der Wohnungsbestände (Kapitalbindung in der Bewirtschaftungsphase und Finanzierung von Sanierungs- und Modernisierungsmaßnahmen). Zu den Planungs- und Kontrollaufgaben des Investors im Rahmen einer Wohnungsbaufinanzierung gehören:

- Ermittlung der Gesamtgestehungskosten des Investitionsprojektes,

- Ermittlung der Fälligkeitstermine für die Auszahlungen in der Planungs- und Bauphase und entsprechende Festlegung der Auszahlungskonditionen der aufgenommenen Fremdmittel,

- Sicherstellung der Liquidität für die laufenden Kapital- und Bewirtschaftungskosten in der Nutzungsphase der Immobilie.

Aus den im Vergleich zu anderen Branchen **langen Amortisationszeiten** (niedriger Kapitalumschlag) folgt gewöhnlich ein **hoher Fremdkapitalanteil** am gesamten Kapitaleinsatz (üblich sind zwischen 60 bis 70 Prozent). Dem Kapitalmarktzins kommt in der Wohnungswirtschaft eine entsprechend große Bedeutung zu. Die Kapitalkosten (die kalkulatorische Verzinsung des eingesetzten Eigenkapitals mit eingeschlossen) sind für die Wohnungswirtschaft einer der wichtigsten Kostenfaktoren. Die Bedingungen (insbesondere die Laufzeiten der Kredite und der anfänglichen Zinsbindung sowie die Höhe der Zinsen), zu denen die Fremdmittel am Kapitalmarkt erhältlich sind, haben ein entsprechendes Einflußpotential auf die Rentabilitäts- und Liquiditätsentwicklung eines Wohnungsunternehmens.

I. Grunddaten		in Prozent der Gesamtkosten
Wohnfläche in m²	70	
Anteilige Grundstückskosten in €	25.087	16,3
Anteilige Herstellungskosten in €	128.301	83,7
Gesamtkosten in €	153.388	100,0
II. Finanzierungsstruktur		
Eigenkapital €	38.347	25,0
Fremdkapital €	115.041	75,0
Gesamtkosten €	153.388	100,0

Tab. 5.1   Aufbau der Finanzierung für eine Eigentumswohnung

5.1.2   Zinsbildung an den Kapitalmärkten

Vor dem Hintergrund der großen Bedeutung des Zinses für die Wohnungswirtschaft nimmt es nicht Wunder, daß staatliche Programme zur Förderung des Mietwohnungsbaus immer wieder die Form der **Zinssubvention** angenommen haben. Bis zur Reform des Wohnraummietrechts und des Rechts der sozialen Wohnraumförderung gab es Möglichkeiten, die Mieter an gestiegenen Zinskosten zu beteiligen (§ 5 des Gesetzes zur Regelung der Miethöhe sowie die Vorschriften des Zweiten Wohnungsbaugesetzes). Im Kern ging es dabei um die Verteilung des Zinsänderungsrisikos zwischen Mieter- und Vermieterseite. Nach dem Wegfall der Möglichkeiten zur Überwälzung des Zinsänderungsrisikos hat die Bedeutung des **Zinsmanagements** für die Wohnungswirtschaft weiter zugenommen.

Der Zins läßt sich allgemein definieren als der Preis, den ein Schuldner für die zeitweise Überlassung von Fremdkapital an den Gläubiger zu zahlen hat, ausgedrückt als Prozentsatz des jeweils geschuldeten Kapitalbetrags. Im obigen Beispiel (Tab. 5.1) ergibt sich bei einem angenommenen Zinssatz von 6,5 Prozent als Zinszahlung im ersten Jahr ein Betrag von € 7.477,66 (€ 115.041 * 0,065).

Wie jeder Preis bildet sich auch der Zins im Spannungsverhältnis von Angebot und Nachfrage. Der Markt, auf dem Angebot und Nachfrage nach langfristigen Finanzierungsmitteln zusammentreffen, ist der Kapitalmarkt. Ist das Kapitalangebot reichlich (Angebotskurve A_0 in Bild 5.1), die Kapitalnachfrage (N_0)

aber etwa wegen ungünstiger Renditeerwartungen der Investoren niedrig (Rezession), liegt der Kapitalmarktzins auf einem niedrigen Niveau (i_0). Ist umgekehrt das Angebot knapp und die Kapitalnachfrage der Investoren hoch (Hochkonjunktur: Angebotskurve A_1 und Nachragekurve N_1), ergibt sich ein entsprechend hohes Zinsniveau (i_1).

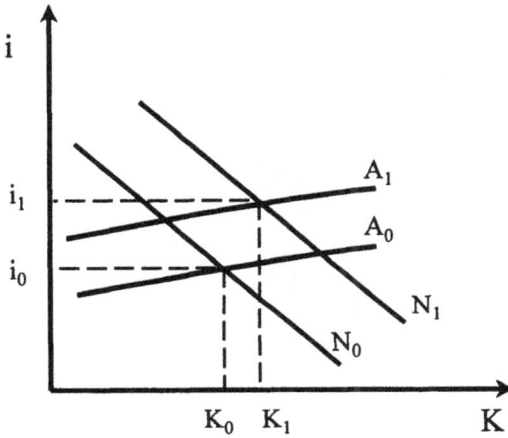

Bild 5.1   Gesamtwirtschaftlicher Kapitalmarkt

Die **Motive der Kapitalnachfrage** lassen sich in drei Gruppen einteilen. Kapital wird für **Investitionen**, für **Konsum** und zur **Substitution von früher gemachten Schulden** nachgefragt. Investoren hoffen darauf, daß die laufenden Einzahlungen aus der Investition ausreichen, um den Kapitaldienst (Zins und Tilgung) zu erbringen. Kredite für **konsumtive Zwecke** sind dagegen dadurch gekennzeichnet, daß die Kapitalverwendung eben keine laufenden Einzahlungen nach sich zieht. Der Kapitaldienst muß daher aus anderen Einkommensquellen aufgebracht werden (z.B. Arbeitseinkommen). Konsumkredite dienen dazu, das Nutzungsrecht an dem betreffenden Konsumgut früher zu erwerben als im Falle einer Finanzierung aus eigenen Mitteln. Immobilien sind wirtschaftlich stets als Investitionsgüter zu klassifizieren, da sie über lange Zeiträume genutzt werden können. Das gilt auch für Immobilien, die private Haushalte zur Selbstnutzung erwerben. Wenn Kapital zur Rückzahlung von früher gemachten Schulden aufgenommen wird, spricht man von einer **Umschuldung**. Eine Umschuldung kommt etwa in Frage, wenn die finanzierende Bank nach Ablauf der Zinsbindungsdauer keine attraktiven Konditionen für die Prolongation bietet. In dem Fall wird der Kreditnehmer in Höhe der offenen Restschuld einen zinsgünstigeren Kredit bei einer anderen Bank aufnehmen und damit den ursprünglichen Kredit in einer Summe tilgen.

Als **Motive der Kapitalanbieter** kommen neben dem Anlagemotiv und dem Sicherheitsmotiv auch direkte Gewinnmotive (Arbitrage und Spekulation) in Frage. Das elementare Motiv der Kapitalanlage ist das **Anlagemotiv**. Jedes Wirtschaftssubjekt, das Teile seines laufenden Einkommens in einer Periode nicht wieder für Konsumzwecke verausgabt, spart und wird dadurch automatisch zum Anleger. Je nach der gewünschten Dauer des Konsumverzichts und der individuellen Risikobereitschaft bedienen sich die Anleger ganz unterschiedlicher Anlagemedien (z.B. Geldmarktfonds, Sparbuch, Aktien, Obligationen, Immobilienfonds, etc.). Auch das **Sicherheitsmotiv** kann bei einer Immobilienanlage eine Rolle spielen. So kann ein Investor, der eine Immobilie im Dollarraum gekauft hat, das damit verbundene Wechselkursrisiko absichern, indem er die laufenden Dollarrückflüsse aus der Investition per Termin verkauft (Termingeschäft). Nicht zu unterschätzen ist schließlich die Bedeutung des **direkten Gewinnmotivs** an den Immobilienmärkten. Das Kalkül eines **Spekulanten** ist auf das Ausnutzen intertemporaler Wert- oder Preisunterschiede gerichtet (z.B. spekulativer Erwerb von Bauerwartungsland). Da niemand die Preise der Zukunft kennen kann, ist mit einer Spekulation stets das Risiko einer dem Kalkül entgegengesetzten Wertentwicklung und damit von Spekulationsverlusten verbunden. Die Arbitrage, also das Ausnutzen interregionaler Wert- oder Preisunterschiede, spielt an den Immobilienmärkten dagegen wegen der Standortgebundenheit der Immobilien keine Rolle.

Als Nachfrager am Kapitalmarkt kann neben den Investoren (Immobilien, Ausrüstungen), den privaten Haushalten (Immobilienkredite, Konsumkredite) und dem Staat auch das Ausland auftreten (Kapitalexport des Inlands). Je nach dem Saldo der Finanzierungsströme mit dem Ausland kann das Ausland aber auch auf der Anbieterseite stehen (Kapitalimport des Inlands). Auf der Anbieterseite spielen die privaten Haushalte die größte Rolle. Deren dominierende Rolle ist darauf zurückzuführen, daß letzten Endes alle Vermögenswerte und auch die Ansprüche auf die Erträge daraus im Eigentum von privaten Haushalten stehen. Das Sparverhalten der privaten Haushalte bestimmt mithin das gesamtwirtschaftliche Kapitalangebot.

Die **ökonomische Zinstheorie** befaßt sich nicht nur mit den Bestimmungsgründen der Zinshöhe, sondern auch mit der Zinsbegründung (Warum existiert ein Zins?) und der Zinsstruktur (zeitlich, räumlich). Bei der **Zinsbegründung** handelt es sich um ein Problem mit durchaus philosophischen Dimensionen. In der Vergangenheit hat es immer wieder religiös motivierte Zinsverbote gegeben, die in der arabischen Welt zum Teil bis heute in Kraft sind. Die klassischen Ökonomen haben versucht, den Zins mit dem sog. „Warteopfer" der Gläubiger zu begründen. Der Zins wäre aus dieser Perspektive eine Art

Prämie für die Konsumvertagung. Die marxistischen Ökonomen haben dagegen dem Zins die ökonomische wie auch die moralische Rechtfertigung rundweg abgesprochen. Zinseinkünfte wurden von ihnen als „leistungslose Einkommen" diskreditiert. Die „Rentiers" wurden von den Marxisten im Grunde als Schmarotzer betrachtet, die man getrost enteignen könne. Für die sozialistischen Volkswirtschaften erhoffte man sich Effizienzgewinne aus dem Verzicht auf eine Verzinsung des Kapitals.

Gegen die Ansichten der marxistischen Ökonomen zum Zinsphänomen können allerdings gravierende Einwände angeführt werden. Die Vorstellung eines leistungslosen Einkommens hängt mit der einseitigen Arbeitswertlehre der Marxisten zusammen. Die vorausgegangenen Sparleistungen der Rentiers wollen sie nicht als Leistung anerkennen. Außerdem verkennen die marxistischen Autoren die volkswirtschaftlichen Funktionen des Zinses. Der Zins ist ein wichtiger **Sparanreiz** und er erfüllt als Preis unverzichtbare **Signal- und Lenkungsfunktionen**. Die freie Zinsbildung am Kapitalmarkt sorgt dafür, daß das Kapital so auf die verschiedenen Wirtschaftszweige und Investitionszwecke verteilt wird, daß die Bedürfnisse der Konsumenten optimal befriedigt werden.

Der Hypothekenzins ist der Zins für grundpfandrechtlich besicherte Darlehen zur Immobilienfinanzierung. Natürlich unterliegt auch der Hypothekenzins den Gesetzen von Angebot und Nachfrage. Der Markt für Hypothekarkredite ist eng mit dem allgemeinen Kapitalmarkt verbunden. Der Grund dafür liegt in der Art und Weise der Refinanzierung der Hypothekengläubiger. Deren Refinanzierungsmedien (Pfandbriefe, Bankschuldverschreibungen und mortgage backed securities) stehen in einer engen Substitutionskonkurrenz mit anderen "sicheren" Anlageformen (z.B. Staatsschuldverschreibungen). Somit können wir festhalten, daß nicht allein das Angebot an und die Nachfrage nach Hypothekarkrediten den Hypothekenzins bestimmen. Der deutsche Hypothekenmarkt ist zwar keine "quantité négligiable", aber eben doch nur ein Teil des internationalen Kapitalmarktes.

Für die meisten Zwecke kann man sich den Kapitalmarktzins aus drei Komponenten zusammengesetzt vorstellen. Die Determinanten des Kapitalmarktzinses sind Angebot und Nachfrage (reale Knappheit bzw. Realverzinsung), Inflationserwartung und Risikozuschlag (Schuldnerbonität, Branchen- und Länderrisiken).

Die Anleger haben eine Vorstellung darüber, um wieviel Prozent sich das angelegte Kapital jährlich bei einem Ausfallrisiko von Null nach Abzug der Geldentwertung vermehren soll (**Realverzinsung**). Niemand würde sein Kapital für 5 Prozent hergeben, wenn er im Anlagezeitraum eine durchschnittliche Inflationsrate von 6 Prozent erwartet. Ein Anleger geht von der angestrebten risikozuschlagsfreien Realverzinsung aus (z.B. 3 Prozent) und addiert dazu die **erwartete Inflation** (z.B. 2 Prozent) sowie den individuellen Risikozuschlag (z.B. 2,5 Prozent). Aus der Addition ergibt sich die Gesamtverzinsung (im Beispiel 7,5 Prozent). Die Höhe des **Risikozuschlags** richtet sich nach der **Bonität** des jeweiligen Schuldners. Selbstverständlich muß ein hochverschuldetes Telekom-Unternehmen den Gläubigern für seine Emissionen einen weit höheren Zins bieten als eine Hypothekenbank mit einem soliden Kreditportfolio.

Unter der Bonität im engeren Sinne versteht man die Fähigkeit eines institutionellen oder individuellen Schuldners, in der Zukunft seinen Schuldendienstverpflichtungen nachzukommen. Im weiteren Sinne wird darunter die relative Ertragskraft des Schuldners in der Zukunft verstanden. Die relative Ertragskraft ist das Ergebnis einer Kreditwürdigkeitsbeurteilung (Kreditwürdigkeitsprüfung, Bonitätsprüfung), die sich ganz wesentlich auf die zu erwartende Ertragsentwicklung des Schuldners stützt. Neben der individuellen Leistungsfähigkeit spielt dabei auch die Gesamtentwicklung eine wichtige Rolle (z.B. Branchenkonjunktur und Entwicklung auf dem Arbeitsmarkt).

Schuldnern mit einer zweifelhaften Bonität werden in der Regel keine ungesicherten Kredite (Blankokredite) gewährt. Die meisten Kreditengagements werden entsprechend dem sich aus den unsicheren Ertragserwartungen ergebenden Risikogehalt durch Sicherheiten (z. B. Bürgschaften, Grundschulden) und andere Risikoäquivalente (z. B. Risikoprämien und -versicherungen) abgesichert. Auskünfte über die Bonität eines Geschäftspartners erhält man bei Banken und spezialisierten Auskunfteien.

Auf den internationalen Finanzmärkten bedient man sich üblicherweise standardisierter Kennziffern zur Beurteilung und Einstufung der Bonität eines Schuldners (Länder-Rating oder Emittenten-Rating). Das **Rating** wird von spezialisierten privaten Agenturen vorgenommen (z.B. Moodys, Standard & Poors). Man unterscheidet folgende Rating-Stufen:

– (AAA) für bonitätsmäßig erstklassige Schuldner,
– (AA) für zweitklassige Schuldner,
– (A) für drittklassige Schuldner mit noch zufriedenstellender Bonität,
– B-Ratings für bonitätsmäßig zweifelhafte Schuldner.

5.1.3   Das wohnungswirtschaftliche Investitionskalkül

Wohnungsbauinvestitionen können Investitionen in den **Wohnungsneubau** oder aber Investitionen in den **Wohnungsbestand** sein. Bei den Bestandsinvestitionen unterscheidet man **Instandhaltungs-, Instandsetzungs- und**

Modernisierungsinvestitionen.[9] Modernisierungen führen zu einer Steigerung des Gebrauchswerts der Wohnung gegenüber dem ursprünglichen Zustand. Es muß sich um objektive Qualitätsverbesserungen wie etwa den Einbau einer Zentralheizung, den Einbau von Isolierfenstern oder die Anlage eines Spielplatzes auf dem Grundstück handeln.

Eine Investition führt zu einer **langfristigen Bindung** von liquiden Mitteln. Der Investor erwartet eine **angemessene Verzinsung** seines eingesetzten Kapitals. Der jährliche Rückfluß aus einer Investition in ein Mietwohngebäude setzt sich aus folgenden Komponenten zusammen:

m^2 x erwarteter Mietpreis

  – erwartete Zinszahlung auf das Fremdkapital

  – erwartete Tilgungsleistung auf das Fremdkapital

  – erwartete Verwaltungskosten

  – erwartete Instandhaltungskosten

  – erwarteter Mietausfall

  – erwartete Steuerzahlungen
  _____

= erwarteter Rückfluß
  ===

Der Nettorückfluß muß für jedes einzelne Jahr während der Nutzungszeit geschätzt werden. Soll anstelle einer Eigenkapital- eine **Gesamtkapitalrentabilität** ermittelt werden, so muß auf den Ansatz der Zins- und Tilgungszahlungen verzichtet werden.

Die **interne Ertragsrate** des Investitionsprojekts ist definiert als derjenige Zinssatz r, der dafür sorgt, daß der Barwert aller Rückflüsse R_t bis zum Ende der Nutzungszeit T (einschließlich des Liquidationserlöses L_T) gerade der Anfangsauszahlung I_0 (dem anfänglichen Eigenkapitaleinsatz) entspricht:

---

[9] Unter Instandhaltung versteht man regelmäßige vorbeugende Maßnahmen zur Erhaltung des Gebrauchswerts der Wohnung. Instandsetzungen werden notwendig, wenn die Bausubstanz des Gebäudes größere Schäden aufweist, die auch von unterlassenen Instandhaltungen herrühren können.

$$I_0 = \sum_{t=1}^{T} R_t (1+r)^{-t} + L_T (1+r)^{-T}$$

I. Grunddaten	
Wohnfläche in m²	70
Zins für Fremdkapital	6,50%
Gesamtkosten in € (anteilige Grundstückskosten € 25.087 und Herstellungskosten € 128.301)	153.388
II. Finanzierungsstruktur	
Eigenkapital €	38.347
Fremdkapital €	115.041
Gesamtkosten €	153.388
III. Laufende Aufwendungen	
A. Kapitalkosten	
Annuität auf das Hypothekendarlehen €	8.810
B. Bewirtschaftungskosten	
Verwaltung € 215,- je Wohneinheit	215
Instandhaltung € 6,65 * m²	465
Mietausfall € (2 Prozent der Miete)	153
IV. Mieteinnahmen €	6.442
pro Monat und m²	7,67

Tab. 5.2 Beispiel Investitionsrechnung: Grunddaten, Finanzierungsstruktur und laufende Aufwendungen

Tab. 5.3 zeigt eine beispielhafte Investitionsrechnung ohne Berücksichtigung von Steuern. Die Laufzeit des Hypothekendarlehens beträgt 30 Jahre, der Zinssatz während der gesamten Laufzeit 6,5 Prozent. Der Rückfluß ergibt sich aus den um die Bewirtschaftungs- und Kapitalkosten verminderten Mieteinnahmen. Es wurde unterstellt, daß sowohl die Mieteinnahmen als auch die Bewirtschaftungskosten jährlich um 2 Prozent zunehmen. Die voraussichtliche Gesamtnutzungsdauer des Objekts soll 80 Jahre betragen. Im Jahr 80 wird ein Verkaufserlös des Grundstücks in Höhe von € 266.590 erwartet (jährliche Wertsteigerung von 3 Prozent). Die **interne Ertragsrate** dieser Investition liegt bei etwa 5 Prozent. Zinst man die jährlichen Rückflüsse mit der internen Ertragsrate ab, so ergibt sich als Spaltensumme in der letzten Spalte ein Wert von Null.

Investitionsrechnungen dienen verschiedenen Zwecken. Die interne Ertragsrate aus einer Investition in ein Mietwohngebäude kann grundsätzlich mit anderen

Ertragsraten oder Zinssätzen (etwa für festverzinsliche Wertpapiere) verglichen werden.[10] Nimmt man anstelle der internen Ertragsrate einen geeigneten **Liegenschaftszinssatz**, so kann man den **Ertragswert** bzw. den maximalen Kaufpreis eines Grundstücks bestimmen.

Zwischen den Baulandpreisen, den Immobilienpreisen und den Mietpreisen besteht ein enger gleichgerichteter Zusammenhang. Liegen etwa in einer Region die erwarteten Mieteinnahmen niedrig (dünn besiedelte ländliche Räume), so wird man dort bei gegebenem Kapitalmarktzinssatz nur vergleichsweise wenig Kapital investieren wollen. Die Bauland- und Immobilienpreise liegen dann ebenfalls vergleichsweise niedrig. In städtischen Ballungsräumen liegen dagegen sowohl die Mietpreise als auch die Grundstückspreise auf einem deutlich höheren Niveau. Der Grund für das höhere Mietenniveau ist die schärfere Konkurrenz der Nutzungsansprüche.

Zahlungs-zeitpunkt t	Investitions-ausgaben I_0	Rückfluß R_t (Zeitwert)	Abzinsungs-faktoren für $i_1=0{,}0491$	Netto-zahlungen (Barwert)
0	38.347		1,0000	-38.347
1		-3.201	0,9524	-3.048
2		-3.089	0,9070	-2.801
3		-2.974	0,8638	-2.569
4		-2.857	0,8227	-2.351
5		-2.738	0,7835	-2.145
6		-2.617	0,7462	-1.953
7		-2.493	0,7107	-1.772
8		-2.367	0,6768	-1.602
9		-2.238	0,6446	-1.442
10		-2.107	0,6139	-1.293

Tab. 5.3   Beispiel Investitionsrechnung: Rückflußverlauf und Verlauf der Nettozahlungen

Investitionen in Mietwohngebäude weisen eine besonders **hohe Kapitalbindung** auf. Das anfangs eingesetzte Eigenkapital bleibt sehr lange in dem Investitionsprojekt gebunden. Bei einem gegebenen Fremdkapitalanteil an der gesamten Finanzierung fällt der anfängliche Eigenkapitaleinsatz im Verhältnis zum jährlichen Rückfluß sehr hoch aus. Entsprechend lange dauert es, bis sich der Eigenkapitaleinsatz amortisiert hat. Wegen der langen Kapitalbindungsdauern sind Immobilieninvestitionen in besonderem Maße vom **Zinsänderungsrisiko** betroffen (Abschnitt 5.3.6.3).

---

[10] Allerdings sind nur Investitionen mit gleicher Nutzungsdauer und gleichem Risiko miteinander vergleichbar.

Die langen Nutzungsdauern sorgen im Verein mit der Standortgebundenheit der Immobilie außerdem für ein hohes **Fehlinvestitionsrisiko**.[11] Nur im Idealfall gelingt es der Wohnungspolitik, die Unsicherheit der Investoren zu reduzieren. Jede Form von Unsicherheit etwa über Maßnahmen des Mietrechts oder des Steuerrechts kann dagegen zu **Investitionsattentismus**, das heißt zu einem abwartenden Verhalten der Investoren führen.

Die von den Investoren geforderten Eigenkapitalrenditen von Immobilienanlagen sind von den Kapitalmarktrenditen geprägt. Ein Investor wird mit einer Immobilienanlage mindestens die Rendite für langlaufende festverzinsliche Wertpapiere erster Bonität erzielen wollen (sog. **„landesüblicher Zinssatz"**). Die Investitionstätigkeit im Wohnungsbau hängt daher in erheblichem Maße von der jeweiligen Höhe des Kapitalmarktzinses ab.

Wenn in erheblichem Umfang Fremdmittel eingesetzt werden, reichen unter den deutschen Verhältnissen die im frei finanzierten Wohnungsbau rechtlich zulässigen und am Markt erzielbaren Anfangsmieten in vielen Fällen nicht aus, um dem Investor schon in den Anfangsjahren einen **positiven Rückfluß** auf sein eingesetztes Eigenkapital gewährleisten zu können (so auch im Beispiel, Tab. 5.3). Auch die Netto-Anfangsrenditen („cap rates") können eigentlich nicht mit denen anderer Anlageformen konkurrieren. Akzeptable Renditen ergeben sich in der Regel erst, wenn die Mieteinnahmen **dynamisiert** werden, d. h. in jedem Jahr eine Zunahme der Mieten um einen bestimmten Prozentsatz in der Investitionsrechnung berücksichtigt wird (im Beispiel 2 Prozent jährlich). Selbst wenn diese Erwartungen von der tatsächlichen Entwicklung bestätigt werden, kann es lange dauern, bis ein positiver Rückfluß vor Steuern erzielt wird. Bestimmte Steuervergünstigungen sorgen hier für einen Ausgleich. So kann der Investor ein Mietwohngebäude steuerlich in den Anfangsjahren mit überhöhten Sätzen abschreiben (sog. **„degressive Abschreibung"**). Tab. 5.4 zeigt die Berechnung des Rückflusses nach Steuern für das erste Jahr der.

Alles in allem sind Investitionen in den Wohnungsbau im Vergleich zu anderen Kapitalanlagen nicht so renditeträchtig, daß der Investor sich eine erhebliche Unsicherheit über die erzielbaren Rückflüsse erlauben könnte. Bei einem höheren Grad an Unsicherheit (etwa über die zukünftige Preisentwicklung) muß eine höhere Mindestrendite gefordert werden.

---

[11] Eine Fehlinvestition liegt dann vor, wenn mit dem Objekt nicht die geforderte Mindestrendite („required rate of return") erzielt wird.

Zinsaufwand (115.041 * 6,5 %)	- 7.478
Abschreibung (128.301 * 4,0 %)	- 5.132
Mieteinnahmen:	+ 6.442
Einkünfte aus Vermietung und Verpachtung:	- 6.168
Steuerersparnis (Steuersatz 50 %):	+ 3.048
Rückfluß vor Steuern:	- 3.201
Rückfluß nach Steuern:	**- 117**

Tab. 5.4   Nachsteuer-Betrachtung: Berechnung des Steuervorteils im ersten Jahr

5.2   Eigenkapital in der Wohnungsbaufinanzierung

Als Eigenkapital gilt der Teil der Finanzierungsmittel, den der Bauherr selbst in Form von Geld- oder Sachkapital zur Deckung der Anschaffungs- oder Herstellkosten einbringt. Das Eigenkapital kann unterteilt werden in:

- **liquide Mittel**: Bargeld, liquide Bank- und Sparguthaben, zuteilungsfähiges Bausparguthaben,
- **Sacheigenkapital**: z.B. bezahltes Baugrundstück, bereits bezahlte Bauleistungen.

Im weiteren Sinne zählt zum Eigenkapital auch der sog. „**Eigenkapitalersatz**":

- **Verwandten- und Bekanntendarlehen**,
- **Eigenleistung**: Einsparung von Handwerkerkosten durch qualifizierte Eigenarbeit (z.B. Maler- und Dekorationsarbeiten, Verlegen von Teppichböden, Gestalten der Außenanlage etc.),
- **Nachbarschaftshilfe** durch Baugemeinschaften (Amish).

Im Falle einer indirekten Immobilienanlage (Immobilienfonds, Immobilien-AG) wird mit der Bereitstellung von Eigenkapital ein Beteiligungsverhältnis (Anteil) am Immobilien-Unternehmen begründet, das bestimmte Kontroll- und

Mitwirkungsrechte beinhaltet. Der wirtschaftliche Charakter des Eigenkapitals wird durch folgende Eigenschaften beschrieben:

- langfristig / unbegrenzt,
- unternehmensexterne Stellung der Beteiligungsgeber,
- Kontroll- und Mitwirkungsrechte (Stimmrecht, Gewinnbeteiligung),
- gewinnabhängiger Anspruch auf Gewinnbeteiligung,
- Nachrangigkeit gegenüber Fremdkapitalgebern,
- Haftung in Höhe der Einlage, ggf. Nachschußpflicht,
- bei Kapitalgesellschaften Trennung von Eigentum, Geschäftsführung und Kontrolle.

5.2.1 Funktionen des Eigenkapitals

Bei jedem langfristig angelegten Investitionsvorhaben dient das Eigenkapital als Basis der entsprechenden Langfristfinanzierung. Das Eigenkapital gilt als Beleg für die Bonität des Kreditnehmers. Eine hohe Eigenkapitalquote bildet eine gute Basis für Verhandlungen über die Höhe der Fremdkapitalzinsen. Das Eigenkapital hat den Charakter einer **Kreditsicherheit**.

Darüber hinaus dient das Eigenkapital als ein Instrument der **Risikobegrenzung**. Wenn Risiken wie etwa eine vorübergehende Arbeitslosigkeit oder unerwartete finanzielle Belastungen schlagend werden, kann eine solche Phase mit einem größeren Anteil an Eigenkapital eher überstanden werden, weil ein größerer Teil des laufenden Einkommens noch verfügbar ist.

Die optimale Kapitalstruktur einer Immobilieninvestition läßt sich nicht allein logisch-deduktiv bestimmen. Neben der Einstellung zum Risiko sind hier auch andere Gesichtspunkte zu berücksichtigen. Man kann aber allgemein feststellen, daß die Finanzierung mit zunehmendem Eigenkapitalanteil auf stabileren Beinen steht. Der vermehrte Einsatz von Eigenkapital verhindert Zwangsversteigerungen und entlastet mithin den Immobilienmarkt. Daraus ergibt sich eine allgemein stabilisierende Wirkung auf die Immobilienpreise.

5.2.2 Eigenkapitalbedarf

In Deutschland wird Fremdkapital in der Regel nur im Rahmen von 60 Prozent des Beleihungswertes der Immobilie[12] zur Verfügung gestellt (**erste Hypo-**

---

[12] Der Beleihungswert ist derjenige Wert, den ein Kreditinstitut dem zu finanzierenden Objekt im Rahmen einer Immobilienfinanzierung beimißt (Abschnitt 5.3.1.3).

thek). Im Einzelfall können bei ausreichender persönlicher Bonität zusätzliche Fremdmittel gewährt werden. Es gilt die Faustregel, daß insgesamt höchstens 70 Prozent der Baukosten finanziert werden können. Bauspardarlehen werden allerdings neben der ersten Hypothek bis zu weiteren 20 Prozent des Beleihungswertes gewährt (**zweite Hypothek**), so daß sich der Anteil des Bauherrn auf 20 Prozent des Beleihungswertes reduziert. Eine eventuelle Differenz zwischen Anschaffungspreis und Beleihungswert (laut institutsindividuellen Beleihungsrichtlinien Sicherheitsabschläge vom Beleihungswert von durchschnittlich etwa 10 Prozent) muß der Bauherr aber ebenso wie die Erwerbsnebenkosten (z.B. Grunderwerbsteuer, Notarkosten, Grundschuldbestellung, Maklercourtage) mit Eigenkapital unterlegen. Der minimale Eigenkapitalbedarf für ein Eigenheim setzt sich also wie folgt zusammen: 20 Prozent des Beleihungswerts + Sicherheitsabschlag + Nebenkosten.

Kaufpreis ohne Nebenkosten		400.000
Grunderwerbsteuer	3,5 Prozent	14.000
Notarkosten	1,0 Prozent	4.000
Grundbuchkosten für Umschreibung	0,5 Prozent	2.000
Notar- und Grundbuchkosten für Grundschuldbestellung	0,375 Prozent	1.500
Wertermittlungsgebühren	0,125 Prozent	500
Instandsetzung und Modernisierung		21.000
Maklerprovision	3,5 Prozent	14.000
Sonstige Kosten (Umzug, Anschaffungen)		10.000
Summe Nebenkosten	9,5 Prozent	67.000
Kaufpreis mit Nebenkosten		467.000
Beleihungswert (90 Prozent des Kaufpreises)		360.000
Darlehensbetrag (80 Prozent des Beleihungswertes)		288.000
Eigenkapitalbedarf (Kaufpreis mit NK - Darlehensbetrag)		179.000

Tab. 5.5 Beispiel für die Ermittlung des Kapitalbedarfs bei der Finanzierung selbstgenutzten Wohneigentums

5.2.3 Quellen des Eigenkapitals

Jede Kapitalbildung setzt logisch einen vorangegangenen **Sparprozeß** voraus. Das gilt gesamtwirtschaftlich ebenso wie einzelwirtschaftlich: „Keine Kapitalbildung ohne Konsumverzicht". Das Eigenkapital für eine Immobilieninvestition kann z.B. durch Bausparen, einen Banksparplan, eine Erbschaft, den Verkauf von Vermögensgegenständen oder auch durch Gewinnthesaurierung aufgebracht werden.[13] Im Falle der Gewinnthesaurierung wird das Eigenkapital nicht „von außen" zugeführt, sondern im Unternehmen selbst generiert (**Selbstfinanzierung**). Es wird aus den während des Lebenszyklus der Immobilie anfallenden Gewinnen gebildet (Innen- statt Außenfinanzierung).

5.2.3.1 Selbstfinanzierung

Die Finanzierung aus Gewinnen, die im Unternehmen zurückbehalten werden, bezeichnet man als „**Selbstfinanzierung**". Nach der Art des zurückbehaltenen Gewinns kann man unterscheiden in **offene** Selbstfinanzierung **stille** Selbstfinanzierung.

Die Selbstfinanzierung ist an einige **Voraussetzungen** gebunden. Zunächst einmal setzt sie die Erzielung von Jahresüberschüssen voraus. Darüber hinaus verlangt sie einen entsprechenden Zufluß von liquiden Mitteln und schließlich müssen die aus dem Umsatzprozeß (Vermietung) generierten Mittel auch thesauriert werden. Dafür steht aber nicht der gesamte Jahresüberschuß zur Verfügung, sondern lediglich der Gewinn nach Steuern – soweit er nicht an die Anteilseigner ausgeschüttet wurde.

Die Selbstfinanzierung setzt offenbar bei einem Gewinn > 0 ein. Wie mißt man aber den Gewinn? Maßgeblich ist hier nicht etwa der Gewinn im Sinne der Handels- oder der Steuerbilanz, sondern der sog. „**ökonomische Gewinn**". Das ist der Geldbetrag, der dem Betrieb bzw. der Immobilie oder dem Immobilien-Teilbestand oder dem Immobilien-Portfolio pro Periode höchstens entzogen werden kann, ohne seine / ihre wirtschaftliche Leistungsfähigkeit zu beeinträchtigen (Erhaltung des Ertragswertes). Der ökonomische Gewinn entspricht also dem maximal entziehbaren Betrag nach Durchführung aller zur Erhaltung des Ertragswerts notwendigen Investitions- und Finanzierungsvorhaben. Anders als der handels- oder der steuerrechtliche Gewinn berücksichtigt der ökonomische Gewinn auch die Inflation und mögliche Änderungen der Wiederbeschaffungspreise.

Die **offene Selbstfinanzierung** ist aus der Bilanz ersichtlich. Sie erfolgt aus dem in der Bilanz und der Gewinn- und Verlustrechnung ausgewiesenen Gewinn bzw. Jahresüberschuß. Für die Finanzierung steht aber nur der Gewinnbetrag nach Steuern zur Verfügung.

Von großer Bedeutung für die Wohnungs- und Immobilienwirtschaft ist die daneben sog. „**stille Selbstfinanzierung**". Diese Form der Selbstfinanzie-

---

[13] Besondere Bedingungen gelten für die Beschaffung von Eigenkapital bei Modernisierung, Renovierung und Ausbau. In diesem Bereich sind Eigenkapitalquoten von mehr als 70 Prozent üblich. Außerdem bedient man sich besonderer Ansparformen wie des Modernisierungsbausparvertrags und der Instandhaltungsrücklage der Wohnungseigentumsgemeinschaft.

rung ist aus der Bilanz eben nicht ersichtlich. Der Kaufmann hat sich „ärmer gerechnet" oder „stille Rücklagen" gebildet. Das bilanzielle Eigenkapital oder Reinvermögen (Vermögen – Schulden) ist im Falle der stillen Selbstfinanzierung zu niedrig angesetzt (Bilanzverkürzung). Die Ursachen dafür liegen in der Bewertung von Vermögensgegenständen (Aktivseite: z.B. Immobilien) oder Schulden (Passivseite: z.B. Rückstellung für Bauinstandhaltung).

Die **Unterbewertung von Immobilien** kann verschiedene Ursachen haben. Sie kann bspw. eine Folge zu hoher Abschreibungssätze sein (z.B. Nachvollzug der steuerrechtlich zulässigen degressiven Abschreibung in der Handelsbilanz aufgrund umgekehrter Maßgeblichkeit). Eine weitere mögliche Ursache für derartige Unterbewertungen sind unterlassene Zuschreibungen bei Wertsteigerungen. Derartige Zuschreibungen sind nach dem Handelsgesetzbuch sogar ausdrücklich verboten.

Aus **einzelwirtschaftlicher** Sicht hat die Selbstfinanzierung nur Vorteile. Es treten keine neuen Kreditgeber oder Eigentümer auf, so daß die Unabhängigkeit und das Bestehen der Herrschaftsverhältnisse gewahrt bleiben. Es kommt hinzu, daß die thesaurierten Mittel nicht zweckgebunden sind. Weiterhin ergibt sich aus der stillen Selbstfinanzierung keine Liquiditätsbelastung durch Zins- oder Dividendenzahlungen. Die Selbstfinanzierung trägt schließlich zur Stärkung der Eigenkapitalbasis und der Kreditwürdigkeit bei und verringert damit ganz allgemein die Krisenanfälligkeit des Wohnungsunternehmens.

Aus **gesamtwirtschaftlicher** Sicht fällt das Urteil über die Selbstfinanzierung dagegen nicht uneingeschränkt positiv aus. Durch das Zusammenfallen von Sparer und Investor gelangen die Mittel nicht an den Kapitalmarkt. Dadurch wird das Kapitalmarktvolumen verringert und die Effizienz der Kapitalallokation leidet. Die durch Selbstfinanzierung aufgebrachten Mittel sind nicht der regulierenden Wirkung des Kapitalmarktzinses unterworfen und die Unternehmen werden zu Investitionen ohne ausreichende Rentabilitätsprüfung verleitet.

5.2.3.2 Bausparen

Die geschichtliche Entwicklung des Bausparens hat im Jahr 1775 mit der Gründung der ersten „building society" im Gasthaus „Zum Goldenen Kreuz" in Birmingham eingesetzt. Dort wurde seinerzeit in einer Runde von Arbeitern die bedrückende Wohnungsfrage diskutiert und als Ausweg der Kollektivgedanke des Bausparens geboren. Die erste deutsche Bausparkasse wurde erst im Jahr 1885 gegründet. Pastor Friedrich von Bodelschwingh hat seinerzeit unter dem Prinzip der Hilfe zur Selbsthilfe die „Bausparkasse für jedermann" ins Leben gerufen. Das Bausparen hat in Deutschland eine große Bedeutung bei der

Finanzierung von Wohneigentum. Diese Bedeutung ist nicht zuletzt auch der staatlichen Förderung mit der Wohnungsbauprämie geschuldet (Abschnitt 6.4.6.1). Man kann das Bausparen als **klassische Vorsparform** für den Erwerb von Wohneigentum bezeichnen. Im Gegensatz zum individuellen Sparen zu Bauzwecken handelt es sich dabei um einen Zusammenschluß Kreditsuchender, die sich vertraglich zu planmäßigem Vorsparen verpflichten (**kollektive Selbsthilfe**).

Aus der Sicht der Anbieter von Bausparverträgen liegt die Bedeutung des Bausparens in der Möglichkeit der Bündelung von Finanzierungsangeboten aus einer Hand im Rahmen von **Allfinanzkonzepten**. Die Bausparkassen sind heute in der Regel Teile von Finanzverbünden, d.h. sie kooperieren eng mit Hypothekenbanken, Versicherungen und anderen Unternehmen des finanziellen Sektors. Dem Bausparen kommt im Rahmen eines Allfinanzkonzeptes eine wichtige Einstiegsrolle zu. Der Abschluß eines Bausparvertrags stellt in der Regel den ersten Schritt auf dem Weg ins Wohneigentum dar, der eine Nachfrage nach einer ganzen Reihe weiterer Finanzprodukte auslöst (z.B. Hypothekendarlehen, Wohngebäudeversicherung).

Die Bausparkassen gelten als klassische Finanzierer der zweiten Hypothek (60-80 Prozent des Beleihungswertes). Hier gibt es eine eingespielte Arbeitsteilung mit den Hypothekenbanken und den anderen Finanzierern der ersten Hypothek, die die ersten 60 Prozent des Beleihungswertes abdecken. Geschäftszweck der Bausparkassen ist nach § 1 Bausparkassengesetz: "Einlagen von Bausparern entgegenzunehmen und aus den angesammelten Beträgen den Bausparern für wohnungswirtschaftliche Maßnahmen Gelddarlehen (Bauspardarlehen) zu gewähren."

Das Bausparen kann man mit Fug und Recht als „**geschlossenes System**" bezeichnen. Eine Refinanzierung der Bauspardarlehen am Kapitalmarkt ist daher eigentlich nicht nötig. Die Bausparergemeinschaft ist de facto ein kleiner, in sich geschlossener Kapitalmarkt. Alle durch Spar- und Tilgungsleistungen der Zuteilungsmasse zufließenden Einlagen fließen letzten Endes wieder als Bausparguthaben und Bauspardarlehen an die (Bau-) Sparer zurück (zum individuellen Zuteilungszeitpunkt). Die Vorteile dieses Systems liegen auf der Hand. Wegen der Unabhängigkeit vom Kapitalmarkt kann die Bausparkasse ihren Sparern niedrige, von Anfang an feste Darlehenszinsen garantieren.

Im Unterschied zum Realkredit herrscht beim Bausparsystem eine **personale Identität** zwischen den Anlegen / Sparern und dem Darlehensnehmern. Sie entstammen sämtlich demselben geschlossenen Kollektiv. Ihre Rolle wechselt allerdings im Zeitablauf. Der Sparer mutiert mit der Zuteilung seines Bausparvertrags zum Darlehensnehmer des Kollektivs.

5.2.3.2.1 Kundenmotive für den Abschluß eines Bausparvertrags

Angesichts der alternativen Formen des Immobilien-Vorsparens stellt sich die Frage nach den Kundenmotiven zum Abschluß eines Bausparvertrags. Im einzelnen lassen sich folgende Motive unterscheiden:

– Sparsamkeit: Rücklagenbildung ohne konkrete Absicht des Wohneigentums-
  erwerbs,
– Gewinnstreben: besonders in Niedrigzinsphasen,
– Sicherheit: Erhöhung des Eigenkapitalanteils an der Finanzierung, fester
  niedriger Darlehenszins,
– Vorsorge: Wohneigentumsbildung als Sparprozeß für die Altersversorgung,
– Unabhängigkeit: Wohneigentum als Element persönlicher Freiheit (Selbst-
  verwirklichung),
– Bequemlichkeit: höherer laufender Aufwand anderer Sparformen.

5.2.3.2.2 Verwendungsmöglichkeiten der Bausparmittel

Der Bausparer kann über das zugeteilte Guthaben nach Gutdünken verfügen, d.h. er kann die angesparten Mittel auch für andere als wohnwirtschaftliche Zwecke einsetzen. Bei Auszahlung des Guthabens innerhalb der gesetzlichen Bindungsfrist von sieben Jahren und Verwendung für andere Zwecke muß er allerdings den Verlust von Prämien und Steuervergünstigungen hinnehmen.

Die zinsgünstigen Bauspardarlehen werden dagegen nur für "wohnwirtschaftliche Maßnahmen" gewährt. Darunter versteht man Zwecke, die dazu dienen, Wohneigentum zu schaffen oder bestehendes zu verbessern, z.B.:

– Neubau / Erwerb (auch im EU-Ausland),
– Abbruchkosten: unschädlich im Zusammenhang mit der Errichtung eines
  Wohngebäudes (Neubau),
– Zubauten: Ausbau, Anbau, Umbau (bei wohnwirtschaftlicher Nutzung),
– Instandhaltung / Modernisierung: schädlich sind nur reine Schönheitsrepara-
  turen,
– Außenanlagen (im Zusammenhang mit dem Wohngebäude),
– Garagen,
– Erschließungskosten,
– Umschuldung von Fremdmitteln für den Wohnungsbau (auch Teilablösun-
  gen),
– ganzjährig bewohnbare Ferienwohnungen,
– Auszahlung von Miterben,
– Einkauf in ein Altenheim,
– Erwerb von Anteilen an einer Wohnungsgenossenschaft.

5.2.3.2.3 Zeitlicher Ablauf der Bausparens

Ein Bausparvertrag ist ein Finanzprodukt mit ausgesprochen langfristiger Orientierung. Jeder Bausparvertrag zeigt dabei einen typischen durch Recht und Bauspartarif geprägten Ablauf in der Zeit. Eine „Bausparkarriere" beginnt mit dem Abschluß eines Bausparvertrags über eine bestimmte Vertragssumme (Bausparsumme). Daran schließt sich die Phase des Ansparens eines bestimmten Teilbetrags der Bausparsumme an (in der Regel 40 oder 50 Prozent). Nach Erreichen einer ausreichend hohen „Bewertungsziffer" wird der Vertrag „zugeteilt". Die gesamte Bausparsumme steht dem Bausparer nun für die Finanzierung seines Vorhabens zur Verfügung. Im weiteren Vertragsverlauf ist dann das Bauspardarlehen zu tilgen. Es lassen sich also vier Phasen des Bausparens unterscheiden:

Phase I: Vertragsschluß

Phase II: Sparphase

Phase III: Zuteilungsphase

Phase IV: Darlehensphase

Abwicklung des Bausparvertrages

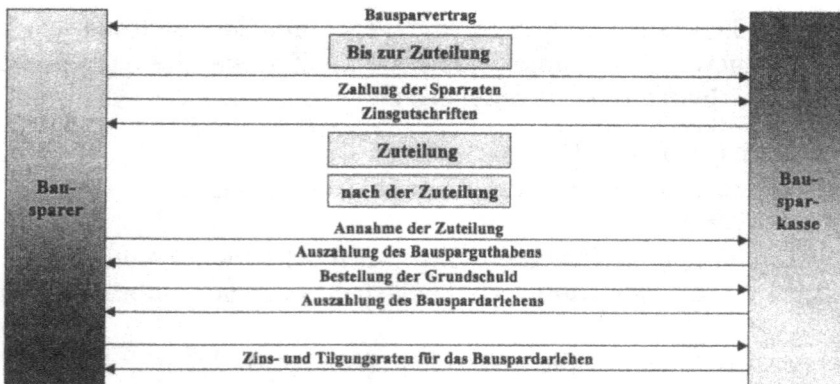

Bild 5.2   Abwicklung des Bausparvertrags
Quelle: Mihm, FH Schmalkalden: http://www.wirtschaft.fh-schmalkalden.de/dozenten/mm/fm2/210.ppt

5.2.3.2.3.1 Phase I: Vertragsschluß

Bis Ende 1980 waren ausschließlich zwei Standardbauspartarife mit einem Guthabenzins von 3 Prozent bzw. 2,5 Prozent und einem Darlehenszins von 5

70

Prozent bzw. 4,5 Prozent zugelassen. Heute wird eine Vielzahl von Tarifen für unterschiedliche Kundengruppen angeboten, u.a. spezielle Tarife für Schnell- und Langsamsparer und Optionstarife. Der Bauspartarif spezifiziert den Bausparvertrag u.a. durch die folgenden Tarifmerkmale:

– Höhe der Guthaben- und Darlehenszinsen,
– Höhe der Spar- und Tilgungsbeiträge,
– Höhe der Mindestansparsumme,
– Mindestwartezeit,
– Zuteilungsverfahren.

Für die Kunden ist die Auswahl eines Tarifs nach dem persönlichen Bedarf damit schwieriger geworden. Die Bedingungen des Bausparvertrags sind allerdings in den „Allgemeinen Bedingungen für Bausparverträge" (ABB) typisiert. Die Allgemeinen Bedingungen enthalten alle für die zivilrechtliche Beziehung zwischen Bausparer und Bausparkasse wesentlichen Vertragsbestimmungen und sind Bestandteil jedes Bausparvertrages. Das Entscheidungsproblem des Bausparers reduziert sich damit auf die Festelegung der Bausparsumme und die Auswahl des Tarifs.

Tarifmerkmal	Classic	Classic lang	Vario 2	Vario 3
Guthabenzins p.a.	1,5%	1,5%	1,5%	1,5%
Bonus p.a.	-	-	0,75	2,50*
Regelsparbetrag pro Monat bezogen auf die Bausparsumme	4 o/oo	4 o/oo	4 o/oo	4 o/oo
Abschlußgebühr in Prozent der Bausparsumme	1	1	1	1
Mindestansparung bezogen auf die Bausparsumme	40%	40%	40%	50%
Darlehenszins p.a.	4,25%	4,25%	5,00%	6,50%
Zins- und Tilgungsbeitrag pro Monat bezogen auf die Bausparsumme	6 o/oo	4 o/oo	6 o/oo	5 o/oo
Effektivzinssatz p.a. (gem. PAngV für das Darlehen)	4,55%	4,47%	5,33%	6,90%

Tab. 5.6   Übersicht LBS-Bauspartarife, Stand 15.4.2003

5.2.3.2.3.2 Phase II: Sparphase

Mit der Leistung der vereinbaren Sparraten ist eine wesentliche Voraussetzung für die Erlangung des Darlehensanspruchs erfüllt. Der **Regelsparbeitrag** liegt je nach Tarif zwischen drei und zehn Promille der Bausparsumme, z.B.: 5/1000 von 100.000 Euro entsprechen € 500,- monatlich. Die vereinbarten Regelsparbeiträge sind dabei allerdings nur als Richtlinie anzusehen. Die Höhe der monatlichen Bausparrate kann im nachhinein geändert werden. Auch ein vorübergehendes Aussetzen ist möglich (z.B. bei Arbeitslosigkeit).

Ein scheinbarer Nachteil des Bausparens ist die relativ niedrige Verzinsung der Einzahlungen. Der Sparzins liegt je nach Tarif nur zwischen 1,5 und 4 Prozent. Dabei darf allerdings nicht übersehen werden, daß dem Zinsverzicht des Bausparers in der Sparphase später der Anspruch auf ein zinsgünstiges Darlehen gegenübersteht.

Das Bausparen ist flexibler als gemeinhin angenommen wird. Auch nach Vertragsschluß sind vielfältige Vertragsänderungen möglich, z.B. eine nachträgliche Veränderung oder Teilung der Bausparsumme oder eine Zusammenlegung von Verträgen.

5.2.3.2.3.3 Phase III: Zuteilungsphase

Der Bausparkasse fließen aus den Sparbeiträgen und den Tilgungsleistungen der Darlehensnehmer ständig Mittel zu, die in regelmäßigen Abständen wieder als Bauspardarlehen herausgereicht werden.[14] Der Zuteilungsmodus war bis 1940 recht willkürlich. Bis dahin wurde per Losentscheid über die Zuteilungsreihenfolge entschieden. Heute orientiert man sich am „**Sparverdienst**", der in der sog. „**Mindestbewertungszahl**" zum Ausdruck kommt. Die Mindestbewertungszahl wird mit der individuellen Bewertungszahl verglichen. Deren Höhe ist ein Indikator für die zugunsten des Kollektivs erbrachte Sparleistung. Die individuelle Bewertungszahl bringt Dauer und Höhe der Sparleistung zum Ausdruck ("Zeit x Geld - System"). Ein Bausparvertrag wird also nicht nach Einzahlung des Mindestsparguthabens in einer Summe sofort zuteilungsreif. Es kommt auch darauf an, wie lange das Guthaben dem Kollektiv zur Verfügung gestanden hat.

Damit der Bausparvertrag zuteilungsreif wird, müssen alle Zuteilungsvoraussetzungen erfüllt sein. Die Mindestsparzeit muß abgelaufen, das Mindestsparguthaben und die Mindestbewertungszahl müssen erreicht sein.

---

[14] Zur sog. „Zuteilungsmasse" zählen neben den Sparbeiträgen und Tilgungsleistungen auch Wohnungsbauprämien, vermögenswirksame Leistungen, Sparzinsen und evtl. dauernd oder vorübergehend eingeschleuste Eigen- oder Fremdmittel der Bausparkasse.

5.2.3.2.3.4 Phase IV: Darlehensphase

Das Darlehen darf nur für wohnwirtschaftliche Zwecke verwandt werden (Abschnitt 5.2.3.2.2). Der Darlehensbetrag darf aus Gründen der Kreditsicherheit zusammen mit den im Rang vorausgehenden Darlehen 80 Prozent des Beleihungswertes nicht übersteigen. Die Konditionen der Bauspardarlehen sind vergleichsweise günstig. Der für die gesamte Darlehenslaufzeit geltende Festzins steht bereits bei Vertragsabschluß fest (unabhängig von der Kapitalmarktsituation). Der Darlehenszins liegt je nach Tarif zwischen 3,5 und 6 Prozent. Für den zweiten Rang im Grundbuch wird kein Zinszuschlag erhoben (sonst zwischen 0,5 und 0,75 Zinspunkten).

Bauspardarlehen sind Annuitätendarlehen (Abschnitt 5.3.4.1), d.h. im Zeitablauf nimmt bei gleichbleibender Leistung des Kreditnehmers der Tilgungsanteil zu und der Zinsanteil ab. Die Anfangstilgung liegt allerdings deutlich höher als bei Hypothekendarlehen. Die Laufzeiten der Darlehen sind entsprechend kurz (zwischen 8 und 11 Jahren). Sondertilgungen sind anders als bei Hypothekendarlehen jederzeit ohne zusätzliche Kosten möglich.

5.2.3.2.4 Pro und Kontra Bausparen

Die Wahl der richtigen Baufinanzierung hängt von vielen Faktoren ab, u.a. davon, welche Sparrendite der künftige Bauherr mit alternativen Geldanlagen erzielen kann und ob er Steuern auf seine Zinserträge zahlen muß. Der entscheidende Parameter ist der erwartete Hypothekenzins in der Darlehensphase. Wird ein hoher Zins erwartet oder herrscht große Unsicherheit über die Zinshöhe, spricht dies neben anderen Argumenten für das Bausparen als Vorsparform.

Als weiteres Argument für das Bausparen läßt sich die staatliche Förderung mit der Wohnungsbauprämie anführen. Gegen das Bausparen sprechen die nicht festgelegte Wartezeit, die hohe monatliche Belastung wegen der vergleichsweise kurzen Darlehenslaufzeiten (zweischneidig) und die zum Teil unübersichtlichen Gebührenregelungen.[15]

Der Grundgedanke des Bausparens bleibt von diesen Einwänden aber unberührt. Da nur die wenigsten in der Lage sind, das nötige Eigenkapital für ein Eigenheim ohne langfristiges Vorsparen aufzubringen, bedarf es eines organisierten langfristigen Vorsparprozesses. Der Bausparvertrag ist und bleibt der erste Schritt ins eigene Heim.

---

[15] Die Wartezeit bis zur Zuteilung dürfen die Bausparkassen zwar aus rechtlichen Gründen nicht garantieren, doch sind sie in der Lage, diese mit großer Treffsicherheit zu prognostizieren. Die höhere monatliche Belastung durch ein Bauspardarlehen hat immerhin den Vorteil, daß das Darlehen schneller getilgt wird. Wegen der Festzinsgarantie ist dabei außerdem das Zinsänderungsrisiko ausgeschaltet.

5.2.3.3 Immobilienfonds

Immobilien sind eine klassische Form der (**indirekten**) Kapitalanlage. Die indirekte Immobilienanlage ist als eine Finanzinnovation anzusehen, die dem Anleger die mit der **direkten** Immobilienanlage typischerweise verbundenen Nachteile erspart. Die direkte Anlage erfordert größere Kapitalmittel und viel spezifisches Fachwissen. Das gilt schon für den Erwerb (Abschnitt 6.1.4), aber auch für die laufende Verwaltung (z.B. Portfoliomanagement). Außerdem ist bei der direkten Immobilienanlage eine risikomindernde Streuung für die meisten Anleger aufgrund ihres beschränkten Kapitals nicht realisierbar.

Die Immobilienfonds sind eine Antwort auf diese Schwierigkeiten bei der direkten Immobilienanlage. Die Fonds haben breiten Anlegerschichten erstmals den Zugang zur Immobilienanlage ermöglicht. Sie haben sich inzwischen als Alternative zum direkten Eigentum an Immobilien etabliert.

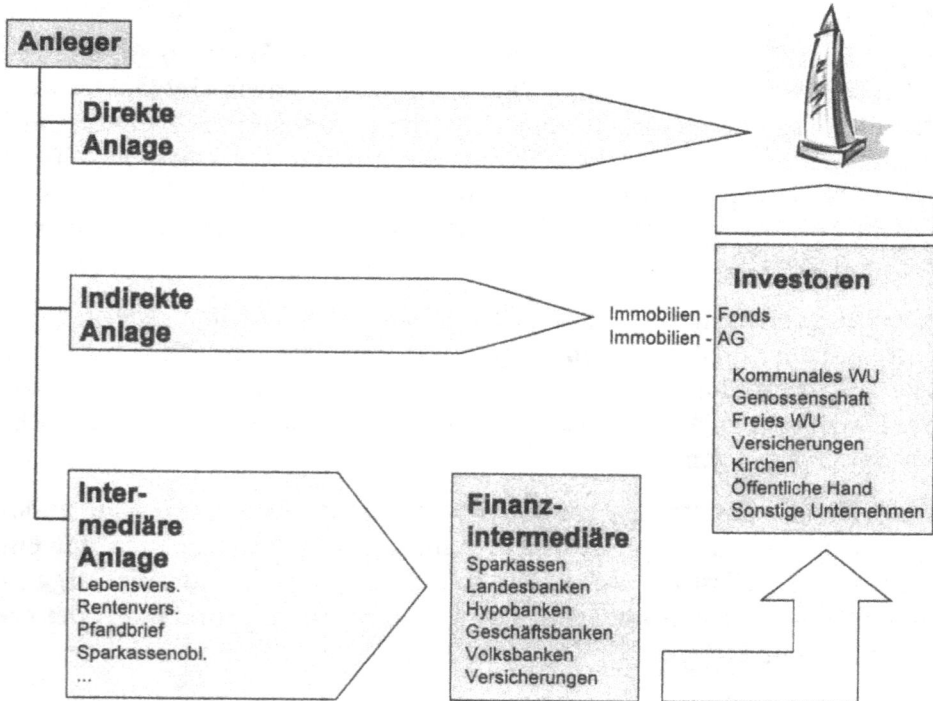

Bild 5.3   Formen der Immobilienanlage

Die Immobilienfonds geben Investmentzertifikate aus, die einen bestimmten Anteil am Immobilienvermögen des Fonds verbriefen. Es handelt sich um eine spezifische Art eines Investmentfonds, der die entgegengenommenen Gelder im eigenen Namen für gemeinschaftliche Rechnung der Einleger nach dem Grundsatz der Risikomischung zu mindestens 50 Prozent des Sondervermögens in Grundeigentum investiert.

Man unterscheidet zwei **Grundformen** der Immobilienfonds, die **offenen** und die **geschlossenen Fonds**. Während diese der **steueroptimierten Projektfinanzierung** dienen, sind die offenen Fonds eher mit **kapitalmarktorientierten Investmentfonds** vergleichbar.

Bei einem offenen Immobilienfonds ist die Zahl der ausgegebenen Zertifikate anders als bei einem geschlossenen Fonds nicht begrenzt. Es können laufend neue Zertifikate emittiert und die Einnahmen daraus können zum Erwerb weiterer Grundstücke und Gebäude eingesetzt werden. Die offenen Fonds sind auf Dauer angelegt. Sie betreiben ein aktives Portfoliomanagement zur laufenden Optimierung des gehaltenen Immobilienbestandes. Die geschlossenen Fonds sind dagegen eher projektorientiert und verfolgen eine „buy and hold"-Strategie.

Ein weiterer Unterschied zwischen offenen und geschlossenen Fonds liegt in der **Fungibilität** der Anteilsscheine. Während für die Anteile an geschlossenen Fonds in der Regel kein funktionierender Sekundärmarkt besteht, können die Anteile an offenen Fonds börsentäglich an die Fondsgesellschaft zurückgegeben werden.

Die Anlage in offene Immobilienfonds wird gemeinhin als besonders sicher angesehen. Tatsächlich ist die Wertentwicklung bei den meisten Fonds dieser Art in der Vergangenheit noch stetiger gewesen als etwa die von Rentenfonds. Der Schutz der Fondsanleger wird durch eine Vielzahl von gesetzlichen Vorschriften gewährleistet.

So müssen die offenen Immobilienfonds mindestens 10 Grundstücke halten. Kein einzelnes Grundstück darf zum Zeitpunkt des Erwerbs den Wert von 15 Prozent des Fondsvermögens übersteigen. Diese Vorschriften zielen auf ein Mindestmaß an Risikostreuung ab. Weiterhin muß das Vermögen der Fonds mindestens in jährlichen Abständen von unabhängigen Sachverständigen bewertet werden. Schließlich unterliegen offene Immobilienfonds als Kapitalanlagegesellschaften der Bankenaufsicht.

Damit sind Ertragsrisiken etwa aufgrund von auftretenden Leerständen natürlich nicht ausgeschlossen. Die Fonds versuchen solchen Risiken durch hohe Ansprüche an die Standortqualität der Objekte, vor allem aber durch Risikodiversifikation (hinsichtlich Größe und Nutzung, Lage, Branche der Mieter /

Pächter, Alter der Objekte, Restlaufzeit der Mietverträge) entgegenzuwirken. Außerdem bemüht man sich die Mieteinnahmen durch Wertsicherungsklauseln und langfristige Mietverträge abzusichern.

Die geschlossenen Fonds können derartig hohen Ansprüchen an die Sicherheit und Wertbeständigkeit der Anlage dagegen regelmäßig nicht gerecht werden. Sie sind weniger intensiv reguliert und beaufsichtigt, das Fondsvolumen fällt meistens wesentlich geringer aus als bei einem offenen Fonds und auch den Diversifikationsgrad eines offenen Fonds erreichen sie meistens nicht.

Der entscheidende Vorteil der geschlossenen Immobilienfonds liegt in der steuerlichen Behandlung. Der Anleger ist hier selbst Bauherr und genießt deshalb dieselben Steuervorteile wie ein Direktanleger. Insbesondere kann er von steuerlichen Verlustzuweisungen in der Anfangsphase profitieren und auf diese Weise seine Einkommensteuerlast senken (vertikaler Verlustausgleich zwischen den Einkunftsarten).

Die geschlossenen Immobilienfonds sind oft regelrecht steuerlich optimiert. Sie nutzen die steuerlich möglichen Abschreibungsvergünstigungen in den Anfangsjahren (Abschnitt 6.5.3.2.3) ganz bewußt und vergrößern die steuerlichen Verluste durch einen hohen Fremdkapitalanteil an der Finanzierung des Fondsvermögens.

5.3   Fremdkapital in der Wohnungsbaufinanzierung

Als Fremdkapital gilt der Teil der Finanzierungsmittel, den der Bauherr sich von Dritten als Kredit zur Deckung der Anschaffungs- oder Herstellkosten beschafft. Das Fremdkapital kann unterteilt werden in Hypotheken- und Bauspardarlehen.

Im Falle einer intermediären Immobilienanlage (Pfandbrief, Sparkassenobligation) wird mit der Bereitstellung von Fremdkapital ein Schuldverhältnis zwischen Kapitalgeber und Unternehmen begründet. Der wirtschaftliche Charakter des Fremdkapitals wird durch folgende Eigenschaften beschrieben:

– zeitlich begrenzt,
– unternehmensexterne Stellung der Fremdkapitalgeber,
– beschränkte Kontroll- und Mitwirkungsrechte (Information, Kontrollrechte im Insolvenzfall),
– gewinnunabhängiger Anspruch auf vertraglich definierte Zins- und Tilgungszahlungen zu bestimmten Zeitpunkten,
– Vorrangigkeit gegenüber Eigenkapitalgebern.

5.3.1 Grundlagen

5.3.1.1 Rechtsgrundlagen des Realkredits

Die Wohnungsbaufinanzierung ist traditionell objektorientiert, d.h. die Finanzierung dient der Finanzierung eines bestimmten Objektes, dessen laufende Rückflüsse dann für den Kapitaldienst herangezogen werden. Gleichzeitig dient das Objekt als Sicherheit für den Kredit – man spricht von einem „**Realkredit**".

Ein Realkredit ist ein Darlehen, das durch ein Grundpfandrecht – eine Hypothek oder Grundschuld – gesichert ist und dessen Verzinsung und Rückzahlung (Tilgung) jederzeit unabhängig von der Person des Kreditnehmers durch das beliehene Grundstück gewährleistet ist. Die wirtschaftliche Bedeutung von Hypotheken und Grundschulden liegt somit in der Kreditsicherung. Die Grundschuld hat sich heute als Sicherungsinstrument durchgesetzt. Umgangssprachlich blieb der Terminus Hypothek aber erhalten (z.B. in den Bezeichnungen Hypothekenbank, Hypothekendarlehen oder erste und zweite Hypothek). Hypothek und Grundschuld unterscheiden sich wie folgt:

Hypothek: Nach Paragraph 1113 Bürgerliches Gesetzbuch (BGB) sichert die Hypothek eine persönliche Forderung gegen den Eigentümer des Grundstücks oder gegen einen Dritten. Wesentlich für eine Hypothek ist die Abhängigkeit vom Bestand einer Forderung (Akzessorietät). Nur Grundstücke, grundstücksgleiche Rechte (z.B. Erbbaurecht) und ideelle Miteigentumsanteile können mit einer Hypothek belastet werden. Begründet wird eine Hypothek durch Einigung zwischen Eigentümer und Gläubiger und Eintragung im Grundbuch (sog. „Buchhypothek").[16]

Grundschuld: Die Grundschuld ist dagegen forderungsunabhängig. Sie ist die Belastung eines Grundstückes (nach Paragraph 1191 BGB) in der Weise, daß an denjenigen, zu dessen Gunsten die Belastung erfolgt, eine bestimmte Geldsumme aus dem Grundstück zu zahlen ist. Eine Grundschuld wird begründet durch Einigung von Grundstückseigentümer und Grundschuldgläubiger sowie Eintragung in das Grundbuch. Während eine Hypothek voraussetzt, daß eine zu sichernde Forderung besteht oder noch entstehen kann, setzt die Bestellung einer Grundschuld nicht zwangsläufig eine Forderung voraus.

---

[16] Von der Buchhypothek zu unterscheiden ist die Briefhypothek. Eine Briefhypothek hat den Vorteil der leichteren Übertragbarkeit, da die Abtretung nicht – wie bei der Buchhypothek – in das Grundbuch eingetragen werden muß. Die Übertragung kann durch Übergabe des Hypothekenbriefes vorgenommen werden.

Durch die Belastung des Grundstücks mit einem Grundpfandrecht erhält der Gläubiger ein dingliches Verwertungsrecht am Grundstück. Im Rahmen eines Kreditgeschäftes liegt der Bestellung einer dinglichen Grundschuld regelmäßig ein schuldrechtlicher Vertrag zwischen Grundstückseigentümer und Grundschuldgläubiger zugrunde. Die Parteien vereinbaren in einem Vertrag, in welchem Umfang die Grundschuld zur Sicherung einer oder mehrerer Forderungen dienen soll. Durch den abzuschließenden Sicherungsvertrag werden die Voraussetzungen dafür geregelt, wie die Substanz und die Nutzung des Grundstücks notfalls zwangsweise zugunsten des Inhabers des Grundpfandrechts verwertet werden, sofern das gewährte Darlehen nicht zurückgezahlt wird. Hierdurch erfolgt eine schuldrechtliche Verknüpfung zwischen Forderung und Grundschuld, ohne daß eine Akzessorietät wie bei der Hypothek gegeben ist. In der Praxis hat sich die Absicherung durch eine Grundschuld durchgesetzt, weil u.a. eine Hypothek sich nicht für Umschuldungen, Kreditaufstockung, Kredite in wechselnder Höhe oder Ansprüche aus laufenden Rechnungen eignet.

5.3.1.2 Kreditantrag: Beleihungs- und Bonitätsprüfung

Der Kreditantrag dient u.a. der Vorbereitung der Prüfung der Werthaltigkeit des zu finanzierenden Objektes und der Einschätzung der persönlichen Bonität des Kreditnehmers. Mit der Beleihungs- und der Bonitätsprüfung sollen Risikofaktoren bei Objekt und Kreditnehmer identifiziert werden. Als risikoreich gelten etwa Objekte mit gewerblichen Anteilen (z.B. Gastwirtschaften), Objekte in schlechtem baulichen Zustand oder in benachteiligter Lage und ausgesprochene Liebhaberobjekte. Als Risikokreditnehmer gelten z.B. Arbeitnehmer aus Branchen, die sich in einer Strukturkrise befinden.

Der Kreditnehmer hat dementsprechend eine Fülle von Anlagen beizubringen. Für die **Beleihungsprüfung** sind folgende Unterlagen mit einzureichen:

- Grundstückskaufvertrag,
- unbeglaubigte Grundbuchblattabschrift nach dem neuesten Stand: Grundbuchamt,
- amtlicher Lageplan bzw. Flurkarte: Katasteramt,
- Baugenehmigung,
- Baupläne, Baubeschreibung: Architekt,
- Berechnung Kubus (unbebauter Raum nach DIN 277): Architekt,
- Berechnung Wohn- und Nutzfläche (DIN 283): Architekt,
- Aufstellung der Gesamtkosten: Architekt,
- ggf. Aufstellung der Renovierungskosten: Architekt,
- Bescheinigung über Erschließungsbeiträge: Gemeinde,
- Ortsplan mit Objektkennzeichnung,
- Werkvertrag: Architekt oder Bauträger,

– Wertgutachten (nur bei Hypothekenbanken).

Bei fertiggestellten Gebäuden sind zusätzlich der notarielle Kaufvertrag, Lichtbilder sowie der Nachweis einer Gebäudeversicherung vorzulegen, bei Eigentumswohnungen außerdem die Teilungserklärung[17] und bei Erbbaurechten[18] der Erbbaurechtsvertrag.

Für die **Bonitätsprüfung** sind im einzelnen folgende Unterlagen beizubringen:

– Selbstauskunft mit Einkommensnachweisen der letzten drei Monate,
– Einkommensteuerbescheid,
– Nachweis über Zusatzeinkünfte: Kindergeld, Mieteinnahmen, etc.,
– Eigenkapitalnachweis,
– Nachweise über Bausparguthaben: Bausparkasse,
– Nachweis über weiteren Grundbesitz und Vermögenswerte (Forderungen, Wertpapiere, etc.),
– Eigenleistungsnachweis: Architekt,
– Kreditzusagen anderer Kreditgeber,
– Schufaerklärung[19] (Vordruck),
– Lebensversicherungspolicen,
– ggf. Verpfändungserklärungen.

Selbständige müssen darüber hinaus die testierten Bilanzen der letzten drei Jahre und die Gesellschafterverträge beibringen. Nicht finanziert werden in der Regel Rentner, Freiberufler und Selbständige, die noch nicht länger als zwei

---

[17] Eine Teilungserklärung nach § 8 Wohnungseigentumsgesetz (WEG) ist die Erklärung des Grundstückseigentümers gegenüber dem Grundbuchamt, daß das Eigentum an dem Grundstück in Miteigentumsanteile aufgeteilt ist, die mit Sondereigentum verbunden sind. Als Sondereigentum wird das individuelle Wohnungseigentum bezeichnet. Davon zu unterscheiden ist der Miteigentumsanteil am gemeinschaftlichen Eigentum (Grundstück, Gemeinschaftseinrichtungen, etc.). Mit der Teilungserklärung wird sachenrechtlich das Wohnungs- und Teileigentum begründet. (§ 2 WEG). Sie ist die Voraussetzung für die Anlage der Wohnungsgrundbücher.

[18] Ein Erbbaurecht ist das zeitlich begrenzte übertragbare dingliche Recht, auf einem (fremden) Grundstück ein Gebäude errichten oder nutzen zu dürfen. Dieses Recht kann unentgeltlich oder gegen jährliche Zahlung eines Erbbauzinses eingeräumt werden.

[19] SCHUFA ist die Abkürzung für „Schutzgemeinschaft für allgemeine Kreditsicherung". Die Schufa hat die Aufgabe, Kreditinstitute vor Verlusten bei Kreditgeschäften zu schützen. Folgende Daten werden bei der Schufa gespeichert: persönliche Daten, Kontoeröffnungen, Kredite aller Art (Dispositionskredite, Ratenkredite, Kredite von Banken, Versandhäusern, Telefongesellschaften, etc.), Ausgabe von Kreditkarten, Leasingverträge und Bürgschaften. Darüber hinaus werden auch sog. „Negativdaten" bei der Schufa gespeichert, z.B. Kreditkündigungen, Pfändungsbeschlüsse, Abgabe von eidesstattlichen Versicherungen. Die Schufa hat ein Ratingsystem zur Beurteilung der individuellen Kreditwürdigkeit entwickelt, daß die verschiedenen Einträge in der Form einer einheitlichen Punktzahl zusammenfaßt. Im Falle von Negativeinträgen bei der Schufa ist die Vergabe von weiteren Krediten grundsätzlich ausgeschlossen.

Jahre tätig sind, Angestellte in der Probezeit, Ehepaare in der Trennungsphase sowie Haushalte mit Ratenkrediten.

5.3.1.3 Beleihungswertermittlung

Der Immobilienmarkt zerfällt in einer Vielzahl von miteinander verbundenen sachlichen und regionalen Teilmärkten (Abschnitt 3.2). Die Folge davon ist eine höchst **unvollkommene Markttransparenz**. Eine entsprechende Bedeutung kommt daher bei jeder Immobilientransaktion der Bestimmung des Wertes der Immobilie zu. Je nach Perspektive und Interessenlage lassen sich ganz unterschiedliche Wertbegriffe definieren. So wird der Verkäufer einer Immobilie ihr bei gleichem Informationsstand in aller Regel einen höheren Wert beimessen als die Bank, die den Käufer finanziert.

Der Wert einer Immobilie bemißt sich in erster Linie nach dem zukünftigen Strom der damit verbundenen Ein- und Auszahlungen (Ertragswert oder „discounted cash flow"). Die Prognose der zukünftigen Zahlungsströme ist aber mit Unsicherheiten verbunden. Auf der anderen Seite steht und fällt die Sicherheit eines Hypothekarkredites mit der Wertbeständigkeit des Beleihungsobjektes.

Der Ermittlung des sog. „**Beleihungswertes**" kommt daher eine wesentliche Bedeutung bei der Bestimmung des Finanzierungsrahmens zu. Der Beleihungswert ist ein vorsichtig zu ermittelnder Wert, der keineswegs mit den Gesamtgestehungskosten (Grundstücks-, Bau- und Nebenkosten) gleichzusetzen ist. So finden etwa die sog. „weichen Kosten" (z.B. Erwerbsnebenkosten) im Beleihungswert keine Berücksichtigung.

Der Beleihungswert ist ein dauerhafter (auf die gesamte Laufzeit des Darlehens bezogener) Wert, von dem erwartet wird, daß er auch dann am Markt erzielbar ist, wenn das Grundstück bzw. die Immobilie bei Zahlungsschwierigkeiten des Darlehensnehmers kurzfristig freihändig verkauft oder zwangsversteigert werden muß.

Der Beleihungswert ist der Wert, der dem Beleihungsobjekt unter Berücksichtigung aller für die Bewertung maßgeblichen Umstände beigemessen wird. Es handelt sich um einen durchaus **subjektiven** Wertbegriff. Der Beleihungswert ist kein allgemein gültiger, sondern ein institutsbezogener Wert. Er wird subjektiv nach instituts- oder institutsgruppenindividuellen Richtlinien ermittelt. Er dient der Feststellung der für ein Beleihungsobjekt tragbaren Beleihungssumme. Dabei sind weder Überbeleihungen noch Unterbeleihungen aus übertriebener Vorsicht zu empfehlen. Überbeleihungen bringen zwar einen hohen Kreditumsatz, aber auch entsprechende Ausfallrisiken mit sich, während Unterbeleihungen zwar im Einzelfall zu einem geringen Kreditausfallrisiko, insgesamt gesehen aber eben auch zu einem allzu geringen Kreditumsatz führen. Die Immobilienfinanzierer müssen hier den goldenen Mittelweg finden. Dabei ist eine Sicherung des Kreditinstituts während der gesamten Laufzeit des Darlehens sowie eine tragbare Belastung des Kreditnehmers anzustreben.

Ausgangspunkt für die Ermittlung des Beleihungswertes ist der sog. „Verkehrswert" im Sinne des § 194 des Baugesetzbuches: „Der Verkehrswert wird durch den Preis bestimmt, der in dem Zeitpunkt, auf den sich die Ermittlung bezieht, im gewöhnlichen Geschäftsverkehr nach den rechtlichen Gegebenheiten und tatsächlichen Eigenschaften, der sonstigen Beschaffenheit und der Lage des Grundstücks und des sonstigen Gegenstandes der Wertermittlung ohne Rücksicht auf ungewöhnliche oder persönliche Verhältnisse zu erzielen wäre."

Der Verkehrswert ist also ein Preis, genauer ein **fiktiver Preis am Bewertungsstichtag**. Dabei wird auf eine Marktsituation mit normalen Konkurrenzbedingungen abgestellt („gewöhnlicher Geschäftsverkehr"). Nicht im Verkehrswert zu berücksichtigen sind ungewöhnliche und persönliche Verhältnisse. Ausdrücklich zu berücksichtigen sind dagegen:

- **rechtliche Belastungen** (besondere vertraglich fixierte Belastungen und Dienstbarkeiten wie Wohnrecht, Wegerechte zugunsten Dritter und ähnliche, die im Grundbuch, Abteilung II eingetragen sind),
- **tatsächliche Eigenschaften** (Grundstücksqualität, bauliche Nutzungsmöglichkeiten etc.),
- **Bau- und Unterhaltungszustand** (Instandhaltungs- oder Renovierungsstau),
- **Lagemerkmale** des Grundstücks,
- **Grundstückszubehör** (Gegenstände, die zur bestimmungsgemäßen Nutzung des Grundstückes erforderlich sind).

Bei der Verkehrswertermittlung muß mindestens eines der drei Wertermittlungsverfahren nach § 7 Wertermittlungsverordnung (Vergleichswert-, Ertragswert- oder Sachwertverfahren) herangezogen werden (**Verfahrenszwang**). Alle wertbeeinflussenden Daten (Kaufpreise, Kosten, Erträge, Bodenrichtwerte, Zinssätze, Lebensdauern etc.) müssen marktgerecht ermittelt sein (**Marktnähe**). Sind mehrere Verfahren herangezogen worden und weichen die Ergebnisse voneinander ab, so ist einem Ergebnis der **begründete Vorzug** zu geben. Eine einfache Mitteilung von Ergebnissen verschiedener Verfahren ist nicht marktgerecht (Aggregationsverbot).

Sofern die Auffassung vertreten wird, daß als Ausgangswert für die Ermittlung des Beleihungswertes der Verkehrswert anzusehen ist, können, je nach Risikokategorie, pauschal geringere oder höhere Sicherheitsabschläge gemacht werden, um auf diese Weise eine Minderung des Kreditrisikos grundpfandrechtlich gesicherter Darlehen zu erreichen.

Vom Beleihungswert zu unterscheiden ist die sog. „**Beleihungsgrenze**", die als bestimmter Prozentsatz des Beleihungswertes angegeben wird. Für die Höhe der Beleihungsgrenze gibt es (abgesehen vom Hypothekenbankgesetz, Abschnitt 5.3.5.1.3) keine einheitliche institutsgruppenübergreifende Vorschrift, sondern lediglich satzungsmäßige Regeln des jeweiligen Kreditinstituts bzw. der jeweiligen Institutsgruppe.

5.3.1.4 Quellen des Fremdkapitals

Fremdkapital kann dem Wohnungsunternehmen bzw. dem zu finanzierenden Immobilien-Teilbestand „von außen" oder „von innen" zugeführt werden. Im Falle der **Fremd-Außenfinanzierung** handelt es sich um ein schuldrechtliches Verhältnis zu einem **unternehmensexternen Kreditgeber** (z.B. Aufnahme eines Hypothekendarlehens bei einer Hypothekenbank). Die **Fremd-Innenfinanzierung** erfolgt dagegen aus dem **betrieblichen Umsatzprozeß**. Dabei werden finanzielle Mittel aus Umsätzen durch Abschreibungen oder die Zuführung zu langfristigen Rückstellungen „gesperrt". Die Mittel gelangen nicht in die Dispositionsmacht der Anteilseigner, weil sie keinen Gewinn darstellen. Die Abschreibungen und Rückstellungszuführungen dienen der Deckung von „Innen-Verpflichtungen" des Unternehmens.

Fremd-Außenfinanzierungen von Immobilienprojekten werden von verschiedenen Gruppen von Kreditinstituten angeboten. Unterschiede zwischen den einzelnen Anbietergruppen ergeben sich vor allem aus der Struktur und Herkunft ihrer Refinanzierungsmittel, aber auch aufgrund ihrer eigentlichen Zweckbestimmung. Folgende Institutsgruppen bieten wohnungswirtschaftliche Finanzierungen an:

- öffentlich-rechtlicher Bankensektor: Sparkassen (Abschnitt 5.3.1.4.1), Landesbanken (Abschnitt 5.3.1.4.2), öffentlich-rechtliche Grundkreditanstalten, öffentlich-rechtliche Bausparkassen wie die LBS (Abschnitt 5.2.3.2),
- privater Bankensektor: Geschäfts- und Hypothekenbanken (Abschnitt 5.3.5.1.1), private Bausparkassen (Abschnitt 5.2.3.2) und sonstige Kreditinstitute,
- Genossenschaftssektor,
- Lebensversicherungen[20].

5.3.1.4.1 Sparkassen

Die Sparkassen sind als Universalkreditinstitute auch eine bedeutende Anbietergruppe auf dem Markt für Immobilienfinanzierungen. Ihre starke Marktstel-

---

[20] Die Lebensversicherungen bieten ihren Versicherungskunden für Zwecke der Eigenheimfinanzierung Realkredite mit in der Regel zehnjähriger Zinsbindung an. Die Kredite werden meistens als Festdarlehen vergeben und aus der Ablaufleistung der Versicherung getilgt (Abschnitt 5.3.4.3).

lung gründet auf der Kombination eines flächendeckenden Angebotes (derzeit 537 Sparkassen mit 18.000 Geschäftstellen) mit der regionalen Verwurzelung der einzelnen Sparkassen (**Regionalprinzip**: Geschäftsgebiet = Gebiet des jeweiligen kommunalen Gewährträgers).

Die einzelnen Sparkassen agieren zwar selbständig am Markt (dezentrale Unternehmerverantwortung), sind aber zugleich auch Teil einer komplexen Verbundorganisation, zu der neben den Sparkassen, Landesbanken und Landesbausparkassen auch öffentliche Versicherer, spezialisierte Finanzdienstleistungsunternehmen sowie als Girozentrale und Zentralinstitut die DekaBank gehören.

Aufgrund ihrer regionalen Verwurzelung und des engen Kontaktes zu den örtlichen Darlehensnehmern sind die Sparkassen als Wohnungsbaufinanzierer besonders auf kleinere und mittelgroße Hypotheken an Einzelbauherren spezialisiert. Auf der anderen Seite vergeben sie aber auch Großkredite z.B. an kommunale Unternehmen wie Wohnungsunternehmen und Stadtwerke.

Die bedeutende Stellung der Sparkassen auf dem Markt für Immobilienfinanzierungen ist nicht zuletzt eine Folge ihrer im Vergleich zu anderen Universalbanken **günstigen Refinanzierungsbedingungen**. Neben dem sogenannten „Bodensatz" (den Zahlungsmittelbeständen auf den Girokonten der Sparkassenkunden) sind als besondere Refinanzierungsinstrumente der Sparkassen die Sparkassenbriefe (Laufzeit 4-6 Jahre) und die **Sparkassenobligationen** zu nennen (Laufzeit 4-10 Jahre). Besonders die Sparkassenobligationen kann man als Pendant zu den Pfandbriefen (Abschnitt 5.3.5.1) ansehen. Die Sparkassen haben aufgrund der staatlichen Garantien (Gewährträgerhaftung und Anstaltslast) sehr günstige Refinanzierungsbedingungen. Das Publikum sieht ihre Emissionen eher noch als die Pfandbriefe als risikofreie Anlagen an und gibt sich mit entsprechend niedrigen Zinsen zufrieden. Der **Wegfall der staatlichen Garantien** im Jahr 2005 wird allerdings spürbare Auswirkungen auf die Bonität und die Refinanzierungskosten der Sparkassen haben.

5.3.1.4.2 Landesbanken

Die Landesbanken werden in der Regel von den regionalen Sparkassen- und Giroverbänden gemeinsam mit dem jeweiligen Bundesland oder einer anderen Landesbank getragen. Die Landesbanken bieten eine breite Palette von Finanzdienstleistungen an und sind zum Teil auch im internationalen Bankgeschäft aktiv. Neben ihrer Rolle als Sparkassenzentralbanken (Zahlungsverkehrssysteme, Auslandszahlungsverkehr, Wertpapiergeschäft, etc.) stehen sie als Staats- und Kommunalbanken in **direktem Wettbewerb mit den Hypothekenbanken**. Ihre **Refinanzierungsbedingungen** sind konkurrenzlos günstig, weil sie sowohl über das Pfandbriefprivileg als auch über staatliche Garantien für ihre Emissionen verfügen. Aber auch die Landesbanken müssen sich auf den Wegfall der Garantien im Jahr 2005 einstellen.

5.3.2 Fremd-Innenfinanzierung

5.3.2.1 Finanzierung aus Abschreibungen

Grundlegend für die Abschreibung von Gebäuden (siehe auch Abschnitt 6.5.3.2) und sonstigen Gegenständen des abnutzbaren Anlagevermögens ist das sog. **„Periodisierungsprinzip"**. Danach dürfen die Anschaffungs- oder Herstellungskosten nicht im Jahr der Anschaffung oder Herstellung in voller Höhe als Aufwand gewinnmindernd geltend gemacht werden. Das Periodisierungsprinzip fordert vielmehr die Zuordnung des Werteverzehrs zu den Miet-Umsätzen, die damit jeweils alimentiert werden.

Der **Finanzierungseffekt** planmäßiger Abschreibungen ergibt sich im Zeitablauf aus der schrittweise Rückvergütung der Anschaffungs- oder Herstellungskosten. Dabei kommt es zu einem Aktivtausch bzw. einem Desinvestitionsprozeß: Mit jeder Abschreibungsbuchung nimmt der Bilanzwert des Gebäudes ab, während die liquiden Mittel zunehmen. Die Abschreibungen verkürzen den Gewinn in der Handelsbilanz und führen damit zu einer entsprechenden Sperrung von Ausschüttungen. Der Finanzierungseffekt der Abschreibungen kommt allerdings nur zustande, wenn zwei **Voraussetzungen** erfüllt sind. Zum einen müssen mit der Immobilie entsprechend hohe Mieteinnahmen erzielt werden (Miete > Kapitalkosten + Bewirtschaftungskosten + Abschreibungen) und zum anderen muß eine offensive Ausschüttungspolitik vorherrschen. Bei einer vorsichtigen Ausschüttungspolitik mit einem hohen Thesaurierungsanteil am Gewinn tritt der Finanzierungseffekt der Abschreibungen dagegen gar nicht oder nur in eingeschränktem Maße auf.

5.3.2.2 Finanzierung aus langfristigen Rückstellungen: Rückstellung für Bauinstandhaltung

Die Formblattverordnung für die Bilanzgliederung von Wohnungsunternehmen kennt aufgrund der besonderen Bedeutung für die Wohnungswirtschaft anders als das Handelsgesetzbuch die Bilanzposition „Rückstellungen für Bauinstandhaltung" (Passiva B.3). Dabei handelt es sich um eine Aufwandsrückstellung nach § 249 Abs. 2 HGB, die dem Ziel der periodengerechten Zuordnung von Instandsetzungsmaßnahmen dient.

Die Rückstellung für Bauinstandhaltung dient insbesondere der bilanziellen Vorsorge für größere, aperiodische Instandsetzungsmaßnahmen. Darunter fallen Ausgaben zur Behebung von Mängeln oder Schäden, die insbesondere durch Abnutzung, Alterung und Witterungseinflüsse entstanden sind (z.B. Neueindeckung des Daches, Ersatz schadhafter Fenster, Austausch einer schadhaften Fassadendämmung).

Die Rückstellung für Bauinstandhaltung ist wie alle Rückstellungen **zweckgebunden**, d.h. sie darf nur für den ursprünglich vorgesehenen Zweck verwendet werden. Zur Ermittlung des Rückstellungsbedarfs ist ein Instandhaltungsplan zu erstellen.

Mit der Rückstellungsbildung kann im Geschäftsjahr der Anschaffung / Herstellung oder in jedem späteren Geschäftsjahr begonnen werden. Die Nachholung von Zuweisungen für frühere Geschäftsjahre ist möglich. Eine einmal begonnene Rückstellung ist aber fortzuführen (Grundsatz der **Bewertungsstetigkeit**).

Der jährlich der Rückstellung **zuzuführende Betrag** ergibt sich aus den voraussichtlichen Aufwendungen nach dem Preisstand des jeweiligen Geschäftsjahres dividiert durch den Intervallzeitraum (zeitlicher Abstand zwischen zwei gleichartigen Instandsetzungsmaßnahmen). Im Falle von Preissteigerungen dürfen die fehlenden Rückstellungsbeträge für frühere Geschäftsjahre nachgeholt werden.

Die **betriebswirtschaftliche Logik** der Rückstellung für Bauinstandhaltung ist simpel. Sie trägt dem Gedanken Rechnung, daß alle zwischen zwei gleichartigen Instandsetzungsmaßnahmen liegenden Perioden zur Abnutzung eines Gebäudes beitragen. Mit den laufenden Zuführungen zu der entsprechenden Rückstellung werden die einzelnen Perioden mit den ihnen jeweils zurechenbaren Erhaltungsaufwendungen belastet (periodengerechte Zuordnung von Aufwand und Umsatz). Auf diese Weise können Aufwandsballungen vermieden werden, die zu einem unstetigen Gewinnausweis führen müßten.

Die Rückstellungsbildung sichert also durch eine gleichmäßige Aufwandsverteilung in der Zeit die Tauglichkeit des Gewinns als **Ausschüttungsrichtgröße**. Sie wirkt in den Zuführungsperioden gewinnmindernd (Substanzerhalt durch Ausschüttungssperre) und im Jahr ihrer Auflösung erlaubt sie eine erfolgsneutrale Behandlung der Instandhaltungsmaßnahme. Wegen der langen Intervallzeiträume leistet die Rückstellungsbildung in den Zuführungsperioden einen nicht zu unterschätzenden Beitrag zur langfristigen Fremdfinanzierung.

Während das Wohnungsunternehmen handelsrechtlich ein Ansatzwahlrecht hat, besteht für die Zwecke der Einkommensbesteuerung nach ständiger Rechtsprechung des BFH ein Passivierungsverbot. Die Bildung der Rückstellung erfolgt also aus bereits versteuertem Einkommen (Substanzbesteuerung).

Die Bildung einer Rückstellung für Bauinstandhaltung ist insbesondere dann zu empfehlen, wenn die Bautätigkeit unregelmäßig war und die einzelnen Baujahrgänge entsprechend mit ganz unterschiedlichen Anteilen im Anlagevermögen vertreten sind. In diesem Fall werden auch die Instandsetzungsaufwendungen unregelmäßig anfallen.

5.3.3 Finanzierung der Wohnungsproduktion

Die Produktion einer Neubauwohnung nimmt – von der Planung über die Herstellung bis zur Vermietung – relativ viel Zeit in Anspruch. Diese Eigenschaft teilt die Wohnungsproduktion mit der Produktion anderer langlebiger Investitionsgüter. Bei der Produktion derartiger Güter stellt sich für den Hersteller stets das Problem der **Kapitalbindung** während der Produktionsphase, also der sogenannten Vor- oder Zwischenfinanzierung. Schon die Planungskosten, erst recht aber der Ankauf des Grundstücks und später die anfallenden Herstellungskosten verursachen eine Kapitalbindung, die kalkulatorisch in der Form der sog. „**Bauzeitzinsen**" erfaßt wird.

Unter einer **Zwischenfinanzierung** versteht man die Aufnahme von kurz- bis mittelfristigen Kreditmitteln bis zur späteren Ablösung durch langfristiges Eigen- oder Fremdkapital. Anwendungsbereiche der Zwischenfinanzierung sind Bauträgermaßnahmen (Finanzierung des Kapitalbedarfs bis zum Abverkauf der Eigentumswohnungen an Selbstnutzer oder Kapitalanleger) sowie „An-Finanzierungen" im Falle einer Zinssenkungserwartung des Kreditnehmers. Zwischenfinanzierungskredite sind in der Regel variabel verzinslich (Geldmarktsatz plus Zuschlag).

Der Kapitalbedarf eines Bauträgers in der Produktionsphase hängt ganz wesentlich vom Absatzerfolg der Wohnungen ab. Soweit es gelingt, Wohnungen bereits vor ihrer Bezugsfertigkeit zu verkaufen, mindert sich der Kapitalbedarf entsprechend. Dabei hat der Bauträger allerdings die Vorschriften der Makler- und Bauträgerverordnung (MaBV) zu beachten.

Die MaBV bezweckt, den Käufer gegen den Verlust seiner dem Bauträger zur Verfügung gestellten Vermögenswerte zu sichern. Die Fälligkeit der Kaufpreiszahlungen setzt nach § 34c Abs. 1 Satz 1 Nr. 2a Gewerbeordnung (GewO) in Verbindung mit § 3 Abs. 1 MaBV voraus:

- der Eingang einer schriftlichen Bestätigung des Notars beim Käufer, wonach der notarielle Kaufvertrag wirksam ist und die für einen Vollzug erforderlichen Genehmigungen vorliegen,
- das Vorliegen der Abgeschlossenheitsbescheinigung[21],

---

[21] Erklärung der Bauaufsichtsbehörde, daß Räumlichkeiten entsprechend dem Wohnungseigentumsgesetz abgeschlossen sind. Eine Wohnung gilt als in sich abgeschlossen, wenn sie baulich durch Trennwände und Trenndecken vollkommen von fremden Wohnungen und Räumen getrennt ist und unter

- der Vollzug der Bildung von Wohnungseigentum durch Anlegung der Grundbuchblätter,
- die Eintragung der Auflassungsvormerkung zugunsten des Käufers,
- die Sicherstellung der Freistellung des Vertragsobjektes von allen der Auflassungsvormerkung im Rang vorgehenden oder gleichstehenden Belastungen, die vom Käufer vertraglich nicht übernommen werden,
- die Erteilung der Baugenehmigung.

Liegen diese Voraussetzungen vor, darf der Bauträger die Kaufpreisraten in bis zu sieben Teilbeträgen **entsprechend dem Baufortschritt** entgegennehmen. Die Teilbeträge können aus den nachfolgenden Vomhundertsätzen zusammengesetzt werden:

1. 30 Prozent der Vertragssumme nach Beginn der Erdarbeiten,

2. von der restlichen Vertragssumme

   - 40 Prozent nach Rohbaufertigstellung, einschließlich Zimmererarbeiten,
   - 8 Prozent für die Herstellung der Dachflächen und Dachrinnen,
   - 3 Prozent für die Rohinstallation der Heizungsanlagen,
   - 3 Prozent für die Rohinstallation der Sanitäranlagen,
   - 3 Prozent für die Rohinstallation der Elektroanlagen,
   - 10 Prozent für den Fenstereinbau, einschließlich der Verglasung,
   - 6 Prozent für den Innenputz, ausgenommen Beiputzarbeiten,
   - 3 Prozent für den Estrich,
   - 4 Prozent für die Fliesenarbeiten im Sanitärbereich,
   - 12 Prozent nach Bezugsfertigkeit und Zug um Zug gegen Besitzübergabe,
   - 3 Prozent für die Fassadenarbeiten,
   - 5 Prozent nach vollständiger Fertigstellung.

5.3.4 Das Hypothekendarlehen

Ein Hypothekendarlen ist ein Darlehen, das durch ein Grundpfandrecht – in der Regel eine Grundschuld – gesichert ist (Abschnitt 5.3.1.1). Verzinsung und Rückzahlung werden also durch das verpfändete Grundstück zusätzlich gesichert (Kreditsicherung).

---

anderem einen eigenen abschließbaren Zugang unmittelbar vom Freien (Treppenhaus oder Vorraum) hat. Die Abgeschlossenheitsbescheinigung ist neben dem Aufteilungsplan die Voraussetzung für die Begründung von Wohnungs- bzw. Teileigentum.

Hypothekendarlehen werden in unterschiedlichen **Formen** vergeben: als Annuitäten-, Abzahlungs- und Festdarlehen (Abschnitt 5.3.4.1). Soweit mit einem Hypothekendarlehen die Bildung von selbstgenutztem Wohneigentum finanziert wird, muß zunächst das frei verfügbare Nettoeinkommen des Haushaltes ermittelt werden (**Belastbarkeit**, Abschnitt 5.3.4.3). Im nächsten Schritt werden sämtliche Ein- und Auszahlungen im Zusammenhang mit der Immobilienfinanzierung in den einzelnen Jahren der Nutzung der Immobilie zusammengestellt (**Finanzierungsplan**, Abschnitt 5.3.4.4).

5.3.4.1 Darlehensformen

Nach dem Tilgungsverlauf unterscheidet man drei Grundformen von Hypothekendarlehen: das Annuitätendarlehen, das Abzahlungsdarlehen und das Festdarlehen. Das **Annuitätendarlehen** (auch Tilgungs- oder Amortisationsdarlehen) zeichnet sich durch eine jährlich bzw. monatlich gleichbleibende Gesamtbelastung (Summe aus Zins- und Tilgungszahlungen) des Kreditnehmers aus. Diese Darlehensform erfreut sich besonders bei der Finanzierung privaten Wohneigentums großer Beliebtheit.

Beispiel Annuitätendarlehen

Darlehensbetrag	€ 100.000
Tilgung 2 Prozent p.a.	€ 2.000
Zins 8 Prozent p.a.	€ 8.000
jährliche Leistung (Annuität)	€ 10.000

Jahr	Darlehensbetrag €	Zinsen €	Tilgung €
1	100.000	8.000	2.000
2	98.000	7.840	2.160
3	95.840	7.667	2.333
usw.			

Das Darlehen im Beispiel ist nach 21 Jahren getilgt. Die Tilgungsbeiträge steigen jedes Jahr um die aufgrund der gefallenen Restschuld „ersparten Zinsen".

Weniger beliebt sind **Abzahlungsdarlehen** bei den Kreditnehmern. Anders als beim Annuitätendarlehen werden bei dieser Darlehensform die ersparten Zinsen nicht in erhöhte Tilgungsbeiträge umgewandelt, so daß sich im Einklang mit dem fallenden Verlauf der Restschuld jährlich fallende Leistungen des Kreditnehmers ergeben.

Beispiel Abzahlungsdarlehen

Darlehensbetrag	€ 100.000
Tilgung 2 Prozent p.a.	€ 2.000
Zins 8 Prozent p.a.	€ 8.000
jährliche Leistung	fallend

Jahr	Darlehensbetrag €	Zinsen €	Tilgung €	Leistung €
1	100.000	8.000	2.000	10.000
2	98.000	7.840	2.000	9.840
3	96.000	7.680	2.000	9.680
usw.				

Das Darlehen im Beispiel wäre erst nach 50 Jahren getilgt. Für eine Laufzeit unter 30 Jahren müßte der jährliche Tilgungssatz mindestens 3,5 Prozent betragen, so daß sich anfänglich eine deutlich höhere Gesamtbelastung ergeben würde als bei einem entsprechenden Annuitätendarlehen. Damit ist der Verlauf der Zahlungen aus einem Abzahlungsdarlehen dem typischen Verlauf der Mieteinnahmen aus einem Renditeobjekt genau entgegengesetzt. Entsprechend selten kommen Abzahlungsdarlehen in der Praxis der Immobilienfinanzierung vor.

Anders als beim Annuitäten- und beim Abzahlungsdarlehen wird beim **Festdarlehen** (auch Festhypothek) auf eine laufende Tilgung ganz verzichtet. Die Rückzahlung des Darlehens erfolgt in einer Summe am Ende der Laufzeit. Damit sind sowohl für den Kreditgeber als auch für den Kreditnehmer nicht unerhebliche Risiken verbunden. Festdarlehen werden in der Regel von Privatinvestoren eingesetzt, die die „ersparte Tilgung" in eine andere Form der Vermögensanlage investieren (z.B. Aktienfonds oder Lebensversicherung).

Der Einsatz eines Festdarlehens dient der Optimierung der Nachsteuer-Rendite der gesamten Finanzierung. Der Investor mindert seine Steuerlast zunächst, indem er die Möglichkeit des Abzugs der Schuldzinsen bei den Einkünften aus Vermietung und Verpachtung mit dem tilgungsfreien Darlehen gänzlich ausreizt. Noch mehr Steuern kann er sparen, wenn er die ersparten Tilgungen in eine steuerlich begünstigte Lebensversicherung steckt. Für andere, risikofreudigere Investoren steht dagegen weniger die Maximierung der Steuervorteile als vielmehr die erwartete Renditedifferenz zwischen dem Kreditgeschäft und dem Anlagegeschäft im Vordergrund. Diese Gruppe investiert die ersparte Tilgung daher in Aktienfonds oder andere für hochrentierlich gehaltene Anlageformen.

Wegen ihres spekulativen Charakters sind die dargestellten Formen der **indirekten Tilgung** nur für spekulativ orientierte Anleger geeignet. Bei der Finanzierung privaten Wohneigentums sollte im Regelfall der risikoärmeren direkten Tilgung der Vorzug gegeben werden, da hier kein Schuldzinsenabzug möglich ist.

5.3.4.2 Tilgungsrate und Laufzeit

Die Höhe der Anfangstilgung wird als Prozentsatz ausgedrückt. Beim Annuitätendarlehen wird damit der Tilgungsanteil im *ersten Jahr* der Kreditlaufzeit bezeichnet. Eine übliche Formulierung in den entsprechenden Kreditverträgen lautet: „Tilgung 1 Prozent zuzüglich ersparter Zinsen".

Die Höhe der Anfangstilgung ist ein entscheidender Parameter für die Laufzeit des Darlehens. Es gilt ein einfacher Zusammenhang zwischen anfänglicher Tilgungsrate und Laufzeit: Je höher die Tilgung, desto kürzer die Laufzeit. Bei einem Kreditbetrag in Höhe von € 100.000 und einem Zinssatz von 6,5 Prozent beträgt die Restschuld nach 10 Jahren entweder € 85.970 (bei 1 Prozent Anfangstilgung) oder € 43.870 (bei 4 Prozent Anfangstilgung). Die Gesamtlaufzeit des Kredits liegt im ersten Fall bei 31 Jahren und einem Monat, im zweiten Fall dagegen nur bei 14 Jahren und 11 Monaten.

Die Vorteile der höheren Anfangstilgung liegen auf der Hand. Neben der kürzeren Laufzeit des Kredits sind hier auch Renditeüberlegungen zu berücksichtigen. Bei den meisten Kreditnehmern dürfte der Hypothekenzins mehr oder weniger deutlich über dem für risikoarme Anlagen erzielbaren Sparzins liegen, so daß eine langsame Entschuldung die Rendite des gesamten Haushaltsvermögens senkt. Bei einem Wohnungsunternehmen kann dagegen die größere Auswahl an renditeträchtigen Investitionsprojekten für eine langsamere Tilgung sprechen. Auch spielt die zeitliche Abstimmung des Verlaufs der Kreditbelastung mit dem Verlauf der Mieteinnahmen bei Wohnungsunternehmen unter Liquiditätsaspekten oft eine wesentliche Rolle.

Bei Selbstnutzern sprechen daneben auch Risikoüberlegungen für einen möglichst raschen Abbau der Restschuld. Je niedriger die Restschuld zu einem Zeitpunkt liegt, an dem ein Finanzierungsrisiko schlagend wird (z.B. Zinsänderungsrisiko), desto weniger gravierend sind die Auswirkungen auf den weiteren Verlauf der Finanzierung.

5.3.4.3 Ermittlung der Belastbarkeit

Mit der Belastbarkeit wird das frei verfügbare Nettoeinkommen eines Haushaltes bezeichnet, das für die monatliche Bedienung eines Immobilienkredites verwendet werden kann. Die Belastung wird von der finanzierenden Bank in der Regel zunächst nur pauschal ermittelt. Dabei wird vom monatlich verfügbaren Netto-Einkommen (einschließlich aller Transfers, nach Abzug der Einkommensteuer und der Sozialabgaben) ausgegangen, von dem eine Pauschale für Lebenshaltungskosten abgezogen wird (abhängig von der Haushaltsgröße). Daneben wird noch eine Pauschale für die Bewirtschaftungskosten des Eigenheims in Abzug gebracht.

Stand: August 2003 **Familie Müller** Ausgaben	€	In Prozent der Einn.	In Prozent der Ausgaben
Lebensmittel / Kosmetik	700,00	23,1%	29,1%
Bücher, Zeitschriften	40,00	1,3%	1,7%
Einrichtung	125,00	4,1%	5,2%
Kleidergeld	80,00	2,6%	3,3%
Taschengeld	100,00	3,3%	4,2%
Urlaubsgeld	200,00	6,6%	8,3%
	1.245,00	**41,1%**	**51,8%**
Betriebskosten			
Gas, Wasser	200,00	6,6%	8,3%
Abwasser	40,00	1,3%	1,7%
Strom	35,00	1,2%	1,5%
Gebäudevers.	18,00	0,6%	0,7%
Müll	12,50	0,4%	0,5%
Wartung Hz.	10,00	0,3%	0,4%
Grundsteuer	13,00	0,4%	0,5%
Betriebskosten	**328,50**	**10,8%**	**13,7%**
Vorsorgesparen			
Bausparen	100,00	3,3%	4,2%
Rentenvers.	135,00	4,5%	5,6%
Vorsorgesparen	**235,00**	**7,8%**	**9,8%**
Versicherungen			
Krankenvers.	250,00	8,3%	10,4%
Lebensvers.	40,00	1,3%	1,7%
Hausratvers.	8,50	0,3%	0,4%
Versicherungen	**298,50**	**9,9%**	**12,4%**
Fahrzeuge			
Auto: Vers., Steuern	50,00	1,7%	2,1%
Auto: Wartung	35,00	1,2%	1,5%
Auto: Benzin	125,00	4,1%	5,2%
Fahrzeuge	**210,00**	**6,9%**	**8,7%**

Nebenkosten			
Telefon	55,00	1,8%	2,3%
Rundfunkgbb.	16,36	0,5%	0,7%
Kabel-TV	14,00	0,5%	0,6%
Kontoführung	2,50		
Nebenkosten	**87,86**	**2,9%**	**3,7%**
Summe	2.404,86	79,4%	100,0%
Bezüge einschl. Transfers	3.030,00	100,0%	126,0%
finanzielle Belastbarkeit	625,14	20,6%	

Tab. 5.7   Ermittlung der finanziellen Belastbarkeit – Beispiel

Der Kreditsuchende sollte sich aber nicht auf derartige pauschalierende Berechnungen verlassen, da erfahrungsgemäß auch zwischen Haushalten derselben Zusammensetzung und Einkommensklasse erhebliche Unterschiede im Konsum- und Sparverhalten auftreten. Es empfiehlt sich daher, die durchschnittlichen Ausgaben der jüngeren Vergangenheit in kategorisierter Form zusammenzustellen. Die empirische Grundlage dafür kann ein Haushaltsbuch oder ein Kontenverwaltungsprogramm liefern. Der Aufwand für die Datenpflege ist allerdings nicht unerheblich.

Familie Müller (Mutter Beamtin, Vater Hausmann, zwei Kinder, siehe Tab. 5.7) hat eine solche Aufstellung angefertigt und dabei bereits die Betriebskosten des zukünftigen Eigenheims in Anschlag gebracht. Auch der Modernisierungsbausparvertrag und die zusätzliche private Rentenversicherung wurden nicht vergessen.

Das Ergebnis war ziemlich enttäuschend. Nur gut 20 Prozent des Nettoeinkommens einschließlich Transfers sind überhaupt frei verfügbar. Der freie Betrag von nur € 625 reicht bei einem Kreditzins von 6,5 Prozent und 1 Prozent Anfangstilgung gerade mal aus, um ein Darlehen in Höhe von € 100.000 zu bedienen. Das reicht nicht für das angestrebte Traumhaus.

In dieser Situation kommen die Müllers auf die Idee, Ausgaben zu kürzen und zu streichen. Außerdem machen sie sich auf die Suche nach „übersehenen" Einnahmen. Es wird u.a. erwogen, Kleidergeld und Taschengeld zu halbieren, das Urlaubsgeld zu streichen (die monatliche Zuführung zur Urlaubskasse) und die Rentenversicherung zu kündigen. Außerdem schlägt Herr Müller vor, das 13. Monatsgehalt seiner Frau, die Eigenheimzulage und zukünftige Besoldungserhöhungen mit in die Aufstellung der Einnahmen einzubeziehen.

Ein guter Finanzierungsberater kann hier nur empfehlen, eine nachhaltige Belastungsrechnung mit Sicherheitsreserven aufzustellen. So ist es einfach nicht realistisch, daß die Familie jahrzehntelang keinen Urlaub machen will und eine Kündigung der privaten Rentenversicherung wäre angesichts der Löcher in den gesetzlichen Pensions- und Rentensystemen unverantwortlich. Auf der anderen Seite sollte man ganz bewußt nicht alle Einnahmen in der Rechnung berücksichtigen, damit ein Sicherheitspolster für Notfälle vorhanden ist.

5.3.4.4 Erstellung des Finanzierungsplans

Die Müllers haben auf den Rat des Finanzierungsberaters gehört. Herr Müller hat sich eine Arbeit gesucht und für die Kinder konnte eine Betreuungseinrichtung gefunden werden. Nach Abzug der Kosten dafür verbleiben von dem zusätzlichen Nettoverdienst des Herrn Müller noch € 650, so daß sich die finanzielle Belastbarkeit nunmehr € 1.275 beträgt.

Familie Müller verfügt über einen Bausparvertrag und eine Kapitallebensversicherung. Die Bausparsumme des Bausparvertrags beträgt € 30.000, die Mindestansparung € 15.000, davon sind € 10.000 bereits angespart. Der Monatsbeitrag für die Kapitallebensversicherung liegt bei € 80. Nach Ablauf der Restlaufzeit der Versicherung von 15 Jahren wird mit einer Ablaufleistung in Höhe von € 50.000 gerechnet.

Die Wartezeit bis zur Überbrückung des Bausparvertrags wird mit einem Zwischenkredit der Bausparkasse überbrückt. Die Müllers leisten eine Sondereinzahlung in Höhe von € 4.700, wodurch sich die verbleibende Wartezeit bis zur Zuteilung des Vertrages auf zwei Jahre verkürzt. Das Guthaben zum Zuteilungszeitpunkt liegt dann genau bei € 15.000. Der Tilgungsbeitrag in der Darlehensphase entspricht 6 Promille der Bausparsumme oder € 180 pro Monat. Tab. 5.8 zeigt den Finanzierungsaufbau.

Darlehen	Nominalbetrag = Auszahlungsbetrag in Euro	Nominalzins = Effektivzins in Prozent	Tilgung in Prozent	Zinsbindungs- dauer in Jahren	Monatliche Belastung in Euro
Bauspardarlehen	-	-	-	-	-
Bauspar- Zwischenkredit	30.000	5,0	-	2	125,00
Versicherungs- darlehen	50.000	6,0	-	15	250,00
Bankdarlehen 1	80.000	6,5	1,0	10	500,00
Bankdarlehen 2	30.000	5,5	1,0	5	162,50
Summe	190.000				1.037,50
Versicherungs- und Bauspar- beiträge in Euro					80
Belastung 1. Jahr					1.117,50

Tab 5.8   Finanzierungsaufbau – Beispiel

Die Analyse des Finanzierungsplans läuft auf den Vergleich der monatlichen Belastung mit der Belastbarkeit des betreffenden Haushaltes hinaus. Dabei kommt es nicht nur auf das erste Jahr an, sondern es muß der gesamte Finanzierungsverlauf ins Bild genommen werden. Günstige Ausgangsbedingungen der Finanzierung (Niedrigzinsphase) dürfen nicht über den Zinsanpassungstermin hinaus fortgeschrieben werden. Für zukünftige Finanzierungsabschnitte muß mit dem langfristigen Durchschnittszins weitergerechnet werden.

Jahr	Bauspar- Zwischenkredit	Bauspar- Tilgungsbeitrag	Lebensvers. Monatsbeitrag	Lebensvers. Festhypothek	Bankdarlehen 1	Bankdarlehen 2	Belastung	Restschuld
1	125		80	250	500	162,50	1.117,50	
2	125		80	250	500	162,50	1.117,50	
3		180	80	250	500	162,50	1.172,50	
4		180	80	250	500	162,50	1.172,50	
5		180	80	250	500	162,50	1.172,50	

Tab. 5.9   Finanzierungsplan – Beispiel

Bei der Analyse des Finanzierungsplans sind vier Fälle zu unterscheiden:

1. dauerhaft gilt: Belastbarkeit > Belastung: kein Handlungsbedarf.

2. Belastung wegen der kalkulierten Zinserhöhung nach Ablauf der Zinsbindung über Belastbarkeit: längere Zinsbindung wählen.

3. Belastbarkeit deutlich über der Belastung: schnellere Entschuldung durch einen höheren Tilgungssatz.

4. Belastung von Anfang an über Belastbarkeit: preiswerteres Objekt suchen oder zunächst mehr Eigenkapital ansparen.

5.3.5 Refinanzierung von Immobilienkrediten

5.3.5.1 Klassische Refinanzierung mittels Pfandbrief

5.3.5.1.1 Aufgaben und Bedeutung der Hypothekenbanken

Die Hypothekenbanken betreiben das **langfristige Realkreditgeschäft**. Realkredite sind dinglich durch die Verpfändung von Grundstücken besicherte Kredite. Sie gelten als besonders ausfallsicher. Die zweite Säule des Geschäftes der Hypothekenbanken ist der **Staatskredit**. Auch hier gilt die Vermutung eines geringen Ausfallrisikos der Kredite.

Die Hypothekenbanken sind in Deutschland die bedeutendste Bankengruppe unter den **Spezialbanken**. Anders als Universalbanken sind Spezialbanken in ihrer Geschäftstätigkeit beschränkt. Die Geschäftstätigkeit der Hypotheken-banken ist nach § 1 des Hypothekenbankgesetzes (HBG) auf den Boden- (Hypothekarkredite für Wohnungs- und Gewerbebau) und den Staatskredit (Kommunaldarlehensgeschäft) beschränkt. Mit dem Spezialbankprinzip ist im Falle der Hypothekenbanken eine besondere Kompetenzvermutung und eine starke Marktstellung aufgrund von Spezialisierungsvorteilen verbunden.

Die Hypothekenbanken **refinanzieren** ihre Ausleihungen durch die Emission von Pfandbriefen am Kapitalmarkt. Sie transformieren damit die aufgenommenen Kapitalmarktmittel in langfristige Investitionskredite für die Immobilienwirtschaft und den Staat.

Der Pfandbriefmarkt ist ein sehr bedeutendes Segment des deutschen und des internationalen Kapitalmarktes. Vom Gesamtumlauf festverzinslicher Wertpapiere am deutschen Rentenmarkt im zweiten Quartal 2002 in Höhe von 2.769 Mrd. Euro entfielen mit 1.108 Mrd. Euro 40 Prozent auf Pfandbriefe, davon 670 Mrd. Euro auf Emissionen der Hypothekenbanken. Der Pfandbriefmarkt bildet damit, mit deutlichem Abstand zu den öffentlichen Anleihen, das größte Segment des deutschen Rentenmarktes. Im Non-goverment-Bereich ist er ausserhalb der USA auch weltweit der größte Bondmarkt.

5.3.5.1.2 Hypothekenbanken als Mittler zwischen Kapitalangebot und -nachfrage

Aus der Sicht der Anleger käme als Alternative zur Pfandbriefanlage die direkte Kreditvergabe in Frage. Die Vorteile der Einschaltung einer Hypotheken-bank als Mittler liegen auf der Hand.

Zunächst muß der Anleger die **Beleihungsprüfung** nicht selbst vornehmen. Außerdem verfügt er mit dem Pfandbrief anders als mit einem Individualdarlehen über ein **fungibles** Wertpapier, d.h. er kann seine Anlage jederzeit am Sekundärmarkt wieder liquidisieren. Weiterhin nehmen Hypothekenbanken die Funktion der **Losgrößentransformation** wahr. Dadurch können auch sehr kleine Anlagebeträge den Investoren in gebündelter Form als Hypothekendarlehen zur Verfügung gestellt werden. Auch die von den Hypothekenbanken übernommene Funktion der **Risikotransformation** ist für die Anleger von großer Bedeutung. Das breit gestreute Kreditportfolio der Hypothekenbank wird den Risikopräferenzen der meisten Anleger viel eher gerecht als ein Individualkredit, mit dem durchaus das Risiko eines Totalverlustes des eingesetzten Kapitals verbunden ist.

5.3.5.1.3 Sicherung der Pfandbriefgläubiger

Pfandbriefe sind (in der Regel) festverzinsliche Schuldverschreibungen, die zur Refinanzierung von durch Hypotheken oder Grundschulden gesicherten Darlehen (Hypothekenpfandbriefe) oder zur Refinanzierung von Darlehen an öffentliche Gebietskörperschaften und Institutionen (Öffentliche Pfandbriefe, früher Kommunalobligationen) ausgegeben werden.

Die Bezeichnung „Pfandbrief" deutet darauf hin, daß neben dem Zahlungsversprechen des emittierenden Instituts als zusätzliche Sicherheit ein Pfand den Gläubigern die Sicherheit ihrer Anlage garantiert. Es handelt sich um eine sog. **„gedeckte"** Schuldverschreibung.

Das Kreditwesengesetz (KWG) und das Hypothekenbankgesetz (HBG) enthalten eine Fülle von Vorschriften, die alle letzten Endes dem gleichen Zweck dienen, nämlich der Sicherung der Ansprüche der Pfandbriefgläubiger. Hier ist zunächst die im **Spezialbankprinzip** angelegte Beschränkung der Geschäftstätigkeit der Emittenten auf wenige risikoarme Haupt-, Neben- und Hilfsgeschäfte zu nennen.

Eine zentrale Rolle bei der Minderung der Risikoexposition der Hypothekenbanken kommt daneben dem sog. **„Deckungsprinzip"** zu. Die Ausgabe von Pfandbriefen darf nur erfolgen, wenn eine Deckung durch Hypotheken oder Kommunaldarlehen in gleicher Höhe und mit mindestens gleichem Zinsertrag sichergestellt ist (Bild 5.4). Die Ersatzdeckungswerte (liquide Vermögenswerte wie Bargeld und Bankguthaben) dürfen höchstens 10 Prozent des Pfandbriefvolumens ausmachen.

Die Deckungswerte werden in das „Deckungsregister" eingetragen. Damit wird das Befriedigungsvorrecht der Pfandbriefgläubiger an den Deckungswerten formal abgesichert. Die Deckungsregister werden nach § 29 HBG in regelmäßigen Abständen von einem von der Bankenaufsicht bestellten Treuhänder überprüft. Im Insolvenzfall gehen nach § 34a HBG die Forderungen der Pfandbriefgläubiger hinsichtlich der in die Deckungsregister eingetragenen Werte allen anderen Konkursgläubigern vor. Andere Gläubiger können nicht in das Deckungsregister vollstrecken.

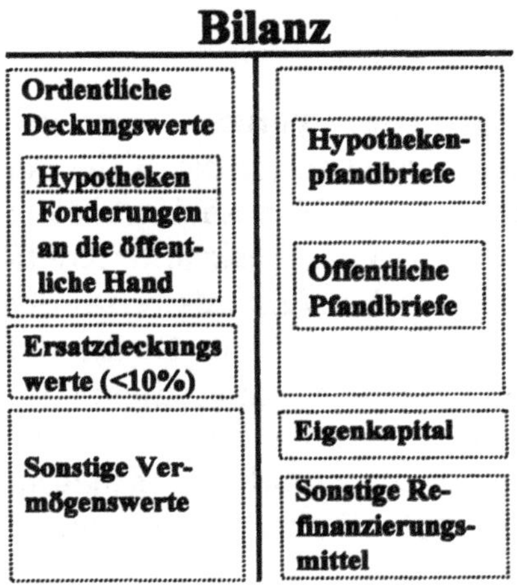

Bilanz

Ordentliche Deckungswerte	Hypothekenpfandbriefe
Hypotheken Forderungen an die öffentliche Hand	Öffentliche Pfandbriefe
Ersatzdeckungswerte (<10%)	
Sonstige Vermögenswerte	Eigenkapital
	Sonstige Refinanzierungsmittel

Bild 5.4   Stilisierte Bilanz einer Hypothekenbank

Auch das Gebot der **Refinanzierungskongruenz** dient der Sicherung der Pfandbriefgläubiger. Es zielt darauf ab, das Zinsänderungsrisiko und damit auch die Insolvenzwahrscheinlichkeit einer Hypothekenbank zu minimieren. Nach § 9 Abs. 1 HBG sollen Hypothekenpfandbriefe nur ausgegeben werden, wenn die Laufzeit der Pfandbriefe den Zeitraum nicht wesentlich überschreitet, der mit Rücksicht auf die Laufzeiten der hypothekarischen Darlehen der Hypothekenbank erforderlich ist. Gefordert ist also eine weitgehende Übereinstimmung der Laufzeiten im Aktiv- und Passivgeschäft (keine Fristentransformation). Zins- und Währungsrisiken, die sich aus unterschiedlichen Laufzeiten und Währungen von Deckungswerten und Pfandbriefen ergeben können, müssen durch „geeignete Maßnahmen" geschlossen werden (z.B. Swap-Geschäfte).

Ein weiteres Element der Sicherung der Pfandbriefgläubiger bildet die **Qualität der Deckungswerte**. Neben der grundpfandrechtlichen Besicherung sind hier die gesetzlichen Vorschriften über Beleihungswert und Beleihungsgrenze einschlägig. Das HBG fordert, daß der bei der Beleihung angenommene Wert des Grundstücks (Realisierungswert) den durch sorgfältige Ermittlung festgestellten **Verkaufswert** (Wert bei freihändiger Veräußerung) nicht übersteigen soll. Der Verkaufswert ist ein **nachhaltiger** Wert, der weder inflationär bedingte Preiserhöhungen noch temporäre Preisspitzen am Immobilienmarkt berücksichtigt. Auch erwartete Wertsteigerungen oder die besonderen Verhältnisse des aktuellen Eigentümers gehen nicht in die Ermittlung des Verkaufswertes ein. Bei der Feststellung dieses Wertes sind nur die dauernden Eigenschaften (nachhaltiger Substanzwert) des Grundstücks und der Ertrag zu berücksichtigen, welchen das Grundstück bei ordnungsgemäßer Wirtschaft jedem Besitzer nachhaltig gewähren kann (nachhaltiger Ertragswert).[22] Die vorsichtige Ermittlung des Verkaufswertes soll nicht zuletzt die Bildung sog. „spekulativer Seifenblasen" am Immobilienmarkt verhindern.

Vom Beleihungswert zu unterscheiden ist die **Beleihungsgrenze**, die (ausgedrückt als Prozentsatz der Beleihungswerts) eine Obergrenze für die Höhe der Kreditvergabe darstellt. Auch hier sind die Vorschriften der Hypothekenbanken besonders streng. Als Deckungswerte kommen nur erstrangig besicherte Kredite in Frage, deren Volumen nicht mehr als 60 Prozent des Verkaufswertes des verpfändeten Grundstücks beträgt (§ 11 HBG). Damit wird dem Risiko der Verschlechterung der wirtschaftlichen Verhältnisse auf dem Immobilienmarkt während der Darlehenslaufzeit Rechnung getragen. Darüber hinausgehende Finanzierungen der Hypothekenbanken müssen durch andere Mittel, insbesondere durch die Ausgabe „ungedeckter" Schuldverschreibungen, refinanziert werden.

Ein weiterer Baustein des Sicherungssystems der Pfandbriefgläubiger sind die verschärften Eigenkapitalanforderungen für die Hypothekenbanken. Außerdem ist der Umlauf der Pfandbriefe auf das 60-fache des haftenden Eigenkapitals beschränkt (**Umlaufgrenze**).

5.3.5.1.4 Internationalisierung des Pfandbriefs

Die frühere Zersplitterung des Pfandbriefmarktes in viele kleine Emissionen mit unterschiedlichsten Ausstattungen entsprach nicht den Liquiditätserwartungen und Transparenzbedürfnissen international orientierter Investoren. Als Reaktion darauf wurde mit dem sog. „**Jumbo-Pfandbrief**" ein neues liquides Marktsegment geschaffen.

Jumbo-Pfandbriefe sind ausschließlich festverzinsliche, endfällige Pfandbriefe mit jährlicher nachträglicher Zinszahlung (sog. „**Straight-Bond-Format**"). Sie weisen ein Emissionsvolumen von mindestens 500 Mio. Euro auf und müssen bestimmte **Mindeststandards** erfüllen. Sie werden im **Konsortialverfahren** begeben (Konsortium aus mindestens drei Banken oder Wertpapierhandelshäusern). Das Konsortium verpflichtet sich zur Übernahme und Vermarktung der Pfandbriefe. Außerdem sorgen die Mitglieder des Konsortiums

---

[22] Grundsätzlich müssen beide Verfahren Anwendung finden. Bei Eigentumswohnungen und Eigenheimen steht aber der Sachwert und bei Renditeobjekten (Mietwohnungen) der Ertragswert im Vordergrund. Das jeweils andere Wertermittlungsverfahren soll als Korrektiv eingesetzt werden.

für die Liquidität und Fungibilität der Emission, indem sie in ihrer Rolle als „**Market Maker**" für Handelsgrößen von bis zu 15 Mio. Euro simultan enge Geld- und Briefkurse quotieren („Zwei-Wege-Kurse."). Liquiditätsbeeinträchtigende Maßnahmen wie die nachträgliche Umschreibung auf den Namen eines Anlegers (Vinkulierung) und die Herabsetzung des im Umlauf befindlichen Emissionsvolumens durch vorzeitige Tilgungen sind unzulässig.

5.3.5.1.5 Novelle des Hypothekenbankgesetzes

Mit der Novelle des Hypothekenbankgesetzes (HBG), die am 1.7.2002 in Kraft trat, wurden wichtige Verbesserungen der gesetzlichen Grundlagen für die Geschäftstätigkeit der deutschen Hypothekenbanken implementiert. Die Novelle trägt den verschärften Anforderungen des globalen Wettbewerbs an den Finanz- und Immobilienmärkten Rechnung. Besonders das Aufkommen pfandbriefähnlicher Produkte in den europäischen Nachbarstaaten stellt eine Herausforderung für die Hypothekenbanken dar. Die wichtigsten Änderungen des HBG lassen sich wie folgt zusammenfassen:

- Ausweitung des Geschäftskreises innerhalb und außerhalb Europas: Staatskredit- und Hypothekarkreditgeschäft auch in den außereuropäischen G7-Ländern.
- Indeckungnahme von Derivaten: grundsätzliche Zulässigkeit des Derivate-Einsatzes.
- Erlaubnis zusätzlicher Geschäfte: Zulässigkeit des Beratungsgeschäfts rund um die Immobilie und den Staatskredit als unabhängige Ertragsquelle, also unabhängig von einem zugrundeliegenden Kreditgeschäft (z.B. Verwaltung und Vermittlung von Hypotheken- und Kommunaldarlehen, Immobilienmaklertätigkeit, Wertermittlungen und Standortanalysen, Finanzierungsberatung).

5.3.5.1.6 Zusammenfassung

Der Pfandbrief ist ein festverzinsliches Wertpapier (Schuldverschreibung) einer privaten Hypothekenbank, Schiffspfandbriefbank oder eines öffentlich-rechtlichen Kreditinstituts, durch dessen Ausgabe sie sich Kapital verschafft (Pfandbriefprivileg). Das Kapital wird gegen die Bestellung von Hypotheken als Darlehen, insbesondere für den Wohnungsbau, vergeben.

Der Pfandbrief gewährt keine Rechte am belasteten Grundstück, sondern verbrieft die Forderung gegen die Bank. Ein Kündigungsrecht des Gläubigers besteht nicht (jedoch Fungibilität des Pfandbriefs). Die ausgebenden Institute bestimmt der Gesetzgeber. Die emittierten Pfandbriefe müssen stets in gleicher Höhe durch Hypotheken mit mindestens gleichem Zinsertrag abgesichert sein (Fristenkongruenz). Diese Forderung wird durch Treuhänder überprüft. Pfandbriefe sind mündelsicher, deckungsstock- und lombardfähig.

5.3.5.2 Alternative Refinanzierung durch Verbriefung von Forderungen

Mortgage backed securities (MBS) sind „gedeckte" Anleihen, die der Verbriefung von Immobilienkrediten dienen. Bei derartigen kollateralisierten Anleihen ergibt sich anders als bei Obligationen die Fähigkeit zur fristgerechten Bedienung der Gläubiger grundsätzlich aus den (regelmäßigen und prognostizierbaren) Zahlungsströmen der damit verbrieften Aktiva und nicht etwa aus der Bonitätsentwicklung des Forderungsverkäufers. Dabei ergeben sich im Hinblick auf die Risikoverteilung und die Regulierungsintensität wesentliche Unterschiede im Vergleich mit dem etablierten deutschen Pfandbriefsystem.

Die Tendenz zur bilanziellen Ausgliederung von Hypotheken (mortgages) in der Form von mortgage backed securities kam in den 70er Jahren in den USA auf. Die „Einlagen- und Darlehens-Krise" (savings & loan crisis) hat als Katalysator für die weitere Entwicklung gewirkt. Inzwischen werden in den USA rund zwei Drittel aller privaten Hypotheken über die Emission von MBS refinanziert. Damit verbunden war ein grundlegender Funktionswandel der Banken vom Risikonehmer zum bloßen Vermittler zwischen Kapitalangebot und Kapitalnachfrage. Eine indirekte Förderung erfährt der Hypothekenmarkt über die staatlich geförderten Institute Freddie Mae und Fannie Mae, die in großem Stil Hypothekenforderungen ankaufen und damit zu den bedeutendsten Emittenten von MBS wurden.

In Europa wurde das Instrument seit den 80er Jahren mit zunehmender Häufigkeit eingesetzt. Der Strukturwandel auf den Finanzmärkten brachte auch in Europa eine Tendenz zur **Kreditverbriefung**, d.h. zur Substitution von klassischen Bankkrediten durch Verbriefungstransaktionen mit sich. Die aus dem Immobiliensektor stammenden Verbriefungen machen mit rund 60 Prozent den größten Teil dieses Marktes in Europa aus. Bis heute blieb in Europa aber das Pfandbriefsystem vorherrschend, das man als europäisches Gegenmodell zu dem angelsächsischen Verbriefungssystem ansehen kann.

5.3.5.2.1 Die Grundstruktur der Verbriefung von Forderungen

Bei der Verbriefung von Kreditforderungen („Securitization") werden Rechte aus Darlehensverträgen zusammengefaßt und als Wertpapiere öffentlich oder privat zum Verkauf angeboten. Die Forderungen werden in eine sogenannte **Zweckgesellschaft** (special purpose vehicle oder SPV) eingebracht, die zum Inhaber der Forderungen wird und die Wertpapiere ausgibt. Die Anleihen werden in verschiedenen Tranchen ausgegeben, die auf die Anforderungen unterschiedlicher Investorengruppen zugeschnitten sind.

Die Initiative für die Emission von mortgage backed securities liegt bei einem Immobilienfinanzierer (**Originator**, z.B. Bank, Versicherung, Bausparkasse), der über eine günstige Bonitätseinschätzung und ein breitgestreutes Portfolio gleichartiger Kreditforderungen verfügen muß. Der Originator definiert ein

Bündel von Hypothekarkrediten zum Zwecke der Ausgliederung aus seiner Bilanz. Für den Forderungsverkäufer hat dies zwei wesentliche Vorteile. Zum einen wird das in den Krediten gebundene Kapital mit der Folge einer Freisetzung von regulatorischem Eigenkapital liquidisiert. Zum anderen werden die in den ausgelagerten Krediten enthaltenen Risiken mit der Folge einer verbesserten Risikoallokation beim Originator an den Kapitalmarkt weitergereicht (Risikotransfer).

5.3.5.2.2 Die Rolle der Ratingagentur

Der Forderungsverkäufer unterliegt bei der Gestaltung des Deckungsportfolios zahlreichen Restriktionen. Ein erstklassiges Rating einer namhaften Ratingagentur gilt als unverzichtbar für eine erfolgreiche Vermarktung von mortgage backed securities. Die eingeschaltete Ratingagentur prüft, ob der Emissionspreis der Anleihe dem Barwert der erwarteten Rückzahlungen aus dem damit verbrieften Kreditportfolio entspricht. Grundsätzlich wird der Emittent den Emissionspreis dabei so niedrig ansetzen, daß er für das Kreditbündel ein erstklassiges Rating erhält. Es ist also ohne weiteres möglich, für ein Portfolio mit einer größeren Zahl zweifelhafter Kredite ein hervorragendes Ratingurteil zu erhalten, wenn der Preis nur niedrig genug angesetzt wird. Für den Abschlag auf den Nominalwert der Kredite ist neben dem Erwartungswert des Rückzahlungsstroms auch dessen Streuung von Bedeutung. Je besser der Rückzahlungsverlauf prognostizierbar ist, desto höher kann unter sonst gleichen Bedingungen der Ausgabepreis angesetzt werden. Das Rating kann durch den Einsatz zusätzlicher Sicherungsinstrumente (Credit Enhancement) verbessert werden.

5.3.5.2.3 Kosten und bilanzielle Behandlung

Die Kosten derartiger Verbriefungstransaktionen sind nicht unerheblich. An einmaligen Kosten fallen neben den Kosten der Vorbereitung und Strukturierung der Transaktion auch Kosten für die Auflegung und die Börseneinführung der Anleihen an. Außerdem entstehen laufende Kosten für Treuhänder, Sicherungsgeber, Ratingagenturen und das mit der Plazierung betraute Bankenkonsortium.

Das deutsche Bilanzrecht läßt eine Ausgliederung der Forderungen aus der Bilanz des Veräußerers nur unter bestimmten Voraussetzungen zu. Es verlangt den Übergang sämtlicher Bonitätsrisiken („clean break"). Der Kaufvertrag darf kein Rückveräußerungsentgelt, keine Ausfallgarantie und keine Kaufpreisanpassung enthalten. Nicht zuletzt wegen dieser hohen Anforderungen bedient man sich in Deutschland oft der **synthetischen Verbriefung** mit Hilfe von Kreditderivaten.

5.3.5.2.4 Betrachtung aus der Perspektive des Investors

Aus der Sicht eines Investors sprechen für ein Investment in eine durch Hypotheken gedeckte Anleihe insbesondere folgende Gründe:

- attraktive Verzinsung,
- Abschätzung des Ausfallrisikos durch Rating,
- Zugang zu einem diversifizierten Portfolio,
- Fungibilität durch Verbriefung (Sekundärmärkte jedoch noch unterentwickelt).

MBS werden bislang in der Regel nur institutionellen Investoren angeboten (Kreditinstitute, Versicherungen, Pensions- und Investmentfonds), nicht aber Privatanlegern. Es gibt aber bereits erste Angebote von entsprechend ausgerichteten Investmentfonds für Privatkunden.

5.3.5.2.5 Vergleich mit dem deutschen Hypothekenbanksystem

Die Kreditverbriefung in der Form der mortgage backed securities unterscheidet sich ganz wesentlich von der Refinanzierung von Hypothekarkrediten in der Form der Pfandbriefemission. Es handelt sich um zwei **konkurrierende Refinanzierungsinstrumente**. Die zunehmende Verbreitung des angelsächsischen Systems in Deutschland kann man als eine Form der „**Aufsichtsarbitrage**" (Großkreditgrenzen, Hypothekenbankgesetz) interpretieren. Mit der nachträglichen oder parallelen Verbriefung können Immobilienfinanzierer ihre Wettbewerbsposition verbessern (z.B. gegenüber den Hypothekenbanken), ohne daß sie entsprechende regulatorische Konsequenzen zu fürchten hätten. Diese Entwicklungen können die Stabilität des Finanzsystems beeinträchtigen.

Bei einer Immobilienfinanzierung durch eine Hypothekenbank werden zwar auch durch Immobilienkredite „gedeckte" Anleihen ausgegeben. Bei der Refinanzierung mittels Pfandbriefen liegt das gesamte Kreditrisiko aber bei der Hypothekenbank (abgesehen vom Fall des Emittentenkonkurses). Es wird also nicht nach der Interessenlage des Forderungsverkäufers ein Bündel von Krediten aus einem größeren Kreditportfolio herausgeschnitten, sondern die Gesamtheit aller herausgereichten Hypotheken dient den Pfandbriefgläubigern als sogenannte „Deckungsmasse" für ihre Forderungen.

Wer in eine MBS investiert, muß sich bei der Einschätzung des Risikos auf das Ratingurteil verlassen. Dem steht der durch zahlreiche regulatorische Sicherungsinstrumente gewährleistete anerkannt hohe Bonitätsstandard der Pfandbriefe gegenüber (Abschnitt 5.3.5.1.3). Dem wenig transparenten Markt der MBS fehlen solche gesetzlichen Sicherungsinstrumente. Die Kontrolle wird nicht durch gesetzliche Vorschriften und die Bankenaufsicht, sondern durch die Ratingagenturen und die Kapitalmärkte ausgeübt. Es sind die Ratingagenturen, die letzten Endes die Anforderungen an das auszugliedernde Kreditbündel definieren.

Alles in allem sind die mortgage backed securities das flexiblere und marktnähere Instrument. Bei der Ausfallsicherheit reichen sie allerdings nicht an die Pfandbriefe heran. Die Regulierungen des Hypothekenbankgesetzes sorgen dafür, daß die Qualität der einzelnen Deckungskredite einen sehr hohen Standard erreicht. Mortgage backed securities eignen sich dagegen auch zur Verbriefung von Krediten, die diese hohen Standards gerade nicht erfüllen.

Für das Pfandbriefsystem spricht neben den funktionsfähigen Sekundärmärkten seine Homogenität und seine Transparenz. Die Gewöhnung des Anlegerpublikums daran führt zu einer nicht zu unterschätzenden Ersparnis an Informationskosten. MBS sind dagegen komplex und erklärungsbedürftig. Es handelt sich um überwachungsintensive Investments, mit denen private Kleinanleger regelmäßig überfordert sein dürften.

Für die Zukunft wäre eine Arbeitsteilung der beiden Refinanzierungssysteme vorstellbar. Das Segment der privaten Anleger bliebe dem Pfandbrief vorbehalten, während die MBS in erster Linie bei institutionellen Anlegern plaziert werden könnten. In diesem Segment zeichnet sich allerdings eine scharfe Konkurrenz der beiden Systeme ab. Die derzeit in Kontinentaleuropa dominierende Stellung der Pfandbriefe erscheint nicht ungefährdet.

5.3.6 Zinsmanagement: Zeitliche Strukturierung einer Finanzierung

5.3.6.1 Finanzierungskongruenz und Abschnittsfinanzierung

Für die klassische Wohnungsbaufinanzierung galt das Prinzip der **kongruenten Finanzierung**. Danach war die Laufzeit der aufgenommenen Finanzierungsmittel auf die Dauer der Kapitalbindung abzustimmen. Mit der konsequenten Anwendung des Kongruenzprinzips konnten sowohl das Prolongations- wie auch das Zinsänderungsrisiko (Abschnitt 5.3.6.2) ausgeschaltet werden. Das Prinzip der Finanzierungskongruenz läßt sich jedoch heute nicht mehr anwenden, da wegen fehlender langfristiger Refinanzierungsmöglichkeiten der Banken keine Hypothekarkredite mit sehr langen Zinsbindungsdauern (oberhalb von 15 Jahren) mehr erhältlich sind.

Die Finanzierungsinstitute geben zwar weiterhin langfristige Kreditzusagen, so daß das Prolongationsrisiko entfällt, doch wird der Kreditzins zu bestimmten Zeitpunkten den Kapitalmarktverhältnissen angepaßt (z.B. nach fünf oder zehn Jahren oder bei variabel verzinslichen Mitteln auch vierteljährlich). Die langfristige Kreditzusage ist heute in Finanzierungsabschnitte aufgeteilt. Nach Ablauf der Zinsbindungsfrist erhält der Kreditnehmer von seiner Bank ein neues Angebot für den nächsten Finanzierungsabschnitt. Die Konditionen – Zins, Tilgung und Dauer des Finanzierungsabschnittes – können dann zwischen den Parteien neu verhandelt werden. Wenn ihm das vorteilhaft erscheint, kann der Kreditnehmer den Kredit auch in einer Summe tilgen und sich bei einem anderen Anbieter entsprechend mit Finanzierungsmitteln eindecken.

Laufzeit	Nominalzins in Prozent	Effektivzins in Prozent
5 Jahre	4,00	4,07
10 Jahre	4,55	4,65
15 Jahre	5,00	5,12

Tab. 5.10 Freibleibende Konditionen der Wüstenrot-Hypothekenbank für Beleihungen von Familienheimen ab 150.000 Euro im Bereich bis zu 50 Prozent der angemessenen Gestehungskosten (Neubau), des Verkehrswertes, bzw. des Kaufpreises
Stand: 4.7.2003

5.3.6.2 Bedeutung des Zinsänderungsrisikos

Allgemein kann man das Zinsänderungsrisiko definieren als eine aus Marktzinsänderungen resultierende negative Beeinflussung des geplanten bzw. erwarteten Erfolgs. Für Wohnungsunternehmen stehen die Änderungen der Zinssätze für Hypothekarkredite unterschiedlicher Laufzeitbereiche im Vordergrund des Interesses.

Grundsätzlich kann man das Zinsänderungsrisiko aus einer Investition ausschalten, indem man eine **laufzeitkongruente Finanzierung** wählt. Diese Lösung läßt sich im Bereich der Wohnungsbaufinanzierung aber nur unvollkommen realisieren. Der Grund dafür liegt weniger darin, daß am Markt Zinsbindungsdauern oberhalb von 10 Jahren in Ermangelung von entsprechenden Refinanzierungsmöglichkeiten entweder gar nicht oder nur mit erheblichen Zinsaufschlägen erhältlich sind. Viel wichtiger ist, daß der **Einzahlungsstrom** aus einer wohnungswirtschaftlichen Investition mit erheblichen **Prognoseunsicherheiten** behaftet ist (z.B. geringere Mieteinnahmen nach Mieterwechseln), die nicht zuletzt auch der Zinsabhängigkeit der Mietenentwicklung geschuldet sind.

Das Zinsänderungsrisiko aus einer wohnungswirtschaftlichen Investition wird beispielsweise dann schlagend, wenn der Hypothekenzins für die Anschlußfinanzierung nach Ablauf der Zinsbindungsdauer höher ausfällt als geplant bzw. erwartet. Man stellt im nachhinein fest, daß der in der Investitionsrechnung unterstellte Anschlußzins zu niedrig angesetzt worden ist. Ob dies aber negative Rückwirkungen auf die Objektrentabilität hat, hängt davon ab, wie sich die

Mieteinnahmen entwickelt haben. Haben sie sich günstiger entwickelt, als in der Investitionsrechnung angenommen, so kann die errechnete interne Verzinsung trotz der unerwartet scharf angestiegenen Zinsen möglicherweise doch erreicht werden.

Damit gibt es zwei Ausgangspunkte des wohnungswirtschaftlichen Zinsänderungsrisikos. Auf der **Aktivseite** der Bilanz können die zinsabhängigen Teile der Mieteinnahmen niedriger als geplant und auf der **Passivseite** können die Zinsaufwendungen (Passivzinssätze) höher als erwartet ausfallen. Marktzinsänderungen wirken sich nun prinzipiell auf aktivische und passivische zinsabhängige Positionen zugleich aus, d.h. es entstehen zugleich negative und positive Wirkungen mit der Möglichkeit einer **Kompensation**. Bei der Analyse der unternehmensbezogenen Zinsänderungsrisiken ist daher ebensowenig wie auf einzelne Objekte allein auf die Passivseite abzustellen.

Das Zinsänderungsrisiko muß als "**Netto-Zinsänderungsrisiko**" verstanden werden, also als die Gefahr einer negativen Erfolgswirkung aus Risiken und Chancen mit gleicher Ursache (Zinssatzänderung). Negative Erfolgswirkungen treten dabei nur insoweit auf, als bei steigendem Zinsniveau den steigenden Zinsaufwendungen nicht gleichzeitig steigende Mieteinnahmen gegenüberstehen bzw. sie treten nur insoweit auf, als bei sinkendem Zinsniveau den sinkenden Mieteinnahmen nicht gleichzeitig sinkende Zinsaufwendungen gegenüberstehen.

5.3.6.3 Steuerung des Zinsänderungsrisikos

Anders als im Konzept des Netto-Zinsänderungsrisikos angelegt beschränken sich an dieser Stelle die Empfehlungen zur Steuerung des Zinsänderungsrisikos auf die Gestaltung der Passivseite. Dieses Vorgehen kann man nicht zuletzt damit begründen, daß aufgrund der mietrechtlichen Restriktionen die Gestaltungsmöglichkeiten auf der Aktivseite im Sinne eines aktiven Vertragsmanagements sehr beschränkt sind. Daraus ergeben sich zwei wichtige Schlußfolgerungen für die Gestaltung der Passivseite der Bilanz:

- Sinkende Zinsen müssen auf mittlere Sicht eine spürbare Absenkung des gesamten Zinsaufwands nach sich ziehen.
- Steigende Zinsen sind für ein Wohnungsunternehmen weitaus bedrohlicher als sinkende Zinsen. Selbst im Falle einer vollständigen laufzeit- und volumenmäßigen Kongruenz zwischen Aktiv- und Passivseite wäre das Zinsänderungsrisiko wegen der unterschiedlichen Zinsreagibilitäten auf der Aktiv- und der Passivseite nicht ausgeschaltet, so daß eine zusätzliche Absicherung etwa durch Zinsoptionsgeschäfte (caps) angemessen erscheint.

Bei den Gestaltungsempfehlungen für die Fristigkeitsstruktur des Fremdkapitals wird unterstellt, daß die Finanzmärkte „**effizient**" arbeiten, d.h., daß die zeitliche Zinsstruktur, die sich am Kapitalmarkt herausbildet, alle relevanten Informationen über die zukünftige Zinsentwicklung enthält. Daraus ergibt sich aber, daß jedenfalls in der langen Sicht ein spekulativer Ansatz, der bewußt offene Zinspositionen in Kauf nimmt, nichts einbringen kann. Auf die Dauer kann der Einzelne mit vom Markt abweichenden Zinserwartungen den Markt nicht schlagen. Der Effizienzannahme folgend sollte für das Zinsmanagement grundsätzlich ein nicht-spekulativer Ansatz gewählt werden. Als Faustregel für die Gestaltung der Fristigkeitsstruktur kann die „10x10-Regel" gelten:

Gehen die Kreditlaufzeiten und mithin die Zinsbindungsdauern nicht über zehn Jahre hinaus, so ist die Fristigkeitsstruktur der Hypothekendarlehen nach Restlaufzeiten jederzeit so zu gestalten, daß in einem Jahr nicht mehr als 10 Prozent des gesamten Kreditvolumens zur Prolongation anstehen.

Mit der 10x10-Regel wird eine Gleichverteilung der Prolongationen in der Zeit angestrebt. Wenn man sich kein dem Markt überlegenes Wissen über die zukünftige Entwicklung der Kapitalmarktzinsen anmaßen möchte, so kann man mit der Befolgung dieser Regel Ballungseffekte in bestimmten Laufzeitbereichen vermeiden und das Zinsänderungsrisiko minimieren. Es wird verhindert, daß ein überproportionaler Anteil des gesamten Kreditvolumens in einer Hochzinsphase zur Prolongation ansteht. Die Einhaltung der Regel sichert eine Refinanzierung der Wohnungsbauinvestitionen zum zehnjährigen Durchschnittszins. Sie senkt auf lange Sicht die Refinanzierungskosten gegenüber einem diskretionären Zinsmanagement. Damit wird die Liquiditäts- und die Renditeentwicklung besser planbar. Die negativen Erfolgswirkungen von nicht in Erfüllung gegangenen Zinserwartungen werden vermieden.

Im Bereich der Finanzierung privaten Wohneigentums kann die 10x10-Regel sinngemäß angewendet werden. Hier empfiehlt sich ein Drittelmix aus Darlehen mit 5, 10 und 15 Jahren Zinsbindung.

Literatur zum 5. Kapitel:

1. *Brueggeman / Fisher*: Real Estate Finance and Investments, Verlag Irwin.

2. *Gondring / Zoller / Dinauer*: Real Estate Investment Banking, Gabler Verlag 2003.

3. *Jokl*, S.: Wohnungsfinanzierung, Fritz Knapp Verlag 1998.

4. *Kofner*, S.: Das Zinsmanagement von Wohnungsunternehmen, in: Taschenbuch für den Wohnungswirt, Hammonia-Verlag 2003.

5. *Schiebel*: Bausparen - Hilfe zur Selbsthilfe, Beck-Texte im dtv-Verlag 1997.

6. *Schulte / Achleitner / Schäfers* (Hrsg.): Handbuch Immobilien-Banking, Verlag Rudolf Müller 2002.

6 Wohnungspolitik: Der staatliche Einfluß auf die Wohnungsmärkte

In diesem Kapitel stehen die Instrumente der staatlichen Einflußnahme auf die Wohnungsmärkte im Vordergrund. In der Marktwirtschaft bedürfen derartige Eingriffe einer Rechtfertigung durch ein entsprechendes Marktversagen. Ausgangspunkt der Diskussion sind daher die **Besonderheiten des Wohnungsmarktes**, die als mögliche Gründe für staatliche Eingriffe in das Marktgeschehen in Betracht kommen:

- Besonderheiten bei der Investitionsentscheidung (Abschnitt 6.1.1),
- Externalitäten der Bodennutzung (Abschnitte 4.1.1.3 und 6.1.2),
- Erschwerter Marktzugang für bestimmte Gruppen (Abschnitt 6.1.3),
- hohe Transaktionskosten (Abschnitt 6.1.4),
- Friktionen bei der Preisbildung (Abschnitt 6.1.5),
- unvollkommene Zuordnung des Wohnungsbestandes auf die Mieter (mismatching, Abschnitt 6.1.6),
- zyklische Schwankungen an den Wohnungsmärkten (Wohnungsnot und Leerstand, Abschnitt 6.1.7).

Der Wohnungsmarkt ist kein Markt wie jeder andere. Tatsächlich dürfte kaum ein zweiter Markt so weit von den Bedingungen eines vollkommenen Marktes entfernt sein wie der Wohnungsmarkt. Entsprechende Vorsicht ist daher bei Anwendung der wirtschaftspolitischen Rezepte angezeigt, die auf die Bedingungen eines vollkommenen Marktes abstellen. Mit der „**Herstellung der Optimalbedingungen**" ist es an den Wohnungsmärkten nicht getan.

Es kommt hinzu, daß das Wohnen auch Eigenschaften eines **sozialen Gutes** aufweist. Ein Marktversagen an den Wohnungsmärkten, daß sich in sprunghaften Mietsteigerungen (Friktionen bei der Preisbildung) oder einem allgemeinen Wohnungsmangel (zyklische Schwankungen an den Wohnungsmärkten) äußert, führt zu sozialen Verwerfungen, die von der Gesellschaft für wenig akzeptabel gehalten werden.

Der Wohnungsmarkt ist von umfangreichen staatlichen Eingriffen und Subventionen geprägt. Die Instrumente der Einflußnahme sind teils auf die Nachfrage- und teils auf die Angebotsseite des Wohnungsmarktes gerichtet. Daneben gibt es Instrumente, die nicht auf eine Markseite hin ausgerichtet sind, sondern allgemein der Verbesserung der Funktionsfähigkeit des Wohnungsmarktes dienen. Die Mehrzahl der Instrumente zielt aber auf die **Angebotsseite**:

- soziale Mietwohnraumförderung (Abschnitt 6.3),

- Förderung der Wohneigentumsbildung (Abschnitt 6.4),
- Steuerliche Förderung des Mietwohnungsbaus (Abschnitt 6.5).

Bei näherer Betrachtung fällt eine eindeutige Zuordnung dieser Instrumente zur Angebotsseite allerdings schon schwerer. So hat etwa die **soziale Mietwohnraumförderung** den Charakter einer Angebotssubvention, obwohl damit für die Subventionsempfänger auch Verpflichtungen verbunden sind (Preis- und Belegungsbindungen). Das schließt aber nicht aus, daß sie letzten Endes von den Interessen von einkommensschwachen oder auf andere Art benachteiligten Mietern (also Nachfragern am Wohnungsmarkt) geleitet wird. Auch die **Förderung der Wohneigentumsbildung** kann man den Angebotssubventionen zuordnen. Die Bauherren schaffen sich mit ihrem Eigenheim ihr eigenes Wohnungsangebot. Sie werden gleichsam zu Wohnungs-Selbstversorgern, sind zugleich Anbieter und Nachfrager. Nicht ausgeschlossen ist, daß die Wohnungspolitik mit der Wohneigentumsförderung indirekt auch die Interessen der Mieter fördern will. So führt jedes neu geschaffene Eigenheim über Umzugsketten zu einer Entlastung des Mietwohnungsmarktes. Auch bei der **steuerlichen Förderung des Mietwohnungsbaus** sind die Interessen der Nachfrageseite nicht ausgeblendet. So gab es im steuerbegünstigten Wohnungsbau einen kausalen Nexus zwischen steuerlicher Angebotssubvention und Preisbindung (Kostenmiete).

Das **Wohngeld** (Abschnitt 6.3.3) läßt sich als einziges wohnungspolitisches Instrument eindeutig der **Nachfrageseite** zuordnen. Die nachfrageseitigen Ziele werden im wesentlichen indirekt mit angebotsseitigen Instrumenten verfolgt. Wenig entwickelt sind die Instrumente zur Verbesserung der **Funktionsfähigkeit des Wohnungsmarktes**. Hier wäre eigentlich die **Preispolitik** einzuordnen. Tatsächlich sind die preispolitischen Eingriffe aber in erster Linie auf die Interessen des Mieterschutzes hin ausgerichtet. Die Funktionsfähigkeit der Märkte (bspw. flexible Anpassung nach externen Schocks) spielt dagegen keine so gewichtige Rolle. Noch weniger im politischen Bewußtsein verankert ist das wohnungspolitische Ziel der **Stabilisierung** der zyklischen Schwankungen der Marktentwicklung an den Wohnungsmärkten. Angesichts der mit solchen Schwankungen verbundenen sozialen und städtebaulichen Verwerfungen kann man dies als erklärungsbedürftig bezeichnen.

6.1 Handlungsfelder staatlicher Intervention am Wohnungsmarkt

Die Besonderheiten des Wohnungsmarktes sind so gravierend, daß ihm in der Marktwirtschaft durchaus eine gewisse ordnungspolitische Sonderstellung zukommt. Angesichts der vielfältigen Aspekte des Marktversagens an den Wohnungsmärkten kann der Staat nicht völlig abstinent bleiben. Um so mehr gilt das, wenn man die sozialpolitischen Aspekte mit einbezieht. Tatsächlich beeinflußt der Staat mit einer ganzen Palette von Instrumenten das Geschehen an den Wohnungsmärkten.

6.1.1 Förderung von Wohnungsbauinvestitionen

Den Besonderheiten bei der Investitionsentscheidung (Standortgebundenheit, hohe Kapitalbindung, lange Nutzungsdauer bzw. langsame Amortisation, Zinsänderungsrisiko, Fehlinvestitionsrisiko) trägt in erster Linie das Instrument der „**degressiven Abschreibung**" Rechnung. Die Subventionierung innerhalb der sozialen Wohnraumförderung wird mit **Zins- und Aufwandssubventionen** vorgenommen, die für eine Entlastung der Investoren bei den Kapitalkosten sorgen sollen. Bis vor kurzem hat man außerdem mit besonderen Instrumenten versucht, das **Zinsänderungsrisiko** der Investoren zu begrenzen (Behandlung von Kapitalkostenerhöhungen in der Zweiten Berechnungsverordnung und Kapitalkostenumlage nach § 5 des Gesetzes zur Regelung der Miethöhe).

Die degressive Abschreibung kann man als eine **Kompensation für die besonderen Risiken** von Wohnungsbauinvestitionen ansehen. Diese sind eine Folge der Standortgebundenheit in Verbindung mit den langen Nutzungszeiten von Wohnimmobilien. Die steuerliche Förderung des Mietwohnungsbaus wäre nach diesem Verständnis eine Art Ausgleich für die besonderen Wagnisse von Wohnungsbauinvestitionen.

Die degressive Abschreibung kann man aber auch als ein **Instrument zur Flankierung eines Mietpreisrechts** interpretieren, das die Vertragsmieten mehr oder weniger deutlich unter den Marktmieten zu halten bestrebt ist. Die höheren Abschreibungen in den Anfangsjahren der Nutzung hätten dann die Aufgabe, den Investoren trotz der preisrechtlichen Einschränkungen eine auskömmliche Rendite zu sichern (siehe auch Abschnitt 7.4.2.2).

6.1.2 Internalisierung der Externalitäten der Bodennutzung

Die einzelnen Funktionen der Böden und Landschaften sind durch **unterschiedliche Öffentlichkeitsgrade** gekennzeichnet. Externe Vorteile der Bodennutzung (Abschnitt 4.1.1.3) wie z.B. die Funktion des Bodens als Speicher oder als Reiniger von Gewässern werden im Marktpreis nicht reflektiert. Je nach dem Öffentlichkeitsgrad der Bodennutzung steht der Staat immer dann in der Verantwortung für die Gewährleistung öffentlicher Bodenfunktionen, wenn das Ausschlußprinzip nicht gilt.

Die Externalitäten der Bodennutzung (räumliche Verbundwirkungen) begründen einen Zwang zur Koordination und ggf. staatliche Eingriffe in den Bereichen des Bauplanungsrechts (bspw. Nutzungstrennungen), des Bauordnungsrechts (bspw. Feuerschutzvorschriften), der Stadtsanierung (Fördermittel für die Gebäudesanierung in Vierteln mit allgemein schlechter Bausubstanz) und des Nachbarschaftsrechts (Abwehrrechte gegenüber Belästigungen, die über das ortsübliche Maß hinausgehen wie etwa ein Misthaufen in der Stadt).

Die Einschätzung des Bodens als **erschöpfbare Ressource** ist noch nicht Teil des gesellschaftlichen Umweltbewußtseins geworden. Boden und Landschaft werden vielmehr noch verbreitet als ubiquitäre Güter angesehen. Der Boden wird außerdem in erster Linie als privates Gut wahrgenommen. Nur mit der privaten Bodennutzung als Siedlungs- und Verkehrsfläche läßt sich überhaupt eine Bodenrente erzielen. Im Vergleich dazu tendiert die *private* Bodenrente naturnaher Flächen gegen Null.

6.1.3   Erleichterung des Marktzugangs

6.1.3.1   Abbau von Diskriminierungserscheinungen

Der freie Wohnungsmarkt neigt dazu, bestimmte Gruppen von Mietbewerbern zu diskriminieren, bspw. kinderreiche Haushalte, Alleinerziehende, Ältere, Einkommensarme, Vorbestrafte, hoch verschuldete Haushalte, Arbeitslose, Sozialhilfeempfänger, Behinderte, Ausländer, Aussiedler, Angehörige ethnischer und / oder religiöser Minderheiten, Studenten.

Die Diskriminierung äußert sich für die Betroffenen in einem **erschwerten Marktzugang**. Die betroffenen Vermieter geben ceteris paribus einem Mietbewerber ohne die entsprechenden Diskriminierungsmerkmale den Vorzug. Für die Angehörigen der diskriminierten Gruppen bedeutet dies, daß sie entweder nicht bei der Zuteilung zum Zuge kommen oder aber einen höheren Preis als die anderen Mietbewerber zahlen bzw. sonstige nachteilige Vertragsbestimmungen akzeptieren müssen.

Diskriminierungen stellen eine Marktunvollkommenheit dar. Technisch gesprochen haben zumindest einige Vermieter **persönliche Präferenzen** gegenüber bestimmten Nachfragern. Der Umfang, in dem Diskriminierungserscheinungen zu beobachten sind, hängt ganz wesentlich von der Marktlage ab. Bei verbreiteten Wohnungsleerständen und Vermietungsschwierigkeiten sind die Vermieter froh, wenn sie überhaupt Mieter finden und akzeptieren auch Mietbewerber, die sie an einem Vermietermarkt diskriminieren würden. In

Wohnungsmangelsituationen wird die latente Diskriminierung dann aber effektiv. Den diskriminierten Gruppen droht der Marktausschluß.

Die Erleichterung des Marktzugangs für die am Wohnungsmarkt diskriminierten Nachfragergruppen ist Aufgabe der Objektförderung im Rahmen der sozialen Wohnraumförderung (**Versorgungsauftrag** des Sozialen Wohnungsbaus).

Die gebräuchlichen wohnungspolitischen Instrumente zum Abbau der Diskriminierungserscheinungen wie etwa ein intensiverer Kündigungsschutz für diese Gruppen (Deutschland) oder mit Sanktionen bewehrte Diskriminierungsverbote (USA) wirken nicht selten kontraproduktiv. Sie können die Versorgungsprobleme der betroffenen Gruppen sogar verschärfen (Abschnitt 7.2.4). Auch mit den Mitteln der Subjektförderung kann den benachteiligten Bewerbergruppen nicht immer wirksam geholfen werden. Die Subjektförderung muß daher um eine Objektförderung zur Sicherung der Versorgung der am Wohnungsmarkt Benachteiligten ergänzt werden.

Die Wohnungsbauförderung muß kontinuierlich einen ausreichenden sozial gebundenen Wohnungsbestand mit Belegungsrechten an kommunalen, genossenschaftlichen und privaten Wohnungen gewährleisten, um die sozial diskriminierten und benachteiligten Wohnungssuchenden mit Wohnungen versorgen zu können.

6.1.3.2 Abbau der Kreditrationierung

Nach der neoklassischen Theorie gilt auf einem **vollkommenen Wohnungsmarkt** (freie Preisbildung, Abwesenheit von Transaktions- und Suchkosten, vollkommene Voraussicht der Akteure, keine öffentliche Förderung), auf der Angebots- wie auf der Nachfrageseite eine **vollkommene Indifferenz** zwischen den Alternativen Vermietung / Verkauf bzw. Miete / Kauf. Der Vermieter könnte mit einem Verkauf der Wohnung lediglich den Barwert der zukünftigen Rückflüsse realisieren. Für den Mieter gilt das gleiche Kalkül mit umgekehrtem Vorzeichen. Durch den Kauf der eigenen Wohnung erspart er sich die um die Instandhaltungskosten geminderte Miete. Der Barwert dieses Zahlungsstroms entspricht seiner Zahlungsbereitschaft.

Tatsächlich ist aber gerade der Wohnungsmarkt besonders weit von den Bedingungen eines vollkommenen Marktes entfernt. Ist etwa der Vermieter nicht vollständig über die Zahlungsmoral der Mietbewerber informiert, so wird er dazu neigen, Bewerber mit einem höheren Einkommen als Mieter zu bevorzugen. Hat er solche Bewerber nicht, so wird er zur Begrenzung seines Risikos (Mietausfallwagnis) eher an einem Verkauf der Wohnung interessiert sein. Demnach müßte Mieten teurer sein als Kaufen und die Einkommensarmen müßten eine höhere Wohneigentumsquote aufweisen. Dies entspricht aber in keiner Weise dem empirischen Bild.

Der Grund für diese Abweichung liegt letzten Endes in der **Zusammensetzung des Vermögens** der Haushalte. Jüngere und relativ geldermögensarme Haushalte, die für die Finanzierung in erster Linie auf die Beleihung ihres Humankapitals angewiesen sind, erhalten in der Regel nicht in ausreichendem Umfang Zugang zu Krediten, weil der zukünftige Einkommensstrom größeren Unsicherheiten unterliegt als bereits vorhandenes Geld- oder Sachvermögen.

Schließlich gibt es ein theoretisches Argument für eine **adverse Selektion unter den Kreditnehmern**. Bei asymmetrischer Informationsverteilung zwischen Kreditgeber und Kreditnehmer über die Zahlungsmoral des jeweiligen Kreditnehmers, kann die Bank nicht den individuell risikoadäquaten Zinssatz bestimmen. Bei einem Durchschnittszinssatz nehmen aber die guten Risiken Abstand von der Kreditnahme, während auf der anderen Seite immer mehr schlechte Risiken angelockt werden. Die Banken werden daraufhin allgemein die Kreditvergabe verknappen (z.B. strengere Richtlinien für die Beleihungswertermittlung, niedrigere Beleihungsgrenzen).

Der Kreditrationierung jüngerer bzw. geldermögensarmer Haushalte bei der Wohneigentumsbildung könnte mit Instrumenten zur Stärkung der Kreditfähigkeit dieser Haushalte begegnet werden. Zinssubventionen sind für diese Gruppen nicht das ideale Förderinstrument. Statt dessen bieten sich eigenkapitalverstärkende **Zulagen** (Eigenheimzulage) oder auch **Bürgschaftsprogramme** als zielgruppenadäquate Förderinstrumente an.

6.1.4 Senkung der Transaktionskosten

Transaktionskosten sind definiert als „**Marktbenutzungskosten**", die beim Austausch von Gütern oder Dienstleistungen über den Markt entstehen. Die Berücksichtigung von Transaktionskosten trägt der Tatsache Rechnung, daß die Benutzung von Märkten anders als in der neoklassischen Theorie angenommen in aller Regel nicht kostenlos ist. Die meisten Tauschprozesse finden auf unvollkommenen Märkten unter den Bedingungen unvollkommener Information statt. Zu den Transaktionskosten zählen: Such- und Informationskosten, Verhandlungs- und Entscheidungskosten, Kontrollkosten und Kosten der Durchsetzung sowie Kosten aus der Insolvenz eines Vertragspartners.

Die Transaktionskosten sind an den Immobilienmärkten besonders hoch. Das gilt wegen der Heterogenität des Wohnungsmarktes schon für die Such- und Informationskosten. Die Transaktionskosten, die etwa beim Verkauf oder Kauf von börsengängigen Wertpapieren anfallen, sind demgegenüber verschwindend gering.

Bei einem Mietverhältnis fallen Transaktionskosten gemäß seines Charakters als Dauerschuldverhältnis sowohl bei der **Anbahnung** (Suchkosten, Verhandlungskosten, Maklergebühren, Umzugskosten, etc.) als auch während des **laufenden Mietverhältnisses** und bei **Beendigung** desselben an (besonders Kontroll- und Durchsetzungskosten). Bei der Wohneigentumsbildung sind die Anbahnungskosten noch wesentlich höher als bei der Anmietung einer Wohnung. Die Schaffung von Wohneigentum ist wegen der Formbelastung und Verrechtlichung der Abwicklung in erheblichem Umfang mit Transaktionskosten belastet (Grunderwerbsteuer, Nebenkosten wie Notar-, Grundbuch- und Maklergebühren). Zu den Transaktionskosten im weiteren Sinne zählen auch Such- und Informationskosten, die bei der Suche nach geeigneten Wohnobjekten und Finanzierungsverträgen entstehen.

Die Transaktionskosten, die beim Eigentumswechsel an einer Immobilie entstehen sind zu einem wesentlichen Teil staatlich bestimmt (z.B. durch Gebührenordnungen oder die Regelung der Grunderwerbsteuer). Die im Vergleich zur Anmietung einer Wohnung erheblich höheren Transaktionskosten der Wohneigentumsbildung bilden besonders für mobile Haushalte, die in ihrem Lebenszyklus mehrfach die Wohnung wechseln, ein spürbares Hemmnis bei der Wohneigentumsbildung.

6.1.5 Verbesserung der Preisbildung

Die Probleme der Preisbildung an den Mietwohnungsmärkten sind in erster Linie auf die kurz- und auch mittelfristig vergleichsweise starren Verläufe der Angebots- und Nachfragekurven zurückzuführen. Die Miet-Preise neigen zum anfänglichen Überschießen. Ob der Wohnungsmarkt aus eigener Kraft langfristig wieder zu einem stabilen Gleichgewicht zurückfinden kann ist fraglich.

Alle Maßnahmen, die die Elastizität des Angebots oder der Nachfrage erhöhen und mithin zum **Abbau der Preisstarrheiten** am Wohnungsmarkt beitragen können, sind daher willkommen. Viele wohnungspolitische Maßnahmenbereiche sind damit angesprochen, etwa die Starrheiten bei der Mietpreisbildung und bei der Bereitstellung von Wohnbauland, etc. Auch die Begrenzung der Spaltung des Wohnungsmarktes in einen Bestandsmarkt und einen Markt der Neuvermietungen gehört hierhin.

Die Berücksichtigung der **vertragsspezifischen Investitionen** der Mieter hat Auswirkungen auf das Mietpreisrecht wie auch auf das Kündigungsrecht. Die Schutzwürdigkeit der vertragsspezifischen Investitionen kann als Argument gegen eine Anpassung der Mietpreise in laufenden Verträgen an wechselnde Marktlagen mittels Änderungskündigungen[23] ins Feld geführt werden.

Für das Kündigungsrecht ist von Bedeutung, daß die vertragsspezifischen Investitionen situationsabhängig sind. Sie liegen etwa für eine kinderreiche Familie in einer Mangellage am Wohnungsmarkt wesentlich höher als für einen gutverdienenden Alleinstehenden bei einem Überschußangebot. Man kann daraus die Forderung nach einem besonders intensiven Kündigungsschutz für Härtefälle ableiten. Als „Härtefälle" wären Mieter mit besonders hohen vertragsspezifischen Investitionen einzustufen. Nicht unproblematisch ist in diesem Zusammenhang, daß damit den betroffenen Gruppen gleichzeitig der Marktzugang erschwert wird (Abschnitte 6.1.3.1 und 7.2.4).

6.1.6 Verbesserte Zuordnung des Wohnungsbestandes: Matching-Problem

Das Matching-Problem am Wohnungsmarkt besteht darin, daß die Präferenzen der Wohnungsnachfrager bezüglich der Ausprägung der Wohnwertmerkmale (Art, Lage, Ausstattung, Beschaffenheit und Größe) in vielen Fällen nur sehr unvollkommen befriedigt werden können. Vielfach sehen sich Wohnungssuchende gezwungen, eine Wohnung anzumieten, die ihren Wünschen nur teilweise entspricht, also etwa eine zu kleine Wohnung in einem ungeliebten Viertel anzumieten, der es zudem an für wesentlich erachteten Ausstattungsmerkmalen (z.B. Balkon) mangelt.

Das mismatching tritt insbesondere an Wohnungsmärkten mit einem spürbaren Nachfrageüberschuß auf. Bei derartigen Marktverhältnissen können die Wohnungsuchenden froh sein, wenn sie überhaupt eine Wohnung finden. Sie nehmen die unvollkommene Anpassung an ihre Präferenzen in Kauf, damit ihnen nicht noch mehr Zeit und Kosten für die Wohnungssuche entstehen.

Mit dem Phänomen des mismatching sind schwerwiegende Wohlfahrtsverluste verbunden. So ist der Wohnungsbestand nach einer länger anhaltenden Phase der Wohnungsknappheit den Nachfragergruppen regelmäßig nur noch sehr unvollkommen zugeordnet.

Der tiefere Grund für das mismatching liegt in den unvermeidlichen **Preisstarrheiten** des Wohnungsmarktes. Bei Wohnungsmangel liegen die Bestandspreise mehr oder weniger deutlich unter den Neuvertragsmieten, so daß sich eine Tendenz zur Abschottung des Bestandsmarktes einstellt. Die Bestandsmieter schieben Umzüge auf, so daß auch unter ihnen in zunehmendem

---

[23] Die Änderungskündigung stellt den Vertragspartner vor die Alternative, entweder die Kündigung oder aber den von der anderen Seite vorgeschlagenen neuen Mietpreis zu akzeptieren (mit bestimmten Fristen für die Stellungnahme und die Wirksamkeit).

Maße mismatching auftritt. Die Wohnungssuchenden sind ihrerseits auf ein schmales und wenig differenziertes Angebot aus Erst- und Wiedervermietungen verwiesen.

Ein mismatching bei der Zuordnung des Wohnungsbestandes auf die Mieter tritt bei entspannten Marktverhältnissen mit einer ausreichenden Leerstandsreserve in allen Marktsegmenten naturgemäß nur in sehr begrenztem Maße auf. Alle wohnungspolitischen Maßnahmen zur Begrenzung der inhärenten Schwankungen des Wohnungsmarktes sind daher geeignet, das „matching" zu verbessern. Ideal wäre es, die Leerstandsreserve in allen Marktsegmenten auf einem Niveau von ca. drei Prozent des Wohnungsbestandes zu stabilisieren. Es ist gilt der alte Merksatz: „Der beste Mieterschutz ist ein ausreichendes Wohnungsangebot."

6.1.7 Stabilisierung der Wohnungsbautätigkeit

Das Ziel der Stabilisierung der Wohnungsbautätigkeit im Sinne der jederzeitigen Gewährleistung der idealen Leerstandsreserve von etwa drei Prozent steht nicht auf der politischen Agenda. Die Wohnungspolitik scheint sich damit abgefunden zu haben, das stete Schwanken der Leerstandsraten zwischen Wohnungsmangel und Leerstandskrise schicksalhaft hinzunehmen. Tatsächlich lassen sich sogar Beispiele für ein ausgesprochen **prozyklisches** Wirken der Wohnungspolitik finden.

Der Versuch, der Wohnungspolitik einen „**Stabilisierungsauftrag**"[24] zuzuordnen hat damit unbestritten utopische Züge. Auf der anderen Seite sind die Folgen eines **anhaltenden Wohnungsmangels** für die Wohnungssuchenden und Mieter gravierend. So nehmen die Transaktionskosten enorm zu und die Versorgung gerade der Problemgruppen mit erschwertem Marktzugang bereitet zunehmend Schwierigkeiten. Viele andere Probleme kommen hinzu, z.B. das mismatching und das Entstehen illegaler Märkte zur Zuteilung des knappen Wohnraums. Die Wohnungspolitik selbst läuft Gefahr, sich in interventionistischen Exzessen zu verlieren, die die Probleme nicht wirklich lösen.

Ein **Überangebot an Wohnraum** mag auf den ersten Blick weniger dramatische Folgen haben. Aber es ist Ausdruck enttäuschter Erwartungen von Investoren, die nicht selten in wirtschaftliche Schwierigkeiten geraten. Gesamtwirtschaftlich handelt es sich um eine Fehllenkung knappen Investitionskapitals.

---

[24] Unter dem Stabilisierungsauftrag der sozialen Wohnraumförderung wird die Verpflichtung des Staates zur Verhinderung bzw. zum raschen Abbau von Mangelsituationen am Wohnungsmarkt verstanden. Der soziale Wohnungsbau wäre in diesem Sinne als ein Korrektiv für die inhärente Instabilität der Wohnungsmärkte anzusehen.

Eine nachhaltige Stabilisierung der Wohnungsmärkte würde ein völlig neues Verständnis der Aufgaben und der Leistungsfähigkeit staatlicher Wohnungspolitik erforderlich machen. Instrumentell gesehen käme es darauf an, das Fertigstellungsgeschehen mit entsprechenden Anreizen (Zulagen, Abschreibungsregelungen, soziale Wohnraumförderung) so zu steuern, daß sich die Wohnungsbautätigkeit in Einklang mit den regionalen und gesamtwirtschaftlichen Wohnungsbedarfsprognosen entwickelt.

6.2 Mietpreisbildung und Mietenpolitik

In diesem Abschnitt wird das in Deutschland für Wohnraummietverträge vorherrschende Preisbildungsverfahren der Vergleichsmiete zunächst kurz erläutert und dann mit den anderen historischen bzw. denkbaren Mietensystemen verglichen.

Die preispolitischen Instrumente können grundsätzlich an drei Punkten ansetzen: bei der Erstvermietung (Neubau), bei der Wiedervermietung (Bestand) oder bei den laufenden Mieterhöhungen (Bestand). Die **gesetzlichen Mietbegrenzungen** (Mietpreisüberhöhung und Mietwucher, Abschnitt 7.2.6.2) sind auf die Erst- und Wiedervermietung gerichtet. In diesen Fällen ist ein Überschreiten der Vergleichsmiete um bestimmte Prozentsätze zulässig (20 oder 50 Prozent). Bei Mieterhöhungen in laufenden Verträgen gilt die **Vergleichsmiete** (Abschnitt 6.2.1) dagegen in einem strengen Sinne als Mietobergrenze. Außerdem sind hier noch die sog. „**Kappungsgrenzen**" (Abschnitt 6.2.1.3) zu beachten, die ggf. eine Mieterhöhung auf die Vergleichsmiete verhindern können.

6.2.1 Die Vergleichsmiete

Nach § 573 BGB ist die ordentliche Kündigung eines auf unbestimmte Zeit abgeschlossenen Wohnraum-Mietvertrags von Seiten des Vermieters nur zulässig, wenn er ein sog. „**berechtigtes Interesse**" daran hat (z.B. Vertragspflichtverletzungen des Mieters, Eigenbedarf). Damit haben die Vermieter keine Möglichkeit zur Anpassung des Mietzinses auf dem Verhandlungswege. An die Stelle von Verhandlungslösungen tritt der Anspruch der Vermieter, die Vertragsmiete auf die „**ortsübliche Vergleichsmiete**" zu erhöhen.

Die **Vergleichsmiete** ist eine nach bestimmten Vorschriften zu ermittelnde marktorientierte Referenzmiete für Mieterhöhungen in laufenden Mietverträgen. Der Begriff der Vergleichsmiete enthält neben **empirischen** auch **normative** Elemente. Die Auswahl der mietpreisbildenden Faktoren (**Wohnwertmerkmale**) ist auf die in § 558 Abs. 2 S. 1 BGB enumerierten beschränkt (Art, Größe, Ausstattung, Beschaffenheit, Lage). Die Vergleichsmiete für eine bestimmte Wohnung ergibt sich aus den üblichen und marktgerechten Mietpreisen, die für „vergleichbare" Wohnungen (vergleichbare Ausprägung der Wohnwertmerkmale) in derselben (oder einer vergleichbaren) Gemeinde innerhalb der letzten vier Jahre neu vereinbart oder geändert wurden. In die Vergleichsmiete gehen mithin Neuvertragsmieten wie auch Erhöhungen der Miete in bestehenden Verträgen ein. Nicht erhöhte Bestandsmieten bleiben dagegen außen vor.

6.2.1.1 Marktorientierung der Vergleichsmiete

Die Vergleichsmiete ist nicht mit einer Marktmiete im Sinne eines aktuellen Durchschnitts von neu vereinbarten Mieten gleichzusetzen. Sie verhält sich vielmehr kurzfristig nahezu unabhängig von der Entwicklung der Neuvertragsmieten. Als Gründe für die **verzögerte Anpassung** der Vergleichsmiete sind insbesondere zu nennen:

- zeitlicher Rückbezug der Vergleichsmietenermittlung von **vier Jahren** (ebenda),

- Berücksichtigung **geänderter Bestandsmieten** bei der Vergleichsmietenermittlung (§ 558 Abs. 2 S. 1 BGB),

- ggf. keine Erhöhung auf die ortsübliche Vergleichsmiete: Beachtung der **Kappungsgrenzen** (§ 558 Abs. 3 BGB, Abschnitt 6.2.1.3).

- oft **verzögerte Anpassung der Mietspiegel** an die Marktentwicklung (siehe unten),

Erst in einer mittel- bis langfristigen Perspektive eröffnet sich dem Hauseigentümer bei anziehender Nachfrage nach Wohnraum die Chance auf **Marktlagengewinne**. Ob die Vergleichsmiete tatsächlich dauerhaft preiskappend oder aber nur beruhigend auf die zyklischen Preisausschläge wirkt, ist umstritten und hängt im übrigen nicht zuletzt von der Praxis der Vergleichsmietenermittlung vor Ort ab.

6.2.1.2 Die Rolle der Mietspiegel

Im Rahmen des Vergleichsmietensystems sind **Mietspiegel** das ideale Mittel zum Auffinden der Vergleichsmiete für eine bestimmte Wohnung:

Ein **Mietspiegel** ist eine i. d. R. tabellenförmig nach den Wohnwertmerkmalen des § 558 BGB (Art, Größe, Ausstattung, Beschaffenheit, Lage) gegliederte Übersicht über die Mietpreisstruktur in einer Gemeinde, soweit sie von der Gemeinde oder von Interessenvertretern der Vermieter und der

Mieter gemeinsam erstellt oder anerkannt worden ist (§ 558c Abs. 1 BGB). Die für eine bestimmte Wohnung maßgebliche Vergleichsmiete kann dem Mietspiegel durch Aufsuchen des zutreffenden Tabellenfelds entnommen werden.

Nettokaltmiete in ¤ pro Quadratmeter Wohnfläche ohne Betriebskosten und ohne Heizkosten				
Nur für Wohnungen, die bis zum 02.10.1990 fertiggestellt wurden.				
Beschaffen-heit	Ausstattung	Wohnfläche		
		unter 40 m²	40 bis 70 m²	über 70 m²
einfach	ohne IWC, Bad, Dusche, Sammelheizung	**1,86** 1,43 - 2,56	**1,90** 1,61 - 2,15	**1,89** 1,56 - 2,28
	eines der Ausstattungen: IWC, Bad/Dusche, Sammelheizung vorhanden	**2,63** 2,36 - 3,05	**2,62** 2,28 - 3,07	**2,33** 1,89 - 2,80
	zwei der Ausstattungen: IWC, Bad/Dusche, Sammelheizung vorhanden	**2,56** 1,96 - 3,07	**2,67** 2,13 - 3,11	**2,63** 2,14 - 2,99
	IWC, Bad, Dusche, Sammelheizung vorhanden	**2,84** 2,28 - 3,37	**3,28** 2,64 - 3,76	**2,99** 1,93 - 3,70
mittel	ohne IWC, Bad, Dusche, Sammelheizung	**2,19*** 1,84 - 2,68	**2,22** 1,74 - 2,59	**1,95*** 1,58 - 2,29
	eines der Ausstattungen: IWC, Bad/Dusche, Sammelheizung vorhanden	**2,74** 2,52 - 2,91	**2,70** 2,36 - 3,16	**2,66*** 2,05 - 3,13
	zwei der Ausstattungen: IWC, Bad/Dusche, Sammelheizung vorhanden	**3,40** 2,63 - 4,09	**2,99** 2,42 - 3,39	**2,76** 2,27 - 3,19
	IWC, Bad, Dusche, Sammelheizung vorhanden	**3,44** 3,17 - 3,74	**3,52** 3,09 - 3,99	**3,59** 3,18 - 4,00
gut	ohne IWC, Bad, Dusche, Sammelheizung	....	----	----
	eines der Ausstattungen: IWC, Bad/Dusche, Sammelheizung vorhanden	**3,27** 2,97 - 3,49	**3,19** 2,94 - 3,51	—
	zwei der Ausstattungen: IWC, Bad/Dusche, Sammelheizung vorhanden	**4,40** 3,39 - 5,71	**3,98** 3,19 - 5,06	**3,76** 2,87 - 5,02
	IWC, Bad, Dusche, Sammelheizung vorhanden	**4,74** 3,64 - 5,88	**4,60** 3,73 - 5,61	**4,37** 3,53 - 5,47
Nur für Wohnungen, die nach dem 02.10.1990 fertiggestellt wurden.				
IWC, Bad, Dusche, Sammelheizung vorhanden		**6,51*** 5,55 - 7,30	**6,29** 5,11 - 7,36	**5,88** 5,11 - 6,65

Tab. 6.1   Mietspiegeltabelle der Stadt Halle (Saale)

Man unterscheidet **empirisch-repräsentative** Mietspiegel, die auf einer nach anerkannten statistischen Methoden ausgewerteten Primärerhebung der Mietpreisstruktur am Ort basieren und sog. **„ausgehandelte Mietspiegel"**, die eine Mietpreisstruktur wiedergeben, auf die sich die beteiligten Verbände der Mieter- und der Vermieterseite geeinigt haben. In der Praxis der Mietspiegelerstellung sind auch Mischformen anzutreffen. Den strengen Anforderungen der Rechtsprechung an ein **Beweismittel im Mieterhöhungsprozeß** werden am ehesten empirisch-repräsentative Mietspiegel gerecht, wenn sie bestimmten methodischen Anforderungen genügen (z.B. Repräsentativität der Stichprobe).

Die wichtigste Funktion der Mietspiegel liegt in der Schaffung von Transparenz und Rechtssicherheit für das Mieterhöhungsverfahren. Ihre rechtliche Bedeutung liegt in ihrer Rolle als Beweismittel im Mieterhöhungsprozeß sowie in Bußgeld- und Strafverfahren (Mietpreisüberhöhung bzw. Mietwucher, Abschnitt 7.2.6.2). Schließlich finden Mietspiegel noch im öffentlichen Recht Anwendung (Wohngeld, Fehlbelegungsabgabe, Sozialhilfe).

6.2.1.3 Kappungsgrenzen

Einen Bruch mit der im Vergleichsmietenverfahren prinzipiell angelegten marktorientierten Mietpreisermittlung stellt die Begrenzung der Mieterhöhungen in laufenden Verträgen auf **20 Prozent innerhalb von drei Jahren** durch die sog. „Kappungsgrenze" (§ 558 Abs. 3 BGB) dar. Die Kappungsgrenze wird besonders dann zum Problem für die Wohnungswirtschaft, wenn die mit einer Wohnungsbaufördermaßnahme verbundene Preisbindung ausläuft. Sie verhindert in solchen Fällen ein rasches Aufholen der vormals preisgebundenen Mieten auf das Vergleichsmietenniveau.

Die Kappungsgrenze wird damit gerechtfertigt, daß die Mieter nicht mit Mietpreissprüngen überrascht werden sollen, auf die sie sich wirtschaftlich nicht einstellen konnten. Doch ist das Auslaufen einer Preisbindung in den meisten Fällen absehbar und die Mieter können die Entwicklung der maßgeblichen Vergleichsmiete verfolgen. Ein zusätzlicher Vertrauensschutz durch eine Mietpreiskappung erscheint daher nur für eine Übergangszeit erforderlich (abgesehen von Ausnahmefällen, wie etwa der vorzeitigen Rückzahlung öffentlicher Darlehen durch einen Investor).

6.2.2 Andere Mietensysteme

6.2.2.1 Kostenmiete

Die Kostenmiete im Sinne des Zweiten Wohnungsbaugesetzes (Zweites WoBauG) hat sich an den **historischen Gestehungskosten** des Investors orientiert (Bild 6.1). Für die Verzinsung des eingesetzten Eigen- und Fremdkapitals wurden unterschiedliche Sätze vorgegeben, so daß auch die **Finanzierungsstruktur** Einfluß auf die Höhe der Kostenmiete hatte.

Baujahr 1975	Grundstückspreis € 20.000,-	Herstellungskosten € 80.000,-

$$\Downarrow \qquad \Downarrow$$

Kapitaleinsatz €100.000,-

$$\Downarrow \qquad \Downarrow$$

Finanzierungs- struktur	€ 25.000,- Eigenkapital	€ 75.000,- Fremdkapital

$$\Downarrow \qquad \Downarrow$$

```
        € 15.000 * 4,0%      € 75.000 * 6,0%          1%
      + € 10.000 * 6,5%
        € 1.250              € 4.500

    Kapitalkosten        € 5.750
    Abschreibungen     + €   800  ←
    Sonst. Bewirt-
    schaftungskosten*  + €   800

    Kostenmiete pro
    Jahr und Wohnung   = € 7.350
```

* Verwaltung, Instand-
haltung, Mietausfall-
wagnis

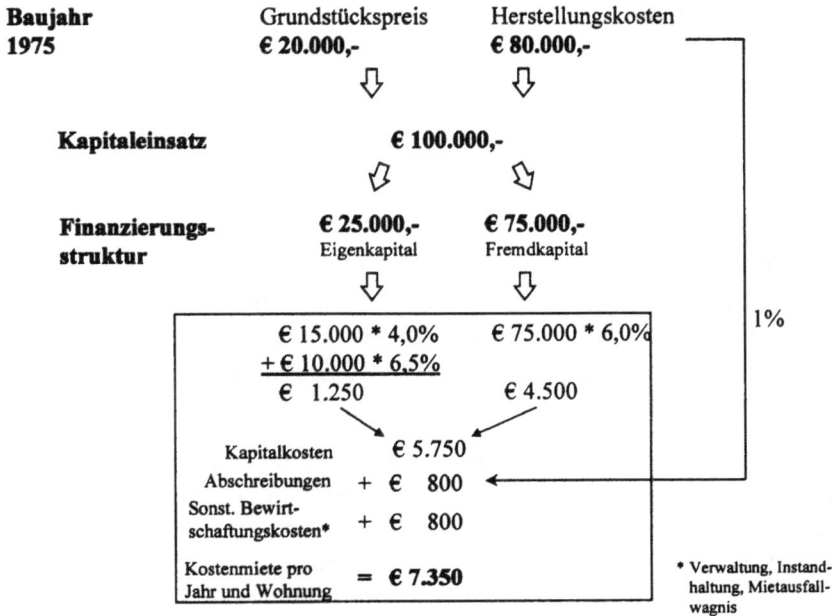

Bild 6.1 Zusammensetzung der Kostenmiete

Die Kostenmiete in dieser Form sah sich stets zwei Vorwürfen ausgesetzt. Neben dem sog. „**Erstarrungsprinzip der Kostenmiete**" wurde dem **Anreizproblem** der Kostenmiete von den Kritikern besondere Beachtung geschenkt. Damit ist der der Umlagemethode innewohnende Anreiz zur „Produktion von Kosten" angesprochen. Das Erstarrungsprinzip stellt darauf ab, daß der Kapitaleinsatz zum Investitionszeitpunkt maßgeblich die Höhe der Kostenmiete bestimmt (historische Grundstückspreise und Herstellungskosten). Darin haben die Kritiker eine Verletzung des Prinzips 'gleiche Miete für gleichen Wohnwert' erkannt. Außerdem wurde die völlige Unabhängigkeit der Kostenmiete von den jeweiligen Knappheitsverhältnissen am Wohnungsmarkt kritisiert.

6.2.2.2 Marktmiete

Ein Marktmietensystem ist in reiner Form nie realisiert worden.[25] Es handelt sich dabei um ein theoretisches Referenzmodell. Von einem **reinen Marktmietensystem** spricht man, wenn folgende Voraussetzungen erfüllt sind:

---

[25] In Deutschland war eine weitgehende Preisfreiheit bei der Vermietung von Wohnraum von 1900 bis Mitte 1917 sowie kurzfristig Ende der 60er Jahre gegeben. Obwohl seinerzeit Änderungskündigungen zulässig waren, kann man aber dennoch nicht von der Realisierung eines „reinen" Marktmietensystems sprechen.

- vollständige Preisfreiheit,
- freies Kündigungsrecht beider Vertragsparteien,
- nur Mietverträge auf unbestimmte Zeit,
- Mietanpassung ausschließlich mittels Änderungskündigung (Abschnitt 6.1.5).

Wären diese Voraussetzungen erfüllt, so würde tatsächlich jede Marktbewegung unverzüglich und ungemindert auch auf die Mieten im Bestand durchschlagen. Die Anpassungsfähigkeit des Wohnungsmarktes gegenüber externen Schocks wie z.B. unerwarteten Zuwanderungen wäre maximal (einseitige Betonung der **Zuteilungsfunktion** der Mietpreise).

In einem reinen Marktmietensystem steigen die Mieten aber in einer derartigen Situation wegen der ausgeprägt starren Verläufe von Angebots- und Nachfragekurve (Abschnitt 3.3) weit über das Maß hinaus, das für einen mittel- und langfristigen Marktausgleich erforderlich wäre („Überschießen"). Aus dieser Störung der **Signalfunktion** der Mietpreise können übermäßige Investitionsanreize entstehen, die ihrerseits zur Verstärkung der unerwünschten zyklischen Schwankungen von Mieten und Fertigstellungen an den Wohnungsmärkten beitragen können.

6.2.2.3 Administrierte Miete

In Kriegs- und Notzeiten reagiert der Gesetzgeber regelmäßig mit einer Aufhebung der Preisfreiheit an den Wohnungsmärkten. So standen in Westdeutschland die Altbaumieten von 1917 bis Ende der 60er Jahre unter administrativer Kontrolle. In Ostdeutschland hatten die Preiskontrollen sogar bis über das Jahr 1990 hinaus Bestand. Die Administrierung kann verschiedene Formen annehmen. Die Palette reicht von einem bloßen Einfrieren der Mieten (wie z.B. mit der Preisstopverordnung von 1936) bis zu den nach Wohnwertmerkmalen differenzierten Mieterhöhungen zur Vorbereitung des Übergangs in die Preisfreiheit bzw. in das Vergleichsmietensystem in den 60er Jahren im Westen (Abschnitt 7.2) und in den 90er Jahren im Osten Deutschlands (Abschnitt 8.4).

6.2.2.4 Wohnwertmiete

Bei der Wohnwertmiete sind nur bestimmte wohnwertbezogene mietpreisbildende Faktoren zugelassen. Der Leitgedanke ist ein fiktiver gegliederter Wohnungsmarkt mit „normalem" Preisgefüge, d.h. eine höhere Wohnqualität ist stets mit einem höheren Mietpreis verbunden. Gegenüber der Vergleichsmiete hat die Wohnwertmiete keinen Bezug zur Empirie. Sie ist eine rein normativ bestimmte Miete.

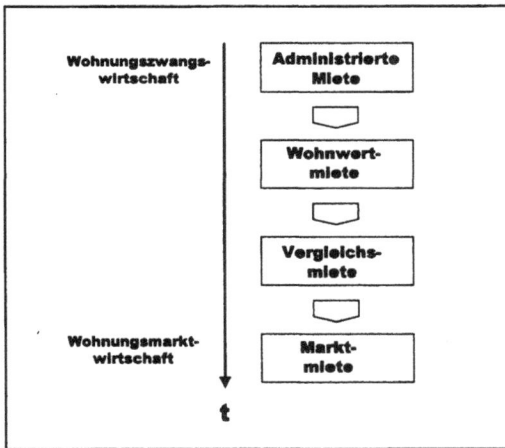

Bild 6.2   Zeitliche Abfolge der Mietensysteme beim Übergang zur Wohnungsmarktwirtschaft

Die Abgrenzung zur administrierten Miete ist im Einzelfall schwierig. Man kann die Wohnwertmiete auch als Zwischenstufe beim Übergang zur Wohnungsmarkwirtschaft ansehen. Dahinter steht die Vorstellung einer bestimmten **zeitlichen Abfolge der Mietsysteme.** Diese setzt mit der administrierten Miete ein, die der Wohnungszwangswirtschaft zuzuordnen ist und regelmäßig von anderen zwangswirtschaftlichen Maßnahmen (Wohnraumbewirtschaftung, Kündigungsschutz) begleitet wird. Im Zeitablauf werden die administrierten Mieten dann mit Differenzierungen versehen. Damit wird der Übergang zum System der Wohnwertmiete vorbereitet. Die Wohnwertmiete eignet sich technisch gesehen sehr gut als Vorstufe des Vergleichsmietensystems. Evtl. schließt sich an die Phase des Vergleichsmietensystems die Marktmiete als letzte Stufe an.

6.2.2.5 Regelgebundene Miete

Von einer regelgebundenen Miete spricht man, wenn sie die Vertragsparteien auf Mieterhöhungen für einen bestimmten zukünftigen Zeitraum einigen (Staffelmiete, Indexmiete). Damit verhindern sie eine marktorientierte Anpassung der Mietpreise. Die Folge ist eine verringerte Anpassungsfähigkeit der Wohnungsmärkte an geänderte Bedingungen.

6.2.2.6 Zusammenfassung

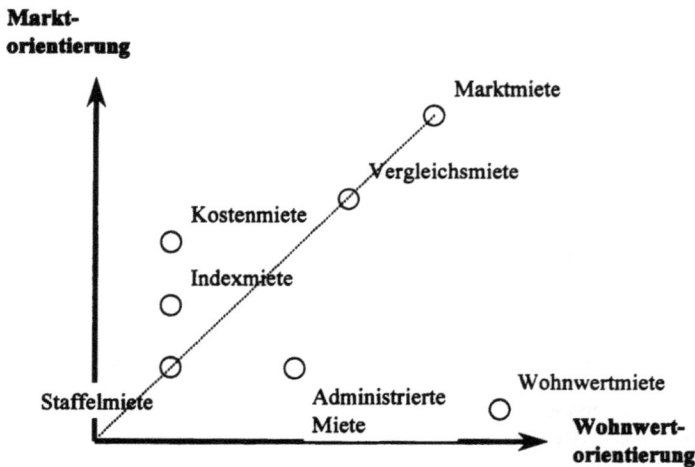

Markt-orientierung

Marktmiete

Vergleichsmiete

Kostenmiete

Indexmiete

Staffelmiete

Administrierte Miete

Wohnwertmiete

Wohnwert-orientierung

Bild 6.3   Mietensysteme im Vergleich

In Bild 6.3 wurden die verschiedenen Mietensysteme nach den Merkmalen Marktorientierung und Wohnwertorientierung in einem Diagramm angeordnet. Die Vergleichsmiete stellt im Grundsatz einen ausgewogenen Kompromiß zwischen beiden Merkmalen dar. Das Diagramm ist nicht so zu verstehen, daß die Wohnungspolitik sich für ein Mietensystem möglichst rechts oben entscheiden sollte (z.B. reine Marktmiete). Eine zu ausgeprägte Marktorientierung ist angesichts des zyklischen Marktversagens an den Wohnungsmärkten nicht unbedingt wünschenswert.

6.3   Die soziale Mietwohnraumförderung

Der soziale Wohnungsbau dient der angemessenen Wohnungsversorgung derjenigen Teile der Bevölkerung, die sich dies aus eigenen Kräften nicht leisten können, weil entweder ihr Einkommen zu niedrig ist oder weil ihnen wegen Diskriminierungserscheinungen an den Wohnungsmärkten der Marktzugang erschwert wird. Mit der sozialen Mietwohnraumförderung wird ein **eigenes Marktsegment für die benachteiligten Bevölkerungsgruppen** geschaffen, für das andere Zugangsbedingungen und Preisbildungsregeln gelten. Die geförderten Haushalte sollen nicht der Konkurrenz der anderen (leistungsfähigeren) Mietbewerber ausgesetzt werden und außerdem in den Genuß verbilligter Mieten kommen.

Diese wohnungspolitisch motivierten Förderziele werden auf **indirektem Wege** verfolgt (**Objekt- oder Investorenförderung**). Man subventioniert die Wohnungsbauinvestitionen der Investoren, die sich im Gegenzug zur Einhaltung von **Preis- und Belegungsbindungen** verpflichten müssen. Auf diese Weise wird sichergestellt, daß der durch die Subventionierung verbilligte Wohnraum exklusiv den benachteiligten Zielgruppen zur Verfügung steht.

Die Objektförderung ergänzt die direkte Mieterförderung (**Subjektförderung**) mittels frei verfügbarer oder zweckgebundener Transfers (Wohngeld, Abschnitt 6.3.3). Die Objektförderung hat eine große Rolle beim Wiederaufbau des Wohnungsbestandes in den 50er und 60er Jahren gespielt (Abschnitt 7.3).

Mit dem Gesetz zur Reform des Wohnungsbaurechts, das am 1.1.2001 in Kraft getreten ist, ist das Recht der sozialen Wohnungsbauförderung grundlegend reformiert worden. Anders als sein Vorgängergesetz, das **Zweite Wohnungsbaugesetz** (Zweites WoBauG, Abschnitt 7.3.2) hat das **Wohnraumförderungsgesetz** (WoFG) eher den Charakter eines **Rahmengesetzes**. Es enthält keine detaillierten Vorschriften für bestimmte „Förderwege" mehr. Es ist nun Sache der Bundesländer, Vorschriften zur Berechnung der höchstzulässigen Miete oder zur näheren Bestimmung der Einkommensgrenzen zu erlassen. Insofern wird das jetzige Fördersystem den Grundsätzen des Föderalismus und dem Subsidiaritätsprinzip eher gerecht. Auf der anderen Seite wird die Förderlandschaft zukünftig noch vielfältiger werden.

Wichtige Ziele des Reformgesetzes sind die Neubestimmung der Zielgruppe (Abschnitt 6.3.1.1) und die Bestandsorientierung der Förderung (Abschnitt 6.3.1.3). Während das Zweite WoBauG die sprichwörtlichen *„breiten Schichten der Bevölkerung"* mit Wohnraum versorgen wollte, stehen jetzt die Haushalte, *„die sich am Markt nicht angemessen mit Wohnraum versorgen können"* (§ 1 Abs. 2 WoFG) im Vordergrund. Angesichts der prognostizierten rückläufigen Bevölkerungs- und Haushaltszahlen sollen zukünftig in verstärktem Maße **Bestandsmaßnahmen** gefördert werden, also etwa Sozialbindungen durch die Förderung von Modernisierungs- und / oder Instandsetzungsmaßnahmen an vorhandenem Wohnraum geschaffen werden.

Mit der neuen Sozialen Wohnraumförderung soll der „vorhandene Bestand an Sozialmietwohnungen weiterhin rechtlich gesichert bleiben", doch geht der Beitrag des sozialen Wohnungsbaus zur Wohnungsversorgung der Bevölkerung ständig zurück. Von den vier Millionen Sozialwohnungen, die im Jahre 1987 noch vorhanden waren, waren aufgrund des regulären Ablaufs der Bindungen im Jahr 2000 nur noch rund 1,5 Millionen übrig, im Jahr 2005 werden es nur noch etwa 900.000 und im Jahr 2015 schließlich noch 230.000 sein.

Es handelt sich dabei um eine **fundamentale Neuorientierung der Wohnungspolitik**. Während in den 50er und 60er Jahren der soziale Wohnungsbau das Fertigstellungsgeschehen geprägt hat (Abschnitt 7.1.2), zeichnet sich nun ab, daß das sozial gebundene Marksegment gegenüber dem frei finanzierten auf lange Sicht zu einer unbedeutenden Restgröße werden wird.

6.3.1 Das Zielsystem der sozialen Wohnraumförderung

6.3.1.1 Bestimmung der Zielgruppe

Die Einkommensgrenzen in der sozialen Wohnraumförderung sind die entscheidende Stellschraube für die **Definition der Zielgruppe**, die aus der jeweiligen Fördermaßnahme einen Vorteil ziehen soll. Allerdings werden in der Regel zusätzliche Dringlichkeitskriterien bei der Zuteilung herangezogen (z.B. Kinderzahl). Die derzeit geltenden Einkommensgrenzen können Tab. 6.2 entnommen werden. Die Länder können von diesen sog. **„Basiseinkommensgrenzen"** nach den örtlichen und regionalen Verhältnissen Abweichungen festlegen.

Haushaltstyp	Gesamteinkommen höchstens €
Eine Person	12.000
Zwei Personen	18.000
jede weitere Person[26]	4.100

Tab. 6.2   Einkommensgrenzen für die Förderung
nach § 9 Abs. 2 WoFG

Die Höhe der Einkommensgrenzen hat einen wesentlichen Einfluß auf die **soziale Mischung der Bewohnerschaft**. Werden sie sehr niedrig angesetzt (Konzentration auf Einkommensarme und „Problemfälle"), wie früher im ersten Förderweg, dann drohen **soziale Einseitigkeit** und Ghettoisierungstendenzen, besonders wenn Sozialwohnungen großflächig errichtet werden. Werden wie früher im zweiten Förderweg größere Überschreitungen zugelassen, verliert die Förderung an Effizienz und sozialer Treffsicherheit. Es besteht ein grundlegender **Zielkonflikt** zwischen der Effizienz der Förderung und dem Grad der Durchmischung der Milieus.

Im Neubaubereich empfiehlt sich eine vergleichsweise enge Fokussierung auf die Gruppe der Einkommensarmen. Die wünschenswerte Durchmischung der

---

[26] Handelt es sich bei den weiteren Haushaltsmitgliedern um Kinder im Sinne des Einkommensteuergesetzes, so erhöht sich die Einkommensgrenze für jedes steuerlich zugerechnete Kind um weitere € 500 auf € 4.600.

Milieus kann hier durch eine **kleinräumige Verteilung der Sozialwohnungen** über das Stadtgebiet erreicht werden.[27]

Die Zielgruppe der sozialen Mietwohnraumförderung umfaßt aber nicht nur Haushalte mit einer **untragbaren Mietbelastung**. In jedem Fall zählen auch die **diskriminierten Gruppen mit eingeschränktem Marktzugang** dazu (bspw. kinderreiche Haushalte, Einkommensarme, Behinderte, siehe auch Abschnitt 6.1.3.1). Diesen Gruppen droht besonders in einer angespannten Marktlage der Marktausschluß. Einzig die Objektförderung kann ihre Versorgung mit Wohnraum sicherstellen (**Versorgungsauftrag** der Wohnungsbauförderung). Darüber hinaus kommen Haushalte mit einer **inelastischen Nachfrage** (**Stabilisierungsauftrag** der Wohnungsbauförderung, Abschnitt 6.1.7) als Zielgruppe der Mietwohnraumförderung in Frage.

Die Zielgruppe ist vom Gesetzgeber nunmehr wie folgt definiert worden (§ 1 Abs. 2 WoFG): „Zielgruppe der sozialen Wohnraumförderung sind Haushalte, die sich am Markt nicht angemessen mit Wohnraum versorgen können und auf Unterstützung angewiesen sind. Die Förderung unterstützt insbesondere Haushalte mit geringem Einkommen sowie Familien und andere Haushalte mit Kindern, Alleinerziehende, Schwangere, ältere Menschen, Wohnungslose und sonstige hilfsbedürftige Personen."

6.3.1.2 Fördergrundsätze der sozialen Wohnraumförderung

Die §§ 6, 7 und 8 WoFG enthalten die Grundsätze der neuen Wohnraumförderung, § 7 enthält besondere Grundsätze für die Förderung von Mietwohnraum, § 8 solche für die Wohneigentumsförderung. In § 6 werden u.a. folgende Grundsätze betont:

- Nachhaltigkeit der Wohnraumversorgung,
- Regionale Differenzierung der Förderung,
- Berücksichtigung unterschiedlicher Investitionsbedingungen der Bauherren,
- Zielgruppengerechte Differenzierung der Förderung,
- Schaffung und Erhaltung „sozial stabiler Bewohnerschaften",
- Schaffung und Erhaltung „ausgewogener Siedlungsstrukturen",
- Nutzungsmischung (Wohnen / Arbeiten / Infrastruktur),
- Anbindung an den öffentlichen Personennahverkehr,
- Bestandsorientierung der Förderung,

---

[27] Zukunftsweisend ist in dieser Hinsicht die Durchmischung von geförderten und frei finanzierten Wohnungen in ein- und demselben Objekt. Das Wohnraumförderungsgesetz enthält einige innovative Ansätze für die Freistellung und die Übertragung von Belegungsrechten (§§ 30, 31 WoFG). Auch diese neuen Instrumente sind grundsätzlich geeignet, einen Beitrag zu der erwünschten Durchmischung der sozialen Schichten zu leisten.

- Kosteneffizienz der Förderung („kostensparendes Bauen"),
- Ressourcenschonender Charakter der Förderung (Boden, Baustoffe, etc.).

Der in § 6 genannte Grundsatz der **Nachhaltigkeit der Wohnraumversorgung** hat eine ökologische, eine wirtschaftliche und eine soziale Dimension. Ein langfristiger Bedarf in der Zielgruppe sollte grundsätzlich auch mit einem langlaufenden Förderprogramm befriedigt werden.

Das WoFG läßt offen, auf welche Weise die „**unterschiedlichen Investitionsbedingungen**" der Bauherren berücksichtigt werden sollen. Grundsätzlich können die individuellen Bedingungen des Investors auch Einfluß auf die höchstzulässige Miete haben.

Die Fördergrundsätze für Mietwohnraum nach § 7 WoFG lassen eine Präferenz des Gesetzgebers für „einkommensorientierte" Fördermodelle erkennen:

- Berücksichtigung von örtlichem Mietenniveau, *Haushaltseinkommen des Mieters*, Leistungen nach dem Wohngeldgesetz (sowie deren Entwicklungen) bei der Festlegung der „höchstzulässigen Miete",
- Vermeidung von „Fehlförderungen", z.B. durch regelmäßige Überprüfung von Einkommen und Haushaltsgröße.

Die Vorgaben für die „**höchstzulässige Miete**" sind unbestimmt. Das Wohnraumförderungsgesetz bedient sich des Begriffs der „**tragbaren Wohnkosten**" (§ 7 Nr. 1 WoFG). Eine Orientierung an der Mietbelastungsquote dürfte den Intentionen des Gesetzgebers nahe kommen. Zur „**Vermeidung von Fehlförderungen**" besonders geeignet erscheint die sog. „einkommensorientierte Förderung" (Abschnitt 6.3.2).

6.3.1.3 Effizienzziele der sozialen Wohnraumförderung

Das Wohnraumförderungsgesetz sieht verschiedene Instrumente zur Begrenzung des Finanzbedarfs für die soziale Wohnraumförderung vor.

- Die **Zielgruppenabgrenzung** wurde in § 1 WoFG deutlich enger gefaßt als im Zweiten WoBauG, das noch die sprichwörtlichen „breiten Schichten der Bevölkerung" als Zielgruppe bezeichnet hatte.
- Weiterhin setzt das Reformgesetz stärker auf die **Förderung von Bestandsmaßnahmen** anstelle von Neubaumaßnahmen. Auch davon erhofft man sich Effizienzgewinne, d.h. einen größeren Versorgungseffekt pro eingesetztem Euro an Fördermitteln.
- Schließlich wurden die **Finanzhilfen des Bundes** an die Länder nach § 38 Abs. 1 S. 2 WoFG betragsmäßig auf EUR 230 Mio. pro Jahr be-

grenzt (evtl. Aufstockung nach Maßgabe des jeweiligen Bundeshaushaltsgesetzes).

Eine zukunftsfähige soziale Wohnraumförderung muß auch **qualitativen Anforderungen** gerecht werden. Anstelle von Neubaumaßnahmen werden zukünftig **Bestandserwerbe** mindestens mit gleicher Intensität gefördert. Dafür spricht nicht zuletzt das Gebot des sparsamen Umgangs mit den noch vorhandenen Flächenreserven.

Von der allgemeinen Präferenz des Gesetzes für Bestandsmaßnahmen (§ 6 Nr. 3 WoFG) kann situationsabhängig abgewichen werden. So kann in einer regionalen Wohnungsmangelsituation, bei einem zunehmenden Wohnungsbedarf in der Region (etwa aufgrund von Zuwanderungen), oder bei einem weitgehend baulich mangelfreien Wohnungsbestand mit einem hohen Modernisierungsgrad die Konzentration der öffentlichen Fördermittel auf den Wohnungsneubau angezeigt sein.

6.3.2 Einkommensorientierte Förderung

Der klassische soziale Wohnungsbau hat in vielen Fällen ungerechtfertigte **Mietvorteile** begründet. Es ist immer wieder kritisiert worden, daß die Berechtigungsprüfung nach dem Zweiten WoBauG (Unterschreitung der Einkommensgrenzen) nur einmalig vor Beginn des Mietverhältnisses vorgenommen wurde. Wenn die Mieter später aufgrund von **Einkommenssteigerungen** oder **Haushaltsverkleinerungen** (Unterbelegung) über die Einkommensgrenzen hinausgewachsen waren, konnten sie in den Genuß von nicht gerechtfertigten Mietvorteilen kommen. Der fehl- und unterbelegte Wohnraum stand in diesen Fällen nicht zur Versorgung der Bedürftigen Verfügung.

Die hohe Fehlbelegungsquote versucht man durch eine nachträgliche **Abschöpfung der Mietvorteile** zu senken („**Ausgleichszahlung**" nach §§ 34-37 WoFG, früher: „Fehlbelegungsabgabe"). Auf diese Weise will man einerseits zusätzlichen Wohnraum aus dem Sozialwohnungsbestand mobilisieren und andererseits mit den Einnahmen aus der Abgabe den Bau zusätzlicher Sozialwohnungen finanzieren. Eine vollständige Abschöpfung der Mietvorteile ist dabei wegen des grundlegenden Zielkonflikts zwischen der (durch Abschöpfung zu steigernden) Effizienz der Förderung und dem Grad der **Durchmischung der Milieus** in den Siedlungen nicht in allen Fällen erstrebenswert (Abschnitt 6.3.1.1). Zumindest für bestimmte Großwohnsiedlungen mit der Gefahr der sozialen Destabilisierung erscheinen Ausnahmen angebracht.

Als wirksamstes Instrument zur Lösung des Fehlbelegungsproblems gilt das Modell der **einkommensorientierten Förderung**. Bei der einkommensorientierten Förderung handelt es sich um eine Art Zwitter aus Elementen der **Objekt**- und der **Subjekt**förderung mit dem Ziel einer einkommensorientierten Wohnkostenbelastung. Die Beziehungen zwischen den Beteiligten sollen anhand von Bild 6.4 dargelegt werden.

Aus der Sicht des Investors weist die einkommensorientierte Förderung wesentliche Unterschiede gegenüber der klassischen Objektförderung auf. Er erhält zwar auch bei der einkommensorientierten Förderung zinsverbilligte Darlehen („Grundförderung"), die ihn in die Lage versetzen sollen, trotz Mietpreisbindung eine befriedigende Rendite zu erzielen. Als „Garantiemiete" steht ihm aber nicht die Kostenmiete zu, sondern eine von dem jeweils zuständigen Bundesland festzulegende mehr oder weniger marktorientierte **„Basismiete"**.

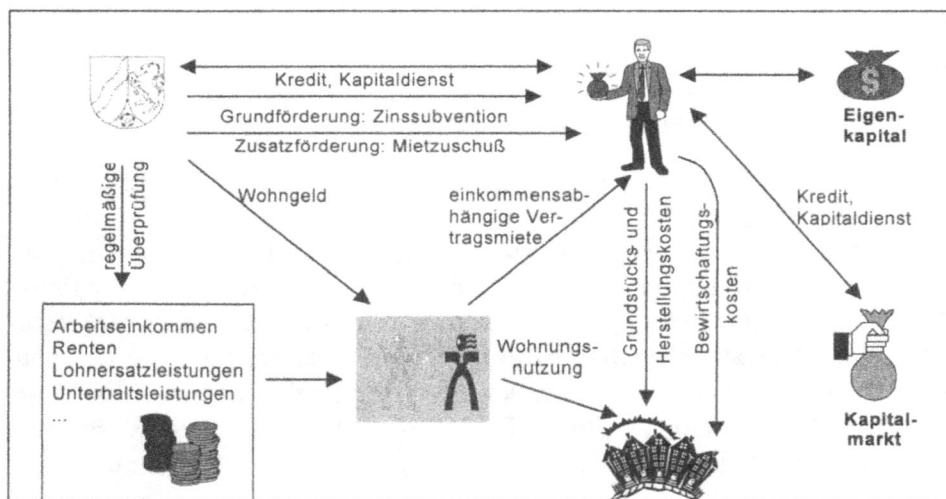

Bild 6.4   Beziehungen zwischen den Beteiligten bei der einkommensorientierten Förderung

Vom Mieter effektiv zu zahlen ist die sog. **„Subjektmiete"**, die ihrer Höhe nach vom Gesamteinkommen des jeweiligen Haushalts abhängt.[28] Bei einem geringen Einkommen kann die Subjektmiete erheblich unter der Basismiete liegen. Der Unterschied wird durch einen Mietzuschuß im Rahmen der staatlichen **Zusatzförderung** vollständig ausgeglichen, so daß der Vermieter unabhängig von der Zusammensetzung seiner Mieterschaft nach Einkommens-

---

[28] Für die Ermittlung der Haushaltseinkommen sind die Vorschriften der §§ 20 ff. des WoFG maßgeblich (Abhängigkeit der Einkommensgrenzen von der jeweiligen Haushaltsgröße, siehe dazu Abschnitt 6.3.1.1).

klassen stets die garantierte Basismiete erhält. Es gilt die Formel: **Mietzu-schuß + Subjektmiete = Basismiete.**

Der wesentliche Unterschied dieses Modells im Vergleich mit der klassischen Objektförderung liegt in der **einkommensorientierten Mietbelastung.** Je höher das Haushaltseinkommen liegt, desto größer fällt der Beitrag des Haushalts zur Basismiete und desto geringer fällt der Mietzuschuß des Landes aus. Dem Entstehen von ungerechtfertigten Mietvorteilen im Zeitablauf wird im Modell der einkommensorientierten Förderung mit dem Mittel der regel-mäßigen Überprüfung der Einkommens- und Haushaltssituation der geförder-ten Mieterhaushalte begegnet.

6.3.3 Ergänzung durch das Wohngeldsystem

Beim Wohngeld handelt es sich um eine **zweckgebundene Transferlei-stung** des Staates. Wohngeld wird entweder in Form des **Mietzuschusses** (Tabellenwohngeld, Pauschalwohngeld für Sozialhilfeempfänger) oder des **La-stenzuschusses** (für selbstgenutztes Wohneigentum, Abschnitt 6.4.4.2) ge-währt.

Mit dem Wohngeld soll die Kaufkraft der zur Zielgruppe zählenden Haushalte am Wohnungsmarkt gezielt verstärkt werden. Damit sollen sowohl sozialpoliti-sche als auch wohnungsbaupolitische Effekte erzielt werden. Das Wohngeld (**Subjektförderung**) dient zusammen mit der sozialen Wohnraumförderung (**Objektförderung**) der wirtschaftlichen Sicherung einer angemessenen und familiengerechten Versorgung benachteiligter Bevölkerungsgruppen mit Wohn-raum.

Auf Wohngeld besteht bei Erfüllung der Voraussetzungen ein Rechtsanspruch. Viele wohngeldberechtigte Haushalte beantragen jedoch das ihnen zustehende Wohngeld nicht (Ausschöpfungsquote unter 50 Prozent). Der Wohngeldan-spruch ist nicht auf Sozialwohnungen beschränkt, sondern er erstreckt sich auch auf frei finanzierte und Genossenschaftswohnungen sowie auf das Woh-nen im Altenheim.

Drei **Bestimmungsgründe** nehmen Einfluß auf die Höhe des Wohngeldes:

- die Zahl der im Haushalt des Antragstellers lebenden Familienmitglieder,
- die Höhe des Familieneinkommens,
- die absolute Höhe der zuschußfähigen Miete.

Dabei gilt folgender Zusammenhang: Je höher das Einkommen, desto niedriger das Wohngeld, und je höher die Miete, desto höher das Wohngeld (Umkehrung gilt jeweils).

Das Wohngeldgesetz enthält fünf Tabellen für die unterschiedlichen **Haushaltsgrößen**, aus denen die Höhe des Wohngeldanspruchs entnommen werden kann. Zum Haushalt zählen die *Familienmitglieder*, die mit dem Antragsteller zusammen eine Wohn- und Wirtschaftsgemeinschaft bilden (z.B. Ehegatte, Kinder, Eltern und Enkel, nicht aber Verlobte oder Haus- und Pflegepersonal).

Zum **Jahreseinkommen** im Sinne des WoGG gehören alle Einnahmen der einzelnen Familienmitglieder im Bewilligungszeitraum (z.B. Löhne, Gehälter, Urlaubsgeld, Zinsen und Mieteinnahmen) sowie eine Reihe von steuerfreien Einnahmen (z.B. Zuschläge für Sonntags- oder Nachtarbeit). Ein Ausgleich der positiven Einkünfte mit negativen Einkünften aus anderen Einkunftsarten ist nicht zulässig. Von dem so ermittelten Jahreseinkommen wird ein **pauschaler Abzug** von höchstens 30 Prozent für Steuern und Sozialabgaben vorgenommen. Für besondere Personengruppen wie Schwerbehinderte, Opfer nationalsozialistischer Verfolgung und mitverdienende Kinder können **Freibeträge** geltend gemacht werden. Weiterhin können Aufwendungen zur Erfüllung gesetzlicher **Unterhaltsverpflichtungen** (z.B. gegenüber Familienmitgliedern, die sich auswärts in Berufsausbildung befinden oder geschiedenen Ehepartnern) bis zu einer bestimmten Höhe abgezogen werden.

Grundlage der Wohngeldermittlung ist die vertraglich vereinbarte Miete (**Vertragsmiete**) einschließlich der *kalten* Betriebskosten (also ohne Heiz- und Warmwasserkosten, Zuschläge und Vergütungen). Liegen die so ermittelten Wohnkosten über den gesetzlich vorgegebenen Höchstbeträgen, gilt der **Höchstbetrag** als Bemessungsgrundlage der Wohngeldberechnung.

Der Höchstbetrag richtet sich seinerseits nach der Zahl der Familienmitglieder, der Mietenstufe der jeweiligen Gemeinde (regionales Mietniveau) sowie der Ausstattung und dem Zeitpunkt der Bezugsfertigkeit des Wohnraums.

Beispiele für die Mietenstufen:

I.   Höxter
II. Bayreuth
III. Berlin (W)
IV. Lübeck
V.   Köln
VI. Frankfurt a.M., München

132

> **Beispiel:**
>
> Familie Müller aus Westberlin (zwei Erwachsene, zwei Kinder) wohnt in einer Altbauwohnung (Baujahr 1968) mit Bad und Zentralheizung. An Miete zahlen die Müllers monatlich:
>
> € 420 + € 80 kalte Betriebskosten + € 80 Heizkosten = € 580
>
> Die Heizkosten bleiben bei der Wohngeldberechnung außer acht. Die verbleibenden Wohnkosten in Höhe von € 500 müssen nun mit dem einschlägigen Höchstbetrag aus der Höchstbetragtabelle verglichen werden. Für Westberlin gilt die Mietenstufe III. In dieser Stufe weist die Höchstbetragstabelle für 4-Personen-Haushalte für das entsprechende Baujahr einen Höchstbetrag von € 455 aus. Dieser Betrag ist für die Wohngeldberechnung maßgeblich.

Sozialhilfeempfänger erhalten das sog. „**Pauschalwohngeld**", in der Regel ein bestimmter Prozentsatz ihrer Miete. Für das Pauschalwohngeld gilt ein vereinfachtes Verfahren der Einkommensermittlung. Auch für die Pauschalwohngeldempfänger gelten die nach der Haushaltsgröße differenzierenden Miethöchstbeträge. Nicht vom Wohngeld abgedeckte Mietbestandteile werden durch die ergänzende Sozialhilfe abgedeckt.

6.4   Förderung der Wohneigentumsbildung

In diesem Abschnitt wird ein Überblick über die Instrumente der Wohneigentumsförderung gegeben. Am Anfang steht eine kritische Diskussion der Ziele der Wohneigentumsförderung. Die Ausgestaltung der Förderung gilt es in Hinblick auf diese Ziele zu diskutieren.

6.4.1   Warum Wohneigentumsförderung?

Die Wohneigentumsförderung kann man grundsätzlich mit **positiven externen Effekten** (externer Nutzen von Kindern, Inkorporationsthese) oder aber mit **meritorischen** Argumenten rechtfertigen (verzerrte Präferenzen). Gelegentlich werden auch **verteilungspolitische** Argumente für die Wohneigentumsförderung angeführt.

Als wichtigstes politisches Ziel zur Rechtfertigung der Wohneigentumsförderung gilt die **Familienförderung**. Ökonomisch gesehen kann sich das Ziel der Familienförderung auf den externen Nutzen von Kindern für die Gesellschaft berufen. Dieser liegt in den Entlastungswirkungen für die umlagefinanzierten Systeme der sozialen Sicherung und in der Vermeidung der negativen

Folgen und Anpassungslasten aus einer Überalterung der Bevölkerung. Darüber hinaus erbringt die Familie unverzichtbare Sozialisations- und Bildungsleistungen an den Kindern, deren Nutzen keineswegs allein den Eltern zugute kommt.

Das Wohneigentum wäre in dieser Sicht zugleich Vorbedingung für den Kinderwunsch, wie auch ein Mittel, die Kinder besser gedeihen zu lassen (mehr Raum, mehr Spielflächen, bessere Anpassung der baulichen Gestaltung an die Bedürfnisse der Kinder). Gleichzeitig steht die Wohneigentumsbildung beiden Zielen im Wege, denn sie zwingt die Familie trotz Förderung zu einem nicht nur vorübergehenden **Konsumverzicht**, der auch zu Lasten der Kinder gehen kann (z.B. Ferienreisen). An dieser Stelle kann die Wohneigentumsförderung entlastend wirken.

Außerdem wird angeführt, strahle von breit gestreutem Wohneigentum ein externer Nutzen in der Form eines Beitrags zur **gesellschaftlichen Integration** aus (Inkorporationsthese). Der Wunsch nach dem Erhalt des Vermögens würde die Staatsbürger gegen extremistische Versuchungen an der Wahlurne immunisieren. Der gesellschaftliche Nutzen liegt in der Vermeidung der Wohlfahrtsverluste aus der Wirtschaftspolitik einer politisch extrem orientierten Regierung.

Die Wohneigentumsförderung wird daneben mit **meritorischen Argumenten** gerechtfertigt. Die Bildung von Wohneigentum leiste demnach einen unverzichtbaren Beitrag zur **Vermögensbildung breiter Schichten** und zum **Inflationsschutz** des durch entsprechende Sparleistungen aufgebauten Vermögens.

Schließlich kann man die Wohneigentumsförderung noch verteilungspolitisch als eine besondere Form der Vermögenspolitik rechtfertigen. Für die **Gleichheit der Startchancen** ist insbesondere die Ausstattung des Elternhauses mit materiellen Ressourcen von Bedeutung. Die Vermögenspolitik kann einen Beitrag zur Verbesserung der Chancengleichheit leisten, indem sie auch einkommensärmere Familien mit einer gewissen eigenen Sparfähigkeit in die Lage zu versetzt, Wohneigentum zu erwerben. Die **Nachhaltigkeit des Fördereffektes** dürfte bei einer Förderung der Sachvermögensbildung speziell in der Form des Wohneigentums gesichert sein. Anders als Geldvermögen wird das im Wohneigentum langfristig gebundene Sachkapital in der Regel nicht wieder dem laufenden Konsum zugeführt.

6.4.2 Die Förderung nach dem Eigenheimzulagegesetz

Das am 1.1.1996 in Kraft getretene Eigenheimzulagegesetz (EigZulG) bildet als die für den Großteil der Haushalte zugängliche Förderung den Schwerpunkt im derzeitigen System der Wohneigentumsförderung.

Einkommensgrenzen (§ 5) Einkommensbegriff: Summe der positiven Einkünfte innerhalb von zwei Jahren	€ 70.000 für Alleinstehende € 140.000 für Ehegatten € 30.000 für jedes steuerlich zugerechnete Kind
Fördergrundbetrag für Neubauten (§ 9 Abs. 2)	€ 1.250 p. a. (bis 31.12.2003 € 2.556 p.a.)
Fördergrundbetrag für Altbauten (§ 9 Abs. 2)	€ 1.250 p. a. (bis 31.12.2003 € 1.278 p.a.)
Kinderzulage (§ 9 Abs. 5)	€ 800 pro Kind und Jahr (bis 31.12.2003 € 767 p.a.)
Förderzeitraum (§ 3)	8 Jahre

Tab. 6.3   Übersicht über die Förderung nach dem EigZulG

6.4.2.1 Voraussetzungen

Die **begünstigten Objekte** werden in den §§ 2 und 17 des EigZulG definiert:

- Herstellung oder Anschaffung einer eigenen Wohnung
- unentgeltliche Überlassung einer eigenen Wohnung an Angehörige (z.B. Kauf einer Eigentumswohnung für das auswärts studierende Kind)
- bis 31.12.2003 auch Ausbauten und Erweiterungen (z. B. Dachgeschoß- oder Kellerausbau)

Voraussetzung für den Anspruch auf die Eigenheimzulage ist ein Einkommen innerhalb der **Einkommensgrenzen**. Für Alleinstehende gilt ein Höchstbetrag der positiven Einkünfte[29] von € 70.000 innerhalb von zwei Jahren[30], für zusammenveranlagte Verheiratete ist ein Höchstbetrag von € 140.000 zugelassen. Mit jedem Kind steigt die Einkommensgrenze um € 30.000.

6.4.2.2 Höhe der Eigenheimzulage

Die **Bemessungsgrundlage** der Eigenheimzulage entspricht den Anschaffungs- oder Herstellungskosten der selbstgenutzten Wohnung, zuzüglich der An-

---

[29] Der Einkommensbegriff der „Summe der positiven Einkünfte" im Sinne der Einkommensteuer läßt die Verrechnung von negativen Einkünften bei einer Einkunftsart (etwa aus Verlustzuweisungen) mit positiven bei einer anderen nicht zu.

[30] Maßgebend ist die Summe der positiven Einkünfte im Jahr des Einzugs, zuzüglich der Summe der positiven Einkünfte im Vorjahr.

schaffungskosten des Grund und Bodens. Zur Bemessungsgrundlage zählt auch Modernisierungsaufwand in den ersten zwei Jahren nach der Anschaffung des Objekts. Die Förderung wird in acht gleichen Jahresraten ausbezahlt. Sie setzt sich zusammen aus **Fördergrundbetrag** und **Kinderzulage**.

Beim Fördergrundbetrag nach § 9 Abs. 2 EigZulG wurde bis zum Förderjahrgang 2003 zwischen Neuobjekten und Altobjekten unterschieden. Er betrug pro Jahr bei Neubauobjekten fünf Prozent der Bemessungsgrundlage, höchstens jedoch € 2.556, bei Altobjekten 2,5 Prozent der Bemessungsgrundlage, höchstens jedoch € 1.278. Die Kinderzulage nach § 9 Abs. 5 EigZulG lag bei € 767 pro Kind und Jahr.

Mit dem Förderjahrgang 2004 entfiel die unterschiedliche Behandlung von Neu- und Altobjekten. Die Grundförderung wurde einheitlich auf € 1.250 gesenkt (1 Prozent der Anschaffungs- oder Herstellungskosten, maximal jedoch € 1.250 pro Jahr[31]) und eine Kinderzulage auf € 800 Euro je Kind erhöht.

6.4.2.3 Förderung beim Erwerb von Genossenschaftsanteilen

Unter bestimmten Voraussetzungen ist auch der Erwerb von Genossenschaftsanteilen förderfähig. Die Höhe der Einlage muß mindestens € 5.000 betragen. Außerdem muß im Statut der Genossenschaft für den Fall, daß sich die Mehrheit der Mieter (Genossen) in dem Gebäude zum Erwerb bzw. Verkauf entschließt, das unwiderrufliche und vererbliche Recht auf Eigentumserwerb an der Wohnung eingeräumt sein.[32]

Beim Erwerb von begünstigten Genossenschaftsanteilen beträgt der Fördergrundbetrag 3 Prozent der geleisteten Einlage (Bemessungsgrundlage), höchstens aber € 1.200 (das entspricht einer geleisteten Einlage von € 40.00), in jedem Jahr, in dem der Anspruchsberechtigte die Anteile hält. Während des achtjährigen Förderzeitraumes besteht außerdem Anspruch auf eine Kinderzulage in Höhe von € 250 pro Kind und Jahr.

---

[31] Die maximale Grundförderung wird also erst bei Anschaffungs- oder Herstellungskosten oberhalb von € 125.000 fällig.

[32] Außerdem müssen noch folgende Voraussetzungen erfüllt sein: Erwerb der Anteile bei einer Genossenschaft, die nach dem 1.1.1995 in das Genossenschaftsregister eingetragen worden ist, Beginn der Nutzung der Genossenschaftswohnung zu eigenen Wohnzwecken spätestens im letzten Jahr des Förderzeitraums. Es gelten dieselben Einkommensgrenzen wie beim Erwerb von Wohneigentum.

6.4.3 KfW-Programme

Mit dem Wohneigentumsprogramm der Kreditanstalt für Wiederaufbau (KfW[33]) werden alle Privatpersonen gefördert, die selbstgenutztes Wohneigentum erwerben. Die Förderung wird in der Form von langfristigen zinsgünstigen Darlehen mit festem Zinssatz und tilgungsfreien Anlaufjahren gewährt. Finanziert wird der Bau oder Erwerb von selbstgenutzten Eigenheimen oder Eigentumswohnungen. Von der Förderung ausgeschlossen sind Umschuldungen und Nachfinanzierungen bereits früher durchgeführter Investitionen. Es werden bis zu **30 Prozent** der angemessenen Gesamtkosten finanziert. Der Kredithöchstbetrag beträgt € 100.000. Eine Kombination mit weiteren KfW-Fördermitteln (bspw. KfW-Wohnraum-Modernisierungsprogramm) ist ohne Einschränkung möglich.

Lauf-zeit in Jahren	tilgungs-freie Jahre	Auszah-lungskurs in Prozent	Zins nominal (fest für 10 Jahre)	Zins effektiv in Prozent	Zusage-provision in Prozent
30	5	100	4,75	4,84	0,25

Tab. 6.4   Konditionen des KfW-Wohneigentumsprogramms (zehnjährige Zinsfestschreibung, Stand: 7.5.2004)

Im Rahmen des KfW-Wohnraummodernisierungsprogramms 2003 (Abschnitt 8.5.3) kann grundsätzlich auch die Modernisierung und Instandsetzung von Eigenheimen gefördert werden.

6.4.4 Förderprogramme für einkommensärmere Haushalte

6.4.4.1 Wohneigentumsförderung im Rahmen der Sozialen Wohnraumförderung

Neben der Mietwohnraumförderung stellt die sozial orientierte Wohneigentumsförderung die zweite wichtige Säule der sozialen Wohnraumförderung dar. Als Zielgruppe stehen hier Familien und Haushalte mit Kindern im Vordergrund. Dem geförderten Haushalt wird durch die Gewährung von **zinsverbilligten Krediten** Entlastung verschafft. Allerdings sind in diesem Bereich die **Einkommensgrenzen** wesentlich enger gezogen als bei der Eigenheimzulage.

---

[33] Die Kreditanstalt für Wiederaufbau (KfW) ist Deutschlands große öffentlich-rechtliche Förderbank. Sie wurde 1948 zur Finanzierung des Wiederaufbaus gegründet und ist heute u.a. in den Bereichen der Wohnraumfinanzierung, der Gründungsfinanzierung und des Klimaschutzes tätig. Mit zinsgünstigen Krediten unterstützt die KfW sowohl den Bau und den Erwerb von Wohneigentum als auch Modernisierungsmaßnahmen.

Zur individuellen Bestimmung der Förderintensität wird in den Fördergrundsätzen für Wohneigentum (§ 8 WoFG) der Begriff der „**angemessenen Belastung**" benutzt. Die einkommensorientierte Förderung (Abschnitt 6.3.2) kann mithin auch im Bereich der Wohneigentumsförderung als Leitbild für eine Fehlförderungen nach Möglichkeit vermeidende Ausgestaltung der Förderbedingungen angesehen werden.

Auch die Beteiligung an **eigentumsorientierten Genossenschaften** wird gefördert (§ 6 Nr. 2 WoFG). Als Gründe dafür können die Effizenz des Mitteleinsatzes, die Mitwirkungsrechte der Genossen und die bessere Rechtsstellung der genossenschaftlichen Mieter angeführt werden.

6.4.4.2 Lastenzuschuß beim Wohngeld

Die Höhe des Lastenzuschusses richtet sich nach der Höhe der zuschußfähigen Belastung, der Höhe des Familieneinkommens und der Zahl der zum Haushalt des Antragstellers rechnenden Familienmitglieder. Bei der berücksichtigungsfähigen Belastung sind Höchstgrenzen zu beachten, die sich nach der Zahl der Familienmitglieder, der Mietenstufe der jeweiligen Gemeinde sowie der Ausstattung und dem Zeitpunkt der Bezugsfertigkeit des Wohnraums richten.

Zur Belastung zählt die Belastung aus dem **Kapitaldienst** (Zinsen, Tilgungen, laufende Verwaltungskostenbeiträge und Bürgschaftskosten der ausgewiesenen Fremdmittel) und der **Bewirtschaftung** (Instandhaltungs-, Betriebs- und Verwaltungskosten) des lastenzuschußfähigen Wohnraums. Die Belastung wird in einer **Wohngeld-Lastenberechnung** ermittelt.[34]

Ein Anspruch auf Lastenzuschuß besteht nur, wenn das Familieneinkommen bestimmte, nach der Familiengröße gestaffelte Höchstgrenzen nicht übersteigt. Für die Ermittlung des Familieneinkommens wie auch für die zu berücksichtigenden, zum Haushalt des Antragstellers zählenden Familienmitglieder gelten dieselben Regeln wie beim Mietzuschuß (Abschnitt 6.3.3).

6.4.5 Förderungen mit städtebaulichen Zielsetzungen

6.4.5.1 Erhöhte Abschreibung für denkmalgeschützte Gebäude und in Sanierungsgebieten

Die erhöhte AfA[35] für Investitionen in **denkmalgeschützte Gebäude** sowie in Gebäude in förmlich ausgewiesenen **Sanierungsgebieten** kann auch

---

[34] Zu Einzelheiten siehe §§ 6 - 8 Wohngeldgesetz.
[35] AfA ist die Abkürzung für „Absetzung für Abnutzung". Diesen Begriff benutzt das Einkommensteuergesetz anstelle von „Abschreibung".

von Eigennutzern in Anspruch genommen werden. Sie kann sogar mit der Eigenheimzulage kombiniert werden. In diesem Fall bemißt sich die Eigenheimzulage nur nach den Kosten für Grundstück und Altbausubstanz.

Diese Abschreibungsförderung ist insbesondere für private Anleger mit einem hohen Grenzsteuersatz bei der Einkommensteuer attraktiv. Sie können jeweils 9 Prozent der Herstellungskosten im Jahr der Herstellung und in den folgenden sieben Jahren und 7 Prozent davon in den folgenden vier Jahren steuerlich absetzen.

6.4.5.2 Programm „Wohneigentumsbildung in innerstädtischen Altbauquartieren"

Die Bundesregierung hat im Rahmen des Stadtumbauprogramms für die neuen Bundesländer eine Investitionsförderung (als Programmförderung ohne Rechtsanspruch) für Erwerber selbstgenutzten Wohneigentums unter folgenden Voraussetzungen eingeführt:

- **Gebietskulisse**: wie bei der neuen Investitionszulage (Abschnitt 8.6.2); Einfügen in das Stadtumbaukonzept der Gemeinde

- **Begünstigte Bestände**: wie bei der neuen Investitionszulage

- **Wohngrößenabhängige Ausgestaltung**: Die Förderung wird als Zuschuß für Modernisierungs- und Instandsetzungsinvestitionen in acht gleichen Jahresraten ausbezahlt. Ab einer Wohnfläche von 70 m^2 und mindestens € 50.000 Erwerbs- oder Investitionskosten können für jeden zusätzlichen m^2 bis zu einer Gesamtfläche von 120 m^2 € 1.500 Investitionskosten geltend gemacht werden, auf die für einen Zeitraum von acht Jahren ein Fördersatz von jährlich 2,5 Prozent Anwendung findet. Die Höchstförderung, die bei 120 m^2 erreicht wird, beträgt somit € 15.000 im achtjährigen Förderzeitraum (8 x 2,5 Prozent x 1.500 € x 50 m^2 = 15.540 €).

- Einkommensgrenzen: wie bei der Eigenheimzulage (siehe Abschnitt 6.4.2).

Dieses Förderprogramm ist in erster Linie **städtebaulich** motiviert. Es geht darum, Wohnungseigentümer in die innerstädtischen Quartiere zu locken, auch wenn es sich nicht um Familien handelt. Es weist neben guten Ansätzen auch kritikwürdige Regelungen auf. Die Beschränkungen hinsichtlich der Gebietskulisse, der begünstigten Bestände und des Einfügens in die städtebaulichen Konzepte zum Stadtumbau wirken genau wie bei der neuen Investitionszulage **diskriminierend** für die ausgeschlossenen Vorhaben, ja sie verschärfen das Fördergefälle noch. Die Aussichten für die nicht privilegierten Quartiere verschlechtern sich weiter.

Weiterhin hätte eine Abstimmung von Bemessungsgrundlage und Förderbeträgen mit der neuen Investitionszulage nahe gelegen. Wohnungspolitisch sinnvoll wäre eine durchgängig höhere Förderung der Wohneigentumsbildung. Außerdem ist die Wohneigentumsbildung in den Städten unabhängig von der Höhe der Investitionskosten förderungswürdig. Auch der Erwerb einer bereits komplett sanierten Wohnung wirkt marktstabilisierend.

6.4.6 Sparförderung

6.4.6.1 Vorsparförderung mit der Wohnungsbauprämie

Die Bausparförderung setzt sich aus zwei Komponenten zusammen, der Wohnungsbauprämie und der Arbeitnehmer-Sparzulage.

Anspruch auf **Wohnungsbauprämie** haben Bausparer bis zu einem zu versteuernden Jahreseinkommen von jährlich € 25.600 bei Alleinstehenden und € 51.200 bei Verheirateten. Die Wohnungsbauprämie in Höhe von 8,8 Prozent des Sparbeitrags wird für jährliche Sparbeiträge bis maximal € 512 bei Alleinstehenden und € 1.024 bei Verheirateten gezahlt.

Eine Prämie in Höhe von 9 Prozent (**Arbeitnehmer-Sparzulage**) gibt es außerdem auf vermögenswirksame Leistungen, die vom Arbeitgeber direkt vom Arbeitslohn an die Bausparkasse überwiesen werden. Die Einkommensgrenzen liegen jedoch deutlich niedriger als bei der Wohnungsbauprämie. Das zu versteuernde Jahreseinkommen muß unter € 17.900 (Alleinstehende) beziehungsweise unter € 35.800 (Verheiratete) liegen. Die Arbeitnehmer-Sparzulage wird auf Einzahlungen bis zu einem Höchstbetrag von € 470 pro Jahr gezahlt.

6.4.6.2 Berücksichtigung der Wohneigentumsbildung im Altersvermögensgesetz

Das sog. „Altersvermögensgesetz" (Gesetz zur Reform der gesetzlichen Rentenversicherung und zur Förderung eines kapitalgedeckten Altersvermögens) ist am 1.1.2002 in Kraft getreten. Damit wurde die umlagefinanzierte und mithin auf eine stetige Geburtenentwicklung angewiesene gesetzliche Rentenversicherung um einen Baustein der privaten Vorsorge ergänzt. Der Aufbau einer freiwilligen kapitalgedeckten Altersvorsorge wird staatlicherseits mit Zulagen oder Steuervorteilen gefördert. Damit soll die erwartete Senkung des Niveaus der gesetzlichen Rentenzahlungen ausgeglichen werden.

Einer der schwierigsten Verhandlungspunkte bei der Konzeption der Rentenreform war die Frage, ob und wie das selbstgenutzte Wohneigentum dabei berücksichtigt werden kann. Die hierfür im Vermittlungsausschuß gefundene Lösung sieht wie folgt aus: Es kann von dem für die Altersvorsorge angesparten

Kapital ein Betrag zwischen € 10.000 und € 50.000 zur Herstellung oder Anschaffung selbstgenutzten Wohneigentums entnommen werden. Der entnommene Betrag muß bis zum Renteneintritt wieder eingezahlt werden. Mit diesem „modifizierten Entnahmemodell" wird also nicht direkt gefördert, sondern nur die Möglichkeit eingeräumt, aus dem eigenen Altersvorsorgekonto eine Zwischenfinanzierung vorzunehmen.

Begünstigt ist die Anschaffung oder Herstellung einer im Inland gelegenen selbstgenutzten Wohnung. Nicht zulässig ist die Verwendung für Modernisierung, Umbau, Instandsetzung oder Umschuldung oder für den Erwerb von Genossenschaftsanteilen. Der entnommene Betrag ist vom Zulageberechtigten in monatlich gleichen Raten zurückzuzahlen; Zinsen fallen nicht an. Die Rückzahlung muß spätestens im zweiten auf das Jahr der Verwendung folgenden Jahr beginnen.

6.4.7 Zusammenfassende Betrachtung

Das derzeitige System der Wohneigentumsförderung kann man als zersplittert bezeichnen. Es gibt Überschneidungen bei den Programmzielen und bei den Zielgruppen. So ist die Zielgruppe der Eigenheimzulage weitgehend identisch mit der des KfW-Wohneigentumsprogramms. Allerdings ist das KfW-Programm eben nur eine Programmförderung ohne Rechtsanspruch.

Die städtebaulich orientierten Förderungen haben unterschiedliche Schwerpunkte. Nicht recht einsehbar ist allerdings, warum die beiden Förderungen sich unterschiedlicher Instrumente bedienen: Abschreibungsvergünstigungen und Zulagen. Bei einer möglichen Zusammenfassung der Förderungen wäre man bedenken, daß die (bis 2004 befristete) städtebauliche Programmförderung nur für Vorhaben in den neuen Bundesländern in Anspruch genommen werden kann.

Im Bereich der Sparförderung hat man mit großem Aufwand im nachhinein die Möglichkeit geschaffen, die angesparten Mittel vorübergehend für die Wohneigentumsbildung einzusetzen. Damit hat man die Förderung der privaten Altersvorsorge überfrachtet. Die neue Förderung hätte sich auf die Subventionierung der Geldvermögensbildung beschränken sollen. Alternativ hätte man die Wohnungsbauprämie erhöhen und ihre Zielgruppe erweitern können.

Alles in allem fehlt dem System der Wohneigentumsförderung eine klare Zielorientierung. Dies gilt für die Eigenheimzulage, aber auch für die KfW-Programme und die Sparförderung. Zielgruppen und Förderziele sind noch zu unscharf definiert. Mißt man den Erfolg der Förderung an vermögens- und familienpolitischen Zielen, so steht der finanzielle Aufwand (mehr als DM 26 Mrd. im Jahr 2000) in keinem angemessenen Verhältnis dazu.

Die vorhandenen Effizienzmängel könnten durch geeignete Maßnahmen zur Integration und zur Konzentration der Förderprogramme beseitigt werden. **Integration** bedeutet die Zusammenführung der Wohneigentumsförderung im Rahmen der sozialen Wohnraumförderung mit der allgemein zugänglichen Förderung nach Eigenheimzulagegesetz in einem einheitlichen Fördermodell. Konzentration bedeutet, die Förderinstrumente auf eine schärfer abgegrenzte Zielgruppe zu konzentrieren. Dafür bieten sich **Haushalte mit Kindern** an, bei denen die Wohneigentumsbildung aus eigener Kraft zu einer **untragbaren Belastung** führen würde.

6.5   Die ertragsteuerliche Behandlung des Mietwohnungsbaus

In diesem Abschnitt werden ausgehend von den fundamentalen Begriffen und Prinzipien der Einkommensbesteuerung Gestaltungsalternativen für verschiedene Problembereiche der Besteuerung des Mietwohnungsbaus miteinander verglichen und bewertet.

6.5.1   *Das Leistungsfähigkeitsprinzip als fundamentales Steuerlastverteilungsprinzip*

In Deutschland wird das **Leistungsfähigkeitsprinzip** als das **fundamentale Steuerlastverteilungsprinzip** angesehen. Eine „horizontal" gerechte Lastenverteilung verlangt eine umfassende Bemessungsgrundlage mit nur wenigen Ausnahmetatbeständen. Die **„vertikale"** Gerechtigkeit zwischen den Einkommensklassen schlägt sich in der Höhe der Freibeträge und in dem progressiven Tarifverlauf der Einkommensteuer nieder.

Das Leistungsfähigkeitsprinzip hat eine sachliche und eine persönliche Komponente. Der **sachlichen Komponente** rechnet man das sog. „Nettoprinzip" zu. Das Nettoprinzip verlangt, daß lediglich die **Veränderung des Reinvermögens** besteuert wird. Nur die Netto-Einkünfte des Steuerpflichtigen erhöhen seine Leistungsfähigkeit. Er kann daher die Ausgaben, die in einem **kausalen Zusammenhang** zur Erzielung der entsprechenden Einnahmen stehen, von der steuerlichen Bemessungsgrundlage abziehen (**objektives Nettoprinzip**). Im weiteren Sinne sind auch der horizontale und der vertikale **Verlustausgleich** (Abschnitt 6.5.3.3) zwischen den verschiedenen Einkunftsarten Ausfluß des Nettoprinzips. Ebenfalls von der Bemessungsgrundlage abgezogen werden können die Aufwendungen für die **Existenzsicherung** des Steuerpflichtigen und die seiner Familienangehörigen (**subjektives Nettoprinzip**).

Die **persönliche Komponente** des Leistungsfähigkeitsprinzips zeigt sich darin, daß der Steuertarif nicht unmittelbar auf das nach dem Nettoprinzip ermittelte Einkommen angewendet wird, sondern daß die persönliche Situation des Steuerpflichtigen berücksichtigt wird (etwa durch den Abzug von Sonderausgaben und außergewöhnlichen Belastungen). Im Ergebnis soll lediglich das **disponible Einkommen** des Steuerpflichtigen der Besteuerung unterliegen, das insofern als Ausdruck seiner steuerlichen Leistungsfähigkeit gelten kann.

6.5.2 Einkommensbegriff des Einkommensteuergesetzes

Dem Einkommensbegriff des deutschen Einkommensteuergesetzes fehlt eine theoretische Leitlinie. Besteuerungsgegenstand ist das Einkommen des Steuerpflichtigen im Sinne eines **Nettozuflusses**. Die Konsequenz daraus ist die Aufteilung seiner Ausgaben in solche, die der **Einkommenserzielung** (bspw. Zinsen und Abschreibungen zur Erzielung von Mieteinnahmen) und solche, die der **Einkommensverwendung** (persönliche Konsumzwecke, bspw. Selbstnutzung von Wohneigentum innerhalb des Konsumgutmodells der Besteuerung) zuzurechnen sind.

Das Steuerrecht bedient sich eines pragmatischen Einkommensbegriffs. Unter Einkommen wird schlicht die **Summe der Einkünfte aus den sieben speziell definierten Einkunftsarten** verstanden. Dabei handelt es sich um die Einkünfte aus **Land- und Forstwirtschaft**, aus **Gewerbebetrieb**, aus **selbständiger Arbeit** (bspw. Einkünfte aus der Tätigkeit der freien Berufe), aus **nichtselbständiger Arbeit** (Löhne, Gehälter, u. ä.), aus **Kapitalvermögen** (u. a. Gewinnanteile und Zinsen), aus **Vermietung und Verpachtung** (u. a. Einkünfte aus der Vermietung oder Verpachtung von Grundstücken oder Gebäuden), sowie um **sonstige Einkünfte** (z. B. Ertragsanteil der Rente und Einkünfte aus Spekulationsgeschäften). Die Zuordnung von Einkünften aus Immobilienvermögen zu den Einkunftsarten kann erhebliche Auswirkungen auf die Besteuerung haben. So sind Mieteinnahmen keinesfalls von vornherein als Einnahmen aus Vermietung und Verpachtung zu klassifizieren.

Gemeinsames Merkmal der Einkünfte aus Vermietung und Verpachtung (VuV) ist die entgeltliche Überlassung von nicht in Geld bestehenden Vermögenswerten (Sachwerten). Ausgangspunkt für die Frage, ob Einkünfte aus VuV vorliegen, bilden die §§ 535 ff. u. 581 ff. BGB (Miet- bzw. Pachtverträge über betrieblich wie privat genutzte Räume).

Für den Steuerpflichtigen ist die Zuordnung zu den Einkünften aus VuV in der Regel vorteilhaft. Bei **privater Vermögensverwaltung**[36] anstelle von **gewerblichem Grundstückshandel** sind Veräußerungsgewinne bislang grundsätzlich steuerlich unbeachtlich, mit der allerdings gravierenden Ausnahme der Gewinne aus Spekulationsgeschäften (Kauf und Verkauf innerhalb von zehn Jahren).

Bei allen **Nebeneinkunftsarten** gilt das **Subsidiaritätsprinzip** (§ 21 Abs. 3 EStG): Einkünfte aus Miet- und Pachtverträgen sind danach im Zweifel einer der Haupteinkunftsarten zuzurechnen, soweit sie zu diesen gehören (bspw. Einordnung als gewerblicher Grundstückshandel oder Zugehörigkeit zu einem steuerlichen Betriebsvermögen).

6.5.3 Kritischer Blick auf die Besteuerung von Mietwohngebäuden

6.5.3.1 Abschnittsbesteuerung

Grundsätzlich ist die Festlegung jeder Periode willkürlich, für die das Einkommen berechnet wird. In Deutschland wird die **Abschnittsbesteuerung** praktiziert. Generell wird auf das Jahr als Einkommensperiode abgestellt. Die Länge der Einkommensperiode ist besonders bei schwankenden Einkommen in Verbindung mit einem progressiven Steuertarif von Bedeutung für die Höhe der Steuerlast. Je kürzer die Einkommensperiode ist, desto größer ist auch die Bedeutung transitorischer Einkommen. Auch **Veräußerungsgewinne** aus dem Verkauf von Grundstücken oder Gebäuden fallen in aller Regel zeitlich und dem Betrag nach unregelmäßig an. Die Auswirkungen der Abschnittsbesteuerung können grundsätzlich durch folgende Maßnahmen gemildert werden:

- Intertemporaler Verlustausgleich,
- Verteilung einmaliger Einnahmen auf mehrere Jahre,
- ermäßigte Besteuerung einmaliger Einnahmen durch eine Sondersteuer (Erbschafts-, Schenkungssteuer),
- Durchschnittsbesteuerung über mehrere Jahre bzw. Lebenseinkommensbesteuerung.

Im geltenden Steuerrecht sind lediglich der intertemporale Verlustausgleich (Abschnitt 6.5.3.3) und bestimmte Sondersteuern verankert. Das Steuerrecht

---

[36] Unter privater Vermögensverwaltung versteht man die *Fruchtziehung aus zu erhaltenden Substanzwerten*. Den Ausschlag für die Einordnung als Vermögensverwaltung gibt, daß nicht die *Vermögensumschichtung* (Kauf und Verkauf) im Vordergrund der Aktivität steht, sondern die Erzielung von laufenden Einnahmen aus einem im Zeitablauf mehr oder weniger konstanten Immobilienbestand.

kommt den Beziehern transitorischer Einkommen in dieser Hinsicht also nicht sehr weit entgegen.

6.5.3.2 Abschreibungsmöglichkeiten

6.5.3.2.1 Begriff der Abschreibung

Unter den planmäßigen **Gebäudeabschreibungen** versteht man die Abzugsbeträge, die bei Gebäuden im Anlagevermögen (aktivierte Anschaffungs- oder Herstellungskosten als Bemessungsgrundlage) die im Laufe der voraussichtlichen Nutzungsdauer (dem Verteilungszeitraum) eintretenden Wertminderungen nach einer bestimmten Abschreibungsmethode (Verteilungsverfahren) erfassen sollen.

Planmäßige Abschreibungen dienen der buchhalterischen Erfassung des schrittweisen Abbaus des in einem Gebäude verkörperten Nutzungspotentials im Zeitablauf. Abschreibungen werden in der Gewinn- und Verlustrechnung als Aufwand, bei der steuerlichen Gewinnermittlung als Betriebsausgaben bzw. Werbungskosten und in der Kostenrechnung als Kosten angesetzt.

Abschreibungsursachen können technischer, wirtschaftlicher oder rechtlicher Natur sein. Bei Wohngebäuden können **technische Abschreibungsursachen** in gewöhnlichem Verschleiß (Gebrauchs- oder Ruheverschleiß) oder in außergewöhnlichem Verschleiß (Katastrophenverschleiß: Brand, Explosion) liegen. Als **wirtschaftliche Ursachen** von **außerplanmäßigen** Abschreibungen kommen in Frage:

- **Nachfrageverschiebungen** (Mietrückgang für vergleichbaren Wohnraum infolge geänderter Präferenzen in Hinblick auf die Lage oder den Zuschnitt der Wohnung),

- **Fehlinvestitionen** (Sanierung eines leerstehenden Wohngebäudes an einer belebten Ausfallstraße bei verbreiteten Wohnungsleerständen in der Gemeinde mit der Folge dauerhaften Leerstands),

- **gesunkene Wiederbeschaffungskosten** (nachhaltiger Rückgang der Baupreise und / oder der Preise für vergleichbare Immobilien),

- oder technischer Fortschritt.

Rechtliche Abschreibungsursachen können auf der Entwertung durch gesetzgeberische Maßnahmen oder auf dem zeitlichen Ablauf von Miet-, Pacht- oder Leasingverträgen beruhen.

6.5.3.2.2 Die Bewertungsvorschriften in der Handels- und in der Steuerbilanz

Planmäßige Abschreibungen werden nach dem Handelsgesetzbuch (HGB) und dem EStG nur auf Gebäude im Anlagevermögen vorgenommen. Im Umlaufvermögen sind planmäßige Abschreibungen ausgeschlossen. Absolute **Wertobergrenze** für die Bewertung von Gebäuden in der Handels- und Steuerbilanz sind die (historischen) Anschaffungs- oder Herstellungskosten vermindert um die planmäßigen Abschreibungen. Die Abschreibungen mindern als „Aufwand" den in der Handelsbilanz ausgewiesenen Gewinn (für **Ausschüttungen** maßgeblich) und als „Betriebsausgabe" den in der Steuerbilanz ausgewiesenen Gewinn (für **Einkommensteuerzahlungen** maßgeblich).

Keinesfalls dürfen **Wertsteigerungen** handelsrechtlich (oder steuerrechtlich) durch Zuschreibungen auf das aktivierte Gebäude nachvollzogen werden. Dies gilt auch für nachhaltige Wertsteigerungen.[37] Die Bewertungsvorschriften erzwingen in diesem Fall mithin die Bildung von dauerhaften **stillen Reserven**, die den Wohnungsunternehmen zu langfristigen Finanzierungszwecken zur Verfügung stehen. Sie können weder ausgeschüttet werden, noch unterliegen sie der Einkommensbesteuerung, solange das Gebäude nicht veräußert wird.[38]

Sinn und Zweck dieser strengen Bewertungsvorschriften ist es, eine Schmälerung der Haftungsbasis durch die Ausschüttung nicht realisierter Gewinne zu verhindern (**Gläubigerschutzziel**). Das Gläubigerschutzziel gebietet eine vorsichtige Bewertung des Vermögens in einer zum Zwecke der Gewinnverteilung erstellten Bilanz.[39]

Dem Ziel eines möglichst hohen **Informationsgehaltes** der Handelsbilanz würde man dagegen eher mit Vorschriften gerecht, die eine **zeit- und marktnähere Bewertung** erzwingen und dem Bilanzierenden vergleichsweise wenig Spielraum für bilanzpolitisch motivierte Bewertungsmaßnahmen belassen. Auf diese Weise würde außenstehenden Dritten der Einblick in die Vermögens-, Finanz- und Ertragslage erleichtert („**true and fair view**").

Dem Ziel des Gläubigerschutzes könnte in der Handelsbilanz nach angelsächsischem Vorbild durch eine besondere bilanzielle Behandlung von ertragswirksamen Zuschreibungen auf die Anschaffungs- bzw. Herstellungskosten Rechnung getragen werden, die eine Ausschüttung der Erträge an die Anteilseigner verhindert („valuation reserve"). Noch mehr empfiehlt sich eine zeitnahe Be-

---

[37] Auch dürfen in solchen Fällen die planmäßig vorgesehenen Abschreibungsbeträge nicht gemindert werden.

[38] In der jüngeren Vergangenheit waren erhebliche und nachhaltige Wertsteigerungen für Mietwohngebäude durchaus die Regel. Nicht zuletzt die Inflation hat - besonders in den 70er Jahren - zu erheblichen (nominalen) Wertsteigerungen geführt. Ältere Mietwohngebäude sind daher sowohl in der Handels- als auch in der Steuerbilanz von Wohnungsunternehmen oft unterbewertet.

[39] Die um planmäßige Abschreibungen verminderten Anschaffungs- oder Herstellungskosten sind aber nicht in allen Fällen mit einem besonders vorsichtigen Wertansatz gleichzusetzen. So kann auf dem Höhepunkt eines Preiszyklus (mit der Erwartung kurz- oder mittelfristig wieder fallender Preise) eine vorsichtige Bewertung einen niedrigeren Wertansatz erforderlich machen.

wertung für die Steuerbilanz. Eine übervorsichtige Bewertung zum Zwecke der Einkommensbesteuerung erscheint weder mit dem Leistungsfähigkeitsprinzip noch mit Allokations- und Wachstumszielen vereinbar. Die Steuerbilanz dient in erster Linie der steuerlichen Gewinnermittlung und weniger dem Gläubigerschutz. Eine marktnähere Bewertung würde nicht zuletzt die Bemessungsgrundlage der Einkommensteuer verbreitern und Spielraum für eine Senkung der Besteuerungssätze schaffen.

6.5.3.2.3 Die steuerliche Abschreibung von Mietwohngebäuden

Obwohl wirtschaftlich bei Mietwohngebäuden die lineare Abschreibung angemessen wäre (2 Prozent jährlich über 50 Jahre), läßt das EStG bei Neubauten derzeit noch gemäß § 7 Abs. 5 EStG die **degressive Abschreibung** mit anfänglich höheren Sätzen (in den ersten 10 Jahren mit jeweils 4 Prozent, dann für weitere 8 Jahre mit 2,5 Prozent, danach mit 1,25 Prozent jährlich) über 50 Jahre zu und die meisten Vermieter machen davon auch Gebrauch.[40] Das Gebäude muß in diesem Fall mit den gleichen Sätzen in der Handelsbilanz abgeschrieben werden (**umgekehrte Maßgeblichkeit**).

Aus der Verlagerung der Abschreibungen in die Anfangsjahre der Investition ergibt sich ein spürbarer Steuerstundungseffekt (**zinsloser „Steuerkredit"**), der renditesteigernd und liquiditätserhöhend wirkt. Ggf. kommt noch eine Steuerersparnis aufgrund der Steuerprogression hinzu (Glättung des zu versteuernden Einkommens in der Zeit durch den gezielten Einsatz der erhöhten Abschreibungen zum Zwecke der Steuerersparnis). Auch der Finanzierungseffekt fällt stärker aus als bei linearer Abschreibung. Das Steuerrecht erzwingt gewissermaßen eine zusätzliche Gewinnthesaurierung in der Handelsbilanz.

Bei der **Teilwertabschreibung** handelt es sich um eine Möglichkeit, außerplanmäßige Wertberichtigungsbedarfe auch in der Steuerbilanz zu berücksichtigen. Damit wird die Besteuerung von Scheingewinnen verhindert. Die Teilwertabschreibung entspricht der Differenz zwischen Buchwert und Teilwert eines Wirtschaftsgutes. Nach § 6 Abs.1 Nr. 1 S. 2 EStG ist der Ansatz des niedrigeren Teilwertes bei (voraussichtlich) **dauerhaften Wertminderungen** zulässig. In der Praxis ist der Teilwert in der Regel identisch mit den **Wiederbeschaffungskosten** für das betreffende Wirtschaftsgut (bei Immobilien und Grundstücken mit dem Verkehrswert).

---

[40] Im Altbaubereich ist dagegen nur die lineare Abschreibung zulässig (je nach Baualter verteilt auf eine Nutzungszeit von 40 bzw. 50 Jahren).

6.5.3.3 Verrechnung von Vermietungsverlusten

Unter der **innerperiodischen Verlustverrechnung** versteht man die Verrechnung von negativen Einkünften mit positiven Einkünften desselben Jahres. Man unterscheidet den internen (horizontalen) Verlustausgleich von Gewinnen und Verlusten innerhalb ein- und derselben Einkunftsart und den externen (vertikalen) Verlustausgleich zwischen verschiedenen Einkunftsarten.

So können im Rahmen des horizontalen Verlustausgleichs innerhalb der Einkünfte aus Vermietung und Verpachtung steuerliche Verluste aus einem Objekt mit Gewinnen aus einem anderen Objekt verrechnet werden. Der vertikale Verlustausgleich war bis zum Inkrafttreten des Steuerentlastungsgesetzes nahezu unbeschränkt möglich. Auch sehr hohe Verluste bei einer Einkunftsart konnten in voller Höhe von anderswo erzielten Überschüssen abgezogen werden.

Einkünfte aus VuV		
Immobilie A €:	+ 70.000	
Immobilie B €:	– 100.000	
	– 30.000	
	– 30.000	interner Verlustausgleich
+ Einkünfte aus selbst. Arbeit €	+ 70.000	
+ Einkünfte aus Kapitalverm. €	+ 10.000	
	+ 50.000	externer Verlustausgleich

Tab. 6.5 Beispiel für die Formen des Verlustausgleichs

Mit dem Steuerentlastungsgesetz wurde 1999 eine Beschränkung der Verrechenbarkeit von negativen Einkünften aus sog. **„Verlustzuweisungsgesellschaften"** (bspw. geschlossenen Immobilienfonds) eingeführt (§ 2b EStG). Diese dürfen nur noch mit positiven Einkünften aus anderen Verlustzuweisungsgesellschaften verrechnet werden.

Als **interperiodische Verlustverrechnung** bezeichnet man die Verrechnung von negativen Einkünften mit positiven Einkünften anderer Jahre. Negative Einkünfte können insbesondere bei Steuerpflichtigen mit größerem Immobilienbesitz aufgrund von Werbungskostenüberschüssen in den Anfangsjahren der Investition auftreten. Die Verluste sind für den Steuerpflichtigen nicht verloren, sondern er kann sie bis zu bestimmten Höchstbeträgen in das vorangegangene oder in zukünftige Geschäftsjahre zurück- bzw. vortragen. Er mindert dadurch die steuerliche Bemessungsgrundlage im Rücktrags- bzw. Vortragsjahr.

Für die interperiodische Verlustverrechnung und speziell für den steuerlichen Verlustrücktrag sprechen folgende wirtschaftspolitische Gründe: Der Zugriff der Besteuerung sollte nicht über das wirtschaftliche **Totalergebnis** (der

Summe aller Gewinne und Verluste in der Totalperiode) hinausgehen. Man kann die interperiodische Verlustverrechnung als eine Ausprägung des Nettoprinzips ansehen. Verluste beeinträchtigen die Leistungsfähigkeit des Steuerpflichtigen. Er muß zur Aufrechterhaltung seines Lebensstandards auf Ersparnisse zurückgreifen, also auf Einkommensteile, die in früheren Wirtschaftsjahren bereits versteuert worden sind.

Die interperiodische Verlustverrechnung leistet außerdem einen wichtigen Beitrag zur Milderung der **Härten der Abschnittsbesteuerung** (Abschnitt 6.5.3.1). Wenn zwei Steuerpflichtige ein gleich hohes Totalergebnis erzielen, trägt derjenige Steuerpflichtige mit den stärker schwankenden Einkünften bzw. mit Verlusten in einzelnen Jahren wegen der Steuerprogression die höhere Steuerlast. Es wäre unbillig, die Gewinne des Steuerpflichtigen, die ja bei einem gleich hohen Totalergebnis die Verluste aus anderen Jahren ausgleichen müssen, der Steuerprogression zu unterwerfen.

Literatur zum 6. Kapitel:

1. *Bausparkassen-Fachbuch* 2002/2003, Deutscher Sparkassen-Verlag.

2. *Dieckmann / Hintzsche*: Wohnungspolitik für Städte, Gemeinden und Kreise, Deutscher Gemeindeverlag 1996.

3. *Dornbach*: Die Förderung selbstgenutzten Wohneigentums: eine einzel- und gesamtwirtschaftliche Analyse steuerlicher Maßnahmen, Verlag für Wissenschaft und Forschung 1995.

4. *Expertenkommission Wohnungspolitik*: Wohnungspolitik auf dem Prüfstand, Mohr Verlag 1995.

5. *Falk*: Wohnen im Lebenslauf, G+B Verlag Fakultas.

6. *Haberstock / Breithecker*: Einführung in die betriebswirtschaftliche Steuerlehre, Erich Schmidt Verlag 2002.

7. *Hamm*, W.: Das Elend der Wohnungspolitik: Ursachen und Auswege, in: ORDO, Bd. 48 (1997), S. 309-326.

8. *Homburg*: Allgemeine Steuerlehre, Verlag Vahlen 2003.

9. *Kofner*, S.: Ansatzpunkte für eine Liberalisierung des Mietrechts, in: Der Langfristige Kredit, 48. Jg. (1997), S.111-115.

10. *Kofner*, S.: Der Stabilisierungsauftrag des sozialen Wohnungsbaus, in: Wohnungswirtschaft und Mietrecht, 52. Jg. (1999), S.71-90.

11. *Kofner*, S.: Die Zukunft der Wohneigentumsförderung, in: Taschenbuch für den Wohnungswirt 2004, S. 19-29.

12. *Kofner*, S.: Grundzüge der Wohnungsbaupolitik, Studienbrief des Fachhochschul-Fernstudienverbundes der Länder, 2. Auflage 2002.

13. *Kofner*, S.: Kritische Bemerkungen zur Reform der Wohnungsbauförderung, in: Taschenbuch für den Wohnungswirt 2002, S.132-142.

14. *Kofner*, S.: Rationale Wohneigentumsförderung, in: Wohnungswirtschaft und Mietrecht, 52. Jg. (Heft 8, 1999), S.439-445.

15. *Penné / Weimar / Willitzer*: Immobilienbesteuerung, Luchterhand Verlag 1997.

16. *Prigge / Kaib* (Hrsg.): Sozialer Wohnungsbau im internationalen Vergleich, Vervuert.

17. *Riege*, M.: Der Soziale Wohnungsbau. Sein Beitrag und seine Grenzen für eine soziale Wohnungspolitik, in: Aus Politik und Zeitgeschichte, B 8-9/1993, S. 32-42.

18. *Röll / Sauren*: Handbuch für Wohnungseigentümer und Verwalter, Schmidt Verlag 2002.

19. *Scheffler*: Besteuerung von Unternehmen, Band I: Ertrag-, Substanz- und Verkehrsteuern, UTB 2003.

20. *Sotelo*: Ökonomische Grundlagen der Wohnungspolitik, Verlag Rudolf Müller 2001.

21. *Wilde*: Die Eigenheimförderung, Beck-Texte im dtv-Verlag 1997.

22. *Wüstenrot Stiftung* (Hrsg.): Wohneigentum in Europa 2002.

7 Die Formation der deutschen Wohnungspolitik nach dem Zweiten Weltkrieg

Dieses Kapitel beschäftigt sich mit der Entwicklung der Rahmenbedingungen der deutschen Wohnungswirtschaft nach dem Zweiten Weltkrieg. Der Schwerpunkt der Betrachtung der **Formationsphasen** der Gesetzgebung in den Bereichen Mietrecht, Sozialer Wohnungsbau, indirekte steuerliche Förderung und Wohneigentumsförderung liegt auf den 50er und 60er Jahren.

Ausgangspunkt der Darstellung ist ein Abriß der Ausgangssituation der Wohnungspolitik nach dem Ende des Krieges. Diese war bestimmt von einer großen Wohnungsnot in Verbindung mit einem engen zwangswirtschaftlichen Regulierungskorsett. Im Mittelpunkt der Darstellung steht die Formation der gesetzgeberischen Rahmenbedingungen. Es geht hier also nicht darum, den heute gültigen gesetzlichen Rahmen der Wohnungswirtschaft darzustellen (siehe dazu Abschnitt 6), sondern seine Entstehungsgeschichte. Diese Vorgehensweise ermöglicht

- den Vergleich der historischen Vorläuferregelungen mit den heutigen Regelungen,

- das Verständnis der heutigen Regelungen aus ihrer Entstehungsgeschichte heraus,

- die Prüfung der damaligen Übergangs- und Anpassungsmaßnahmen auf ihre Eignung für die Transformationsökonomien von heute.

7.1 Überblick über die Entwicklung

7.1.1 Wohnungspolitische Bilanz des NS-Regimes

7.1.1.1 Die Wohnungsnot der Nachkriegszeit

Das NS-Regime hatte eine bedrückende Bilanz auch und gerade auf dem Feld der Wohnungspolitik hinterlassen. Die kriegsbedingte Wohnungsnot wurde noch verschärft durch die umfangreichen Zuwanderungen der aus den Ostgebieten vertriebenen Flüchtlinge und die Wohnraumrequirierungen der Besatzungsmächte.

In den drei Westzonen waren von 10,84 Millionen im Jahre 1939 vorhandenen Wohnungen 2,2 Millionen oder 20,3 Prozent bei Kriegsende völlig zerstört. Weitere 2 bis 2,5 Millionen Wohnungen waren leicht oder mittelschwer beschädigt. Die Kriegszerstörungen hatten überwiegend das städtische Grundeigentum getroffen.

Land	Benutzbarer Wohnraum im Sommer 1948 (in Prozent des Standes von 1939)	Wohnbevölkerung im Sommer 1948 (in Prozent des Standes von 1939)
Schleswig-Holstein	89	174
Bayern	87	132
Niedersachsen	87	151
Hessen	82	122
Württemberg-Baden	78	120
Nordrhein-Westfalen	70	106
Bremen	58	94
Hamburg	50	88

Tab. 7.1   Wohnraumverluste und Bevölkerungszuwachs im Vereinigten Wirtschaftsgebiet
Quelle: Denkschrift über Probleme der Mietpreisbildung von MinR Helmut Bormann (BwiM), BA Kb 134/3666

Ein Ausgleich wurde durch die Lenkung der Binnenwanderungsströme und später der Flüchtlingsströme geschaffen. Auch die Freizügigkeit im Raum wurde massiv beschränkt. Die Wohnraumlenkung konnte jedoch nicht mehr erreichen als eine bessere Verteilung der Wohnungsnot. In der britischen und der amerikanischen Zone hatte die Wohnungsbelegung gegenüber 1939 um **50 Prozent** zugenommen.

Nimmt man die Wohnungsversorgung der Vorkriegszeit als Maßstab, so bestand im westlichen Deutschland 1949 ein Bedarf von mehr als **5 Millionen Wohnungen**.[41] Abgesehen von dem enormen Wohnungsdefizit war das wohnungspolitische Erbe von Krieg und NS-Zeit von einer im strengen Sinne zwangswirtschaftlichen gesetzgeberischen Hinterlassenschaft geprägt.

7.1.1.2 Die gesetzgeberische Hinterlassenschaft

Wie jede Wohnungszwangswirtschaft war auch die vom NS-Regime hinterlassene von Interventionen auf den Gebieten des **Kündigungsschutzes**, des **Mietpreisrechts** und der **Wohnraumbewirtschaftung** geprägt. Außerdem bediente man sich des Instruments der zwangsweisen **Einquartierung**

---

[41] Der Wohnungsbedarf setzte sich wie folgt zusammen: 2,2 Mio. Wohnungen infolge Zerstörung; 3,0 Mio. Wohnungen infolge der Bevölkerungszunahme um ein Fünftel von 1940 bis 1948 (9 Millionen Heimatvertriebene, dazu Flüchtlinge aus der Sowjetzone); 0,12 Mio. Wohnungen aus dem laufenden Bedarf für die jährliche Bevölkerungszunahme in den kommenden Jahren.

zur Versorgung von Wohnungsnotfällen und zur Sicherung einer gleichmäßigen Belegungsdichte der Wohnungen. Die Regulierungen gingen so weit und sie wurden so umfassend angewendet, daß von einem „Wohnungsmarkt" auch nicht ansatzweise mehr die Rede sein konnte.

Die erste Kodifizierung eines für ganz Deutschland einheitlichen Wohnraum-Mietrechts war im Jahre 1896 im **Bürgerlichen Gesetzbuch** (BGB) vorgenommen worden. Das Mietrecht der Urfassung des BGB war verglichen mit dem heutigen Mietrecht viel stärker liberalen Prinzipien verpflichtet. Beiden Vertragsparteien stand ein freies Recht zur ordentlichen fristgerechten Kündigung zu. Beschränkungen der Preisfreiheit waren nicht bekannt. Die Miete konnte in Mietverträgen auf unbestimmte Zeit mittels Änderungskündigung erhöht werden.[42]

Auf dem Gebiet des Kündigungsrechts gab es seit 1923 zwei konkurrierende gesetzliche Regelungen: Das Kündigungsrecht des BGB und das **Mieterschutzgesetz** (MSchG) von 1923. Die Abgrenzung der Anwendungsbereiche der beiden Gesetze war im Zeitablauf durchaus variabel. In der NS-Zeit war der Anwendungsbereich des MSchG schrittweise immer weiter ausgedehnt worden. Seit 1939 galt das MSchG für Mietverhältnisse jeder Art (einschließlich der Erstvermietungen). Im Geltungsbereich des MSchG war das Kündigungsrecht des Vermieters ausgeschlossen. Ein Mietvertrag konnte nur gerichtlich aufgelöst werden. Zu diesem Zweck mußte der Vermieter eine Aufhebungsklage anstrengen. Das Gericht hatte dann mit einer Abwägungsentscheidung über das Kündigungsverlangen zu entscheiden.[43]

Grundlage der **Wohnraumbewirtschaftung** in den letzten Kriegsjahren war die **Lenkungsverordnung** des Reichswohnungskommissars von 1943. Darin wurden die Gauwohnungskommissare (Gauleiter) zu bestimmten Eingriffen ermächtigt (z.B. Meldepflichten zur Feststellung freien Wohnraums, Zwangsrechte der Gemeinden zur Vornahme von Um- und Ausbauten sowie zur zwangsweisen Wiederfreimachung von zweckentfremdetem Wohnraum). Die Wohnraumverteilung war in einer abgestuften Weise geregelt. Bevorzugt wurden Schwerkriegsversehrte, hochdekorierte Soldaten und kinderreiche Familien behandelt (Einzelzuweisung). Zur interregionalen Lenkung des Wohnungsbedarfs konnten Genehmigungspflichten für Zuzüge in die „Brennpunkte

---

[42] Obendrein wurden die Bestimmungen des BGB seinerzeit durchweg als abdingbar angesehen. So wurden in Formularmietverträgen die Rechte der Vermieter gegenüber dem BGB häufig noch erweitert (bspw. asymmetrische Kündigungsfristen).

[43] Die Aufhebungsgründe, die den Vermieter zur Klage berechtigten, waren im MSchG aufgezählt: erhebliche Belästigung des Vermieters oder eines Mitbewohners (§ 2 MSchG), unangemessener Gebrauch (nach § 2 MSchG insbesondere unbefugte Überlassung an Dritte und Vernachlässigung der Sorgfaltspflichten), Zahlungsrückstand von zwei Monatsmieten (§ 3 MSchG) und in eng gefaßten Ausnahmefällen auch Eigenbedarf.

des Wohnungsbedarfs" und ergänzend Beihilfen für Abwanderungen aus den Brennpunkten eingeführt werden.

7.1.2 Entwicklung der Bautätigkeit und der Wohnsituation

Die Wohnsituation nach dem Kriege war nach den Maßstäben von heute katastrophal. Die Wohnungen waren überbelegt und in den meisten Fällen als Folge der Einquartierungen auch mehrfach belegt. Die Betroffenen mußten sich die Wohnung einschließlich Küche und Bad mit wildfremden Menschen teilen. Weiter beeinträchtigt wurde die Wohnqualität durch die kriegsbedingten Bauschäden an einem guten Fünftel des verbliebenen Wohnungsbestands. Viele der beschädigten Wohnungen konnten zunächst nur notdürftig wieder hergerichtet werden. Auch die Ausstattung der Wohnungen ließ nach heutigen Maßstäben viel zu wünschen übrig. Bedingt durch hohe Fertigstellungszahlen im Neubau kam es allerdings schon im Verlaufe der 50er Jahre zu einer spürbaren Entspannung der Situation am Wohnungsmarkt.

Nachdem in den ersten Jahren nach Kriegsende nur wenige Wohnungen fertiggestellt worden waren, entwickelte sich im Verlauf der 50er Jahre eine rege Wohnungsbautätigkeit (Bild 7.1). Schon 1954 wurde ein Fertigstellungsvolumen von über 500.000 Einheiten erreicht, das bis 1969 nicht mehr unterschritten werden sollte.

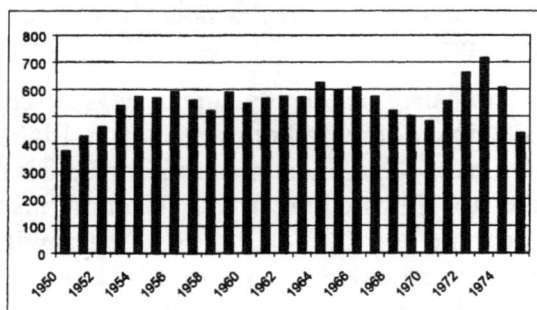

Bild 7.1   Wohnungsfertigstellungen Früheres Bundesgebiet

Die hohen Fertigstellungsziffern haben sich in einer raschen Erholung des westdeutschen Wohnungsbestands niedergeschlagen (Tab. 7.2). Ab Mitte der 60er Jahre kann man von einer Wohnungsnot nicht mehr sprechen. Die Zahl der Wohneinheiten pro 1.000 Einwohner hatte von 214 im Jahre 1950 auf 389 im Jahre 1978 zugenommen.

154

Jahr	Bevölkerung in Tsd.	Haushalte in Tsd.	Wohnungsbestand in Tsd.
1950	50.809	16.650	9.376
1956	53.023	17.577	13.675
1961	56.189	19.460	16.816
1966	59.638	21.540	19.574
1970	60.651	21.991	20.807
1975	61.829	23.722	23.621

Tab. 7.2   Bevölkerung, Haushalte und Wohnungsbestand in Westdeutschland 1950-1975
Quelle: Statistisches Bundesamt

Die hohen Fertigstellungsziffern haben im Laufe der Zeit zu einer grundlegenden Verschiebung in der **Altersstruktur** des Wohnungsbestandes geführt
(Tab. 7.3). Gegenüber der Situation im Jahre 1950 war Ende der 70er Jahre eine deutlichen Verjüngung des Bestandes festzustellen. Der Anteil der Nachkriegswohnungen lag 1978 bereits bei 63,2 Prozent. Der Anteil der bis 1918 errichteten Wohnungen hatte entsprechend von 65,9 Prozent im Jahre 1950 auf
nur noch 22,1 Prozent im Jahre 1978 abgenommen. Der Wohnungsabgang aus
dieser Altersgruppe lag bei 1.549.300 Wohnungen oder 23,4 Prozent.

Jahr	Einheit	Wohnungen insgesamt	Davon von ... bis ... errichtet		
			bis 1918	1919-1948	1949-1978
1950	Anzahl	10.066.600	6.633.900	2.959.600	473.100
	Prozent	100	65,9	29,4	4,7
1961	Anzahl	16.257.200	6.776.900	3.503.700	5.976.600
	Prozent	100	41,7	21,6	36,8
1978	Anzahl	23.044.500	5.084.600	3.404.400	14.555.500
	Prozent	100	22,1	14,8	63,2

Tab. 7.3   Baualter der Wohnungen in Wohngebäuden
Quelle: Statistisches Bundesamt, 50 Jahre
Wohnen in Deutschland, S. 59

Auch die **Wohnungsversorgung** hat sich kontinuierlich verbessert (Tab.
7.4). Im Jahr 1950 war der gesamte Wohnungsbestand mit 4,7 Personen je
Wohnung und 1,2 Personen je Raum erheblich überbelegt.[44] Die hohen Fertigstellungsziffern haben auch in diesem Bereich für Abhilfe gesorgt. Bis 1978 hatte sich die Zahl der Personen je Raum halbiert. Auch bei der Wohnflächenver-

---

[44] Dies war eine Folge der Einquartierungen von Flüchtlingen und Ausgebombten, die bereits in der NS-
Zeit eingesetzt hatte. Die Belegungssituation wurde nach Kriegsende durch die Wohnraumrequirierungen der Besatzungsmächte weiter verschärft.

sorgung je Person konnten rasche Fortschritte erzielt werden. Sie hat sich unter den Mieterhaushalten von 1956 bis 1978 um 57,6 Prozent auf 29 m² verbessert. Dabei hat die Fläche je Raum allerdings kaum zugenommen.

Eine noch günstigere Entwicklung ergibt sich, wenn man die Eigentümerwohnungen mit einbezieht. Bei den Eigentümerwohnungen ist die Fläche je Wohnung zwischen 1965 und 1978 um 20 Prozent auf 103,5 m² gestiegen, während sich für die Mietwohnungen im gleichen Zeitraum nur ein Zuwachs um 13 Prozent auf 66,8 m² ergeben hat. Bei der Wohnfläche je Person waren die Eigentümerhaushalte 1978 um 14 Prozent besser ausgestattet als die Mieterhaushalte.

Jahr	Bewohnte Wohnungen Insgesamt		Davon			
			Eigentümerwohnungen		Mietwohnungen	
	Fläche je Wohnung in m²	Fläche je Person in m²	Fläche je Wohnung in m²	Fläche je Person in m²	Fläche je Wohnung in m²	Fläche je Person in m²
1956/57					56,7	18,4
1965	68,6	22,3	86,4		59,1	21,9
1968	71,1	23,8	89,3	25,5	61,0	22,5
1972	75,0	26,4	95,0	28,4	63,0	24,6
1978	80,5	31,1	103,5	33,8	66,8	29,0

Tab. 7.4   Ausgewählte Durchschnittswerte für bewohnte Eigentümer- und Mietwohnungen
Quelle: Statistisches Bundesamt, 50 Jahre Wohnen in Deutschland, S. 69

Die **Ausstattung der Wohnungen** in der Nachkriegszeit ließ aus heutiger Sicht viele Wünsche offen. So hatten 1957 erst 56,1 Prozent der Wohnungen ein **Innen-WC** und nur 48,8 Prozent ein Innen-WC mit Wasserspülung. Noch wesentlich schlechter waren die Wohnungen nach dem Kriege mit **Bädern** ausgestattet. Im Jahr 1950 verfügten erst 21,7 Prozent der Wohnungen über ein Bad oder eine Dusche (Bild 7.2). Dieser Anteil konnte bis 1978 auf 89,8 mehr als vervierfacht werden.

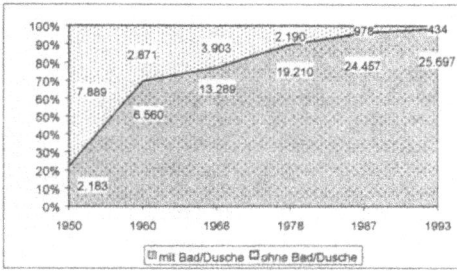

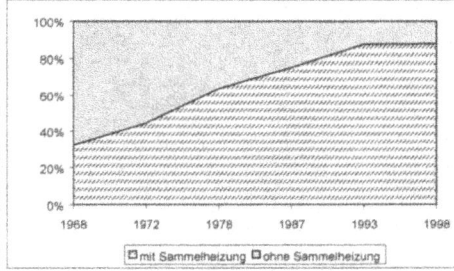

Bild 7.2 Bewohnte Wohnungen nach Ausstattung mit Bad/Dusche innerhalb der Wohnung im früheren Bundesgebiet
Quelle: Statistisches Bundesamt, 50 Jahre Wohnen in Deutschland, S. 86

Bild 7.3 Entwicklung der Wohnungen in Wohngebäuden im früheren Bundesgebiet zwischen 1968 und 1998 nach überwiegender Beheizungsart
Quelle: Statistisches Bundesamt, 50 Jahre Wohnen in Deutschland, S. 96

Große Fortschritte konnten auch bei der **Warmwasserversorgung** erreicht werden. Im Vergleich zum Jahr 1957, als erst 18,4 Prozent der Wohnungen mit Warmwasseranschluß ausgestattet waren, konnte dieser Anteil bis 1965 auf 67 Prozent gesteigert werden. Der Warmwasseranschluß wurde dann zunehmend zu einem selbstverständlichen Ausstattungsmerkmal. Daten über die **Beheizungsart** stehen erst ab dem Jahr 1965 zur Verfügung (Bild 7.3). Damals waren noch 73 Prozent der Wohnungen lediglich mit Einzel- oder Mehrraumöfen ausgestattet. Dieser Anteil konnte bis 1978 auf 36 Prozent gesenkt werden.

Bis 1965 konnte der größte Teil der Wohnungen an das **öffentliche Versorgungsnetz** angeschlossen werden. Die Entwicklung verlief allerdings differenziert (Tab. 7.5.

Jahr	Insgesamt 1.000 Whgn.	Strom 1.000 Whgn.	Strom Prozent	Gas 1.000 Whgn.	Gas Prozent	Wasser 1.000 Whgn.	Wasser Prozent
1950	10.083	9.930	98,5	4.620	45,8	7.990	79,3
1957	11.426	11.194	98,0	5.241	45,9	9.835	86,1
1965	17.814	17.794	99,9	7.827	43,9	16.532	92,8

Tab. 7.5 Wohnungen nach öffentlichen Versorgungsanschlüssen im früheren Bundesgebiet
Quelle: Statistisches Bundesamt, 50 Jahre Wohnen in Deutschland, S. 89

7.1.3   Gründe für das „Wunder am Wohnungsmarkt"

Die erstaunlichen Erfolge an der Fertigstellungsfront waren nur zum geringeren Teil das Ergebnis der Selbstheilungskräfte der Marktwirtschaft. Diese konnten sich wegen des engen Regulierungskorsetts der Kapital- und Wohnungsmärkte anfangs kaum entfalten. Eine um so größere Rolle hat in den Aufbaujahren die „sichtbare Hand" des Staates gespielt. Von den zwischen 1950 und 1962 fertiggestellten fast 7 Mio. Wohnungen waren sage und schreibe **61 Prozent** Sozialwohnungen. Bild 7.4 zeigt die große Bedeutung dieses Marktsegments während der Aufbaujahre.

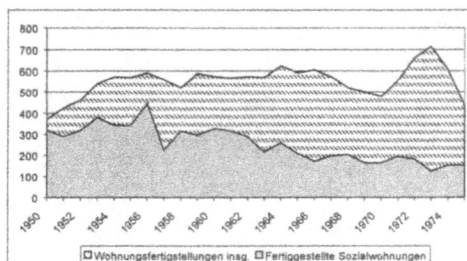

Bild 7.4   Wohnungsfertigstellungen insgesamt und
Bewilligungen im Sozialen Wohnungsbau
von 1950 bis 1975

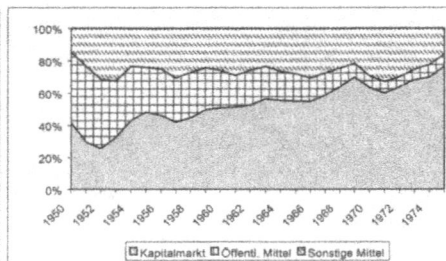

Bild 7.5   Die Finanzierung des Wohnungsbaus, Anteile
der Finanzierungsquellen an den gesamten
Wohnungsbauinvestitionen in Prozent
Quelle: Geschichte des Wohnens, Bd. 5
(1999), S. 121.

Die große Bedeutung des Staates für den Wohnungsmarkt in den Jahren des Wiederaufbaus zeigt sich auch bei der Betrachtung der Finanzierungsquellen der Wohnungsbauinvestitionen (Bild 7.5). Zwischen 1950 und 1962 wurden 27,7 Prozent der Wohnungsbauinvestitionen aus öffentlichen Mitteln finanziert. Die Grundlage für diese enormen Finanzierungsleistungen des Staates war das kräftige wirtschaftliche Wachstum der Wirtschaftswunderzeit. Die sprudelnden Steuerquellen haben auf der Einnahmenseite die Voraussetzungen für die Subventionierung der Wohnungswirtschaft geschaffen.

7.2   Entwicklung des Mietrechts

In der Entwicklung des Mietrechts hat sich das politische Projekt der Überführung der Wohnungswirtschaft aus der Zwangswirtschaft in die Soziale Marktwirtschaft konkretisiert. Ein mit dem Ordnungsmodell der Sozialen Marktwirtschaft vereinbares Mietrecht mußte die wirtschaftlichen Grundfreiheiten der Mietparteien weitgehend wieder herstellen. Diesem Leitbild konnte man sich angesichts der herrschenden allgemeinen Wohnungsnot aber nur schrittweise annähern. Das galt auch und gerade für die Anpassung der Mieten nach Niveau und Struktur.

7.2.1   Niveau und Struktur der Mieten nach Kriegsende

Niveau und Struktur der Mieten nach Kriegsende waren geprägt von den marktspaltenden Wirkungen des **Reichsmietengesetzes** (RMG) von 1922 sowie von der **Preisstopverordnung** des Jahres 1936.

Mit § 2 RMG war die **Friedensmiete vom 1.7.1914** als gesetzliche Miete für die **vor dem 1.7.1918** bezugsfertig gewordenen **Vorkriegswohnungen** eingeführt worden – die Mieten für die später bezugsfertig gewordenen Wohnungen konnten frei vereinbart werden. Bei grundsätzlich freier Vereinbarung der Miete konnte sich der Mieter einer Vorkriegswohnung jederzeit durch schriftliche Erklärung auf die gesetzliche Miete berufen (§ 1 Abs. 1 S. 1 RMG). Für Zinssteigerungen, Betriebskosten und Instandsetzungsarbeiten (laufende und große) konnten von den Mietern Zuschläge erhoben werden. Seit 1926 konnten außerdem **Modernisierungskosten** auf die Miete umgelegt werden.

Von der **Hyperinflation** des Jahres 1923 hatten die Grundbesitzer nicht profitieren können. Die entwerteten Hypotheken waren nach dem Ende der Inflation zwar lediglich auf 15 Prozent ihres alten Wertes aufgewertet worden, so daß den Hausbesitzern zunächst ein Entschuldungsgewinn in Höhe von 85 Prozent der Grundschulden verblieb. Mit der sog. 'Hauszinssteuer' wurden die bei den Hauseigentümern entstandenen Geldentwertungsgewinne aber größtenteils wieder abgeschöpft.

Im Rahmen der Lockerungen der Wohnungszwangswirtschaft von 1926-1933 wurde der Geltungsbereich der Spezialgesetze dann enger gezogen (Freistellung der neu abgeschlossenen Mietverträge, der 'teuren' Wohnungen und der Untermietverhältnisse). Die nationalsozialistische Regierung hat diese Freistellungen aber 1936 wieder rückgängig gemacht. Im gleichen Jahr wurde außerdem ein totaler Preisstop für Güter und Leistungen jeder Art verfügt (**Preisstopverordnung** des Reichskommissars für die Preisbildung). Mieterhöhungen in bestehenden Verträgen waren damit grundsätzlich verboten. Für die Erstvermietung von Neubauwohnungen wurde den Vermietern lediglich eine **Kostenmiete** zugestanden. Im Ergebnis waren nun nahezu alle Mietverhältnisse dem RMG unterstellt.

Die Preisstopverordnung traf auf einen **gespaltenen Wohnungsmarkt**. Doch waren die Mietpreise in beiden Marktsegmenten (Vorkriegswohnungen mit Friedensmiete, Nachkriegswohnungen mit Knappheitspreisen und ohne Kündigungsschutz) durchaus differenziert. Das Niveau der Mieten für die Vorkriegswohnungen lag allerdings deutlich unterhalb dem von marktgerechten Preisen. Außerdem wiesen diese Mieten wegen der vorübergehenden Freistellungen eine erhebliche willkürliche, d.h. nicht wohnwert- bzw. nicht marktgerechte Streuung auf.

7.2.2 Zwangswirtschaft, Währungsreform und Lastenausgleich

Der Sturz des NS-Regimes im Mai 1945 hatte auf die Fortgeltung mietrechtlicher Vorschriften wie dem MSchG, dem RMG oder der Stoppverordnung keinerlei Auswirkungen. Allerdings galten die Gesetze in der DDR mehr oder weniger statisch fort, während in der Bundesrepublik schon frühzeitig Anpassungen (i.d.R. Lockerungen) der Vorschriften bzw. Änderungen ihres Geltungsbereichs (i.d.R. Verkleinerungen) vorgenommen wurden.

In beiden Landesteilen waren nun die Besatzungsbehörden verantwortlich, denen vorerst nichts anderes übrig blieb, als das Zwangsregime der Kriegszeit fortzusetzen. Mit dem **Kontrollratsgesetz Nr. 18, dem sog.** 'Wohnungsgesetz' von 1946 wurde das **Bewirtschaftungsmonopol der Wohnungsämter** für ganz Deutschland bestätigt (Meldpflichten, Einzelzuweisungen und Zwangsmietverträge). Bevorrechtigt bei der Zuteilung von Wohnraum waren nun neben kinderreichen Familien, Alten und Invaliden Widerstandskämpfer und Verfolgte des Regimes. Die Entscheidungen über die Einquartierung von Vertriebenen wurden im Westen von paritätisch aus Altbürgern und Vertriebenen zusammengesetzten '**Wohnungskommissionen**' getroffen.

Im Zuge der **Währungsreform** in den drei westlichen Besatzungszonen von 20.6.1948 wurden **Mieten und Pachten** (laufende Verbindlichkeiten) wie auch Löhne und Gehälter **nicht abgewertet** (§ 18 Abs. 1 S. 1 Nr. 1 Umstellungsgesetz). Sonstige (abgeschlossene) Forderungen bzw. Verbindlichkeiten wurden dagegen im Verhältnis **10:1** abgewertet. Das galt auch für **Hypothekarkredite** (§ 22 Abs. 1 S. 1 Umstellungsgesetz).[45] Die Alliierten hatten den deutschen Behörden aber zwingend aufgetragen, die 'Entschuldungsgewinne' für die Entschädigung von Kriegs- und Vertreibungsschäden zu verwenden. Der abgewertete Teil der Hypotheken (9/10) wurde in eine **Umstellungsgrundschuld** (später Hypothekengewinnabgabe) umgewandelt, die zu den Konditionen des ursprünglichen privaten Kreditvertrages abgetragen werden mußte. Die Einnahmen aus der Abgabe flossen seit 1949 in die Förderung des Wohnungsbaus für die Lastenausgleichsberechtigten.

Den Hausbesitzern wurde seinerzeit keine Kompensation für die vorausgegangenen lang anhaltenden Mietpreisstopps zugestanden. Die Verwaltung für Wirtschaft hatte kurz nach der Währungsreform die Mietpreisbildung nochmals ausdrücklich unter staatliche Kontrolle gestellt. Eine kurz- oder mittelfri-

---

[45] Bei der Währungsreform in der sowjetischen Besatzungszone vom 23.6.1948 wurden die Mieten ebenfalls nicht abgewertet. Generell ist man seinerzeit dem Geldübergang im östlichen Teil Deutschlands weniger entschlossen gegenübergetreten. So wurden Schulden nicht abgewertet und die Gelder der volkseigenen Betriebe und der öffentlichen Kassen sowie das Parteivermögen im Verhältnis 1:1 umgestellt.

stige Freigabe der Mieten wurde seinerzeit nicht zuletzt aus währungspolitischen Gründen gar nicht diskutiert.

7.2.3 Lockerungen der Zwangswirtschaft ab 1950

Die Wohnungspolitik der Adenauer-Regierungen orientierte sich am ordnungspolitischen Modell der **Sozialen Marktwirtschaft** (Abschnitt 1.2). Die Wohnungsmärkte sollten von den Regulierungen mit zwangswirtschaftlichem Charakter befreit und damit in die Soziale Marktwirtschaft überführt werden. Die Spezialgesetze und noch mehr die Wohnraumbewirtschaftung wurden als ein **Notrecht** angesehen, das man für einen Fremdkörper in der Wirtschaftsordnung hielt. Für vereinbar mit den marktwirtschaftlichen Prinzipien hielt man nur die Rückkehr zu einer weitgehenden **Vertragsfreiheit** im Wohnraummietrecht. In der Umsetzung ihres ordnungspolitischen Leitbildes war die Regierung allerdings aufgrund von wahltaktischen Überlegungen, sowie aufgrund von stabilisierungs- und sozialpolitischen Bedenken nicht immer konsequent.

Die zwangswirtschaftliche Schraube zurückdrehen hieß konkret, die Wohnraumbewirtschaftung so bald wie möglich entbehrlich zu machen und den Geltungsbereich der Sondergesetze (MSchG und RMG) schrittweise wieder zu verkleinern. Am Schluß der Entwicklung sollte das Wohnraum-Mietrecht des BGB wieder für alle Mietverhältnisse gelten.

7.2.3.1 Lockerung der Wohnraumbewirtschaftung

Ein erster Liberalisierungsschritt war die **Wiederherstellung der Freizügigkeit** im gesamten Bundesgebiet durch die Alliierte Hohe Kommission im Jahre 1950. Im selben Jahr wurden mit dem **Ersten Wohnungsbaugesetz** (Erstes WoBauG) alle frei finanzierten und steuerbegünstigten Neubauwohnungen (zur Unterscheidung siehe Tab. 7.6) von der Wohnraumbewirtschaftung befreit (§ 23 Erstes WoBauG).

Im **Wohnraumbewirtschaftungsgesetz** (WBG) von 1953 wurde die freie Auswahl des Vermieters unter den berechtigten Bewerbern als Regelfall verankert (**Auswahlzuweisung**). Die Zuteilung richtete sich nach der persönlichen und volkswirtschaftlichen Dringlichkeit der Wohnbedürfnisse (bspw. Nähe der Arbeitsstätte, § 17). Flüchtlinge und Umsiedler waren bei der Zuteilung privilegiert.[46]

---

[46] In der DDR galt das von den Alliierten erlassene Wohnungsgesetz noch bis 1955. Dann wurde es durch eine Wohnraumlenkungsverordnung ersetzt, die allerdings – abgesehen von gewissen Erleichterungen für die Genossenschaften – keine Lockerungen des staatlichen Bewirtschaftungsmonopols mit

7.2.3.2 Lockerung der Preisvorschriften

Neben den Lockerungen der Wohnraumbewirtschaftung stand auch die Lockerung der Preisvorschriften auf der wohnungspolitischen Agenda der frühen 50er Jahre. Die Gestaltung der Preisvorschriften war für die Wiederherstellung der Wirtschaftlichkeit des Hausbesitzes ebenso bedeutsam wie für die Investitionsanreize und damit für die Beseitigung der Wohnungsnot und die Auflösung des Instandsetzungs- und Reparaturstaus.

In der Zeit unmittelbar nach Kriegsende stand zunächst das Problem der **Wiederaufbaumieten** im Vordergrund der mietpreispolitischen Diskussion. Man hat seinerzeit die aus der Unbewohnbarkeit wiedergewonnenen Wohnungen preisrechtlich **wie Altbauwohnungen** behandelt. Den Investoren wurde die Kostenmiete für den Wohnungsneubau nicht zugestanden. Investitionen in den Wiederaufbau zerstörter Wohnungen konnten in diesem preisrechtlichen Umfeld nur mit umfangreichen staatlichen Beihilfen oder unverzinslichen Mieterdarlehen angestoßen werden.

Mit dem Ersten WoBauG von 1950 wurden die **frei finanzierten Neubauwohnungen** (Bezugsfertigkeit nach dem 31.12.1949) von den Preisvorschriften (§ 27 Abs. 2 Erstes WoBauG) wie auch vom MSchG (§ 26 Erstes WoBauG) **freigestellt**. Damit war ein erster Schritt zur Wiederherstellung der Preisfreiheit auf dem Wohnungsmarkt getan.[47]

7.2.3.2.1 Erstes Bundesmietengesetz

Auf dem Verordnungswege wurden 1952 die Mieten für vor dem 1.4.1924 bezugsfertig gewordenen Wohnraum um 10 Prozent erhöht. Hinsichtlich der Preisvorschriften traten nun die sog. 'Bundesmietengesetze' an die Stelle des Reichsmietengesetzes. Mit dem **Ersten Bundesmietengesetz** (Erstes BMG) wurden 1955 die Mieten für vor dem 20.6.1948 bezugsfertig gewordenen Wohnraum um weitere 10 Prozent erhöht (§ 5). Außerdem wurde die Preisbildung für den Fall des Abschlusses eines neuen Mietvertrags über eine preisgebundene Wohnung liberalisiert.[48]

Über die allgemeine Mieterhöhung hinaus konnten die preisgebundenen Mieten einmalig mit **Zuschlagsätzen** erhöht werden (höchstens um weitere 15 Prozent), wenn bestimmte im Gesetz näher bezeichnete grundlegende Ausstat-

---

sich brachte. Die Zuteilung richtete sich in erster Linie nach volkswirtschaftlichen Notwendigkeiten. Insbesondere sollten die produktiven Arbeiter in der Nähe ihrer Betriebsstätte untergebracht werden. Daneben wurde die Wohnungsvergabe als Belohnungs- und Privilegierungsmittel benutzt.

[47] Mit einer Mietpreisverordnung wurden dann im Jahr 1951 die zwischen dem 21.6.1948 und dem 31.12.1949 bezugsfertig gewordenen Wohnungen von den Preisvorschriften und vom MSchG freigestellt.

[48] In Ostdeutschland herrschte für die Altwohnungen weiterhin das mit der Preisstopverordnung von 1936 zementierte Mietenniveau.

tungsmerkmale vorhanden waren (nach § 6 Erstes BMG bspw. Bad und Sammelheizung). Mit diesen Zuschlägen sollten Anreize zur Modernisierung von Wohnraum gesetzt werden. Die Zulässigkeit der Erhebung der Zuschläge hing aber u.a. vom **baulichen Zustand** der Wohnung ab (§ 12 Erstes BMG). Nach den Berechnungen des Wirtschaftsministeriums war nun in der Regel zumindest die Deckung der laufenden Kosten des Hausbesitzes sichergestellt, nicht aber die Finanzierung der z.T. dringend notwendigen größeren Reparaturarbeiten.

Mit dem Zuschlagsystem im Ersten BMG war im Ansatz der Übergang zu **Wohnwertmieten** (Abschnitt 6.2.2.4) vollzogen, die die zukünftige Freistellung der Wohnungen von den Preisvorschriften durch eine entsprechend differenzierte Mietenstruktur vorbereiten sollten (**Marktsimulation**). Die Struktur der Mietpreise war aber immer noch in erheblichem Maße verzerrt.

Die Bundesregierung setzte seinerzeit zum Abbau der Mietverzerrungen (Mietenwirrwarr) aber in erster Linie auf die schrittweise Freistellung von Teilmärkten von den Spezialgesetzen. Doch lief sie mit diesem Konzept Gefahr, in Argumentationsnot zu geraten, wenn sich die Freistellungen zu lange hinziehen würden.

Das Erste BMG hat die Marktspaltung angesichts stark steigender Neubaumieten nicht verringern können. Die kräftigen Mietsteigerungen bei den Neuvermietungen waren nicht zuletzt auf die immer noch engen Mietbegrenzungen für die Mieten in laufenden Verträgen zurückzuführen. Da auf diese Weise auch Anreize zu längeren Verweildauern in den billigeren Wohnungen gesetzt wurden, war mit einem raschen Abbau der Mietverzerrungen in diesem Segment nicht zu rechnen.

7.2.3.2.2 Die Diskussion über den Abbau des Geltungsbereichs der Schutzgesetze
Im westlichen Teil Deutschlands hatte sich das rechnerische Wohnungsdefizit bis 1956 auf 2,3 Millionen Wohnungen verringert. Die Freistellung der Altbauwohnungen von den Spezialgesetzen und mithin von den Mietpreisbindungen und dem verschärften Kündigungsschutz kam aber nur langsam voran, obwohl die Argumente der Befürworter eines weitgehenden Abbaus des Geltungsbereichs der besonderen Schutzgesetze wohnungspolitisch stichhaltig waren:

- Beseitigung der Wettbewerbsnachteile für den Wohnungsneubau angesichts der künstlich verbilligten Altbauwohnungen,

- Erhöhung der Fluktuation innerhalb der Altbauwohnungen: Freiziehen von preisgünstigeren Altbauwohnungen für sozial schwächere Mieter,

- Mobilisierung von Wohnraum durch den Abbau der Unterbelegung in den künstlich verbilligten Altbauwohnungen,

- Wohneigentumsförderung: Anreize zur Wohneigentumsbildung aufgrund der Mieterhöhungen,

- Abbau der Gewinne aus der Untervermietung von preisgebundenen Wohnungen,

- Abbau des Instandhaltungs- und Modernisierungsstaus,

- Abbau der willkürlichen Mietvorteile,

- Finanzielle Entlastung der Wohnungsbauförderung: sog. 'Teufelskreis der Wohnungspolitik',

- Bedeutung der Einkünfte aus Vermietung für das Einkommen und die Altersversorgung der privaten Haus- und Grundbesitzer.

7.2.4 Schrittweiser Abbau der Zwangswirtschaft: Abbaugesetz 1960

Sowohl in der DDR wie auch in der Bundesrepublik Deutschland hatte das MSchG bis 1960 mehr oder weniger unverändert fortgegolten. Allerdings waren in der Bundesrepublik kleinere Änderungen vorgenommen und die frei finanzierten Neubauwohnungen (Bezugsfertigkeit nach dem 21.6.1948) waren von der Geltung des Gesetzes ausgenommen worden. In der DDR galt das MSchG dagegen nach wie vor für Mietverhältnisse jeder Art.

Auch auf dem Gebiet des Mietpreisrechts verlief die Entwicklung unterschiedlich. Während die Altbaumieten im Osten gar nicht angepaßt wurden, wurden in Westdeutschland mit dem Ersten Bundesmietengesetz differenzierte Erhöhungen des Mietniveaus vorgenommen. Mit dem westdeutschen **Abbaugesetz** setzte nun eine noch deutlicher differenzierte Rechtsentwicklung für den Althausbestand ein. Während das MSchG von 1923 in der DDR noch bis 1975 unverändert fortgalt und die Altbaumieten auch weiterhin eingefroren blieben, wurden im westlichen Teil Deutschlands von 1963 an das MSchG und die Preisvorschriften in mehr und mehr Gemeinden und Landkreisen aufgehoben, so daß dort wieder BGB-Mietrecht galt. Das Abbaugesetz enthielt neben den Bestimmungen zur endgültigen Regelung der Freistellung von den besonderen Schutzgesetzen flankierende Maßnahmen auf dem Gebiete des Kündigungsrechts (Abschnitt 7.2.4.1), aber auch des Mietpreisrechts.

Die Bundesregierung und insbesondere der damalige Bauminister *Lücke* waren gegen Ende der 50er Jahre entschlossen, den Märkten eine stabile Perspektive für die Freistellung von den „Notgesetzen" zu geben. Die gebietsweise noch verbliebenen Versorgungsdefizite hielt man für vergleichsweise so geringfügig, daß sie einer raschen Einführung der Wohnungsmarkwirtschaft nicht im Wege stehen würden. Auch in der Literatur wurde seinerzeit die Frage intensiv diskutiert, wann der richtige Zeitpunkt für eine Freistellung gekommen sei.

Von der Idee einer vorbehaltlosen Rückkehr zum liberalen Mietrecht der Urfassung des BGB hatte inzwischen aber auch die Bundesregierung Abstand genommen. Die betreffenden Wohnungen sollten nicht in ein Mietrecht mit freiem Kündigungsrecht der Vermieter entlassen werden. Zumindest die Härtefälle unter den Mietern wollte man vor Kündigungen schützen. Fest entschlossen war man aber zum Abbau des allgemeinen Kündigungsschutzes in der strengen Form des MSchG. Bauminister Lücke hielt das MSchG in normalen Zeiten ebenso wenig für vereinbar mit dem Eigentumsgrundrecht wie ein schrankenloses Kündigungsrecht der Vermieter mit dem Sozialstaatsprinzip des Grundgesetzes.

Die Freistellung von den Spezialgesetzen erfolgte nach dem Abbaugesetz gebietsweise sobald ein „ausgeglichener Wohnungsmarkt" gegeben war. Ein Wohnungsmarkt galt als ausgeglichen im Sinne des Gesetzes, wenn die Anzahl der Wohnparteien (alle Mehrpersonenhaushalte, jedoch nur 50 bzw. 60 Prozent der Einpersonenhaushalte) um weniger als drei Prozent über der Anzahl der Normalwohnungen (i. S. der Bautätigkeitsstatistik) lag. Bei einem im Sinne dieser Definition ausgeglichenen Markt waren die Landesregierungen zur Freistellung des betreffenden Wohnungsmarktes aufgefordert (sog. 'weiße Kreise').[49]

Mit dem Abbaugesetz wurde auf dem Gebiet des Preisrechts eine Perspektive für die gänzliche Freistellung von den Preisvorschriften geschaffen. Für die verbleibende Übergangszeit wurde erneut auf das Instrument der Richtsatzmieten zur weiteren Anpassung und Differenzierung der gebundenen Mieten zurückgegriffen (Zweites Bundesmietengesetz [Zweites BMG]). Dabei wurden die Gemeindegröße sowie grundlegende Ausstattungsmerkmale als Kriterien berücksichtigt.

7.2.4.1 Soziale Ausgestaltung des Kündigungsrechts

Für die noch verbleibende Übergangszeit hat man das **MSchG vorsichtig liberalisiert**. Eine größere Bedeutung für die weitere Entwicklung des Wohnraumkündigungsrechts als die Erleichterungen bei der Aufhebung wegen Eigenbedarfs sollte die Einführung der „Hinderung an einer gerechtfertigten

---

[49] Die Freistellung von der Wohnraumbewirtschaftung trat sofort in Kraft, während die Freistellung von den Preisvorschriften und vom MSchG frühestens zum 30.6.1963 erfolgen konnte.

wirtschaftlichen Verwertung" als Aufhebungsgrund (§ 4 Abs. 1 S. 2b MSchG) sowie die Einführung der Nicht-Verfügbarkeit angemessenen Ersatzwohnraums als Interesse des Mieters an der Fortsetzung des Mietverhältnisses (§ 4 Abs. 1 S. 3a MSchG) erlangen. Beide Regelungen haben später Eingang in das BGB gefunden (§ 573 bzw. § 574 Abs. 2 BGB). Außerdem wurde mit dem Abbaugesetz eine Duldungspflicht des Mieters für zumutbare bauliche Verbesserungen auf Anordnung des Mieteinigungsamtes in § 28 MSchG normiert.

Als Vorbereitung für die kommenden Freistellungen vom MSchG wurde die **soziale Ausgestaltung des BGB-Kündigungsrechts** angesehen. BGB und MSchG begannen sich nun materiell aufeinander zuzubewegen. Das eine Recht wurde als zu liberal und vermieterfreundlich, das andere als zu einseitig am Mieterschutzgedanken orientiert angesehen. Prägend für die weitere Rechtsentwicklung war aber eher die weitere Entwicklung des BGB-Kündigungsrechts. Dies schloß aber nicht aus, das bestimmte Regelungen aus dem MSchG in das BGB übernommen wurden.

Parallel zu den neu geschaffenen Möglichkeiten zur gebietsweisen Freistellung begann man das Kündigungsrecht des BGB in Hinblick auf die Anforderungen aus dem Sozialstaatsprinzip des Grundgesetzes zu reformieren. Die freigestellten Wohnungen sollten nicht in ein Mietrecht mit einem unbeschränkten Recht des Vermieters zur vertragsgerechten Kündigung entlassen werden. Dem **freien Kündigungsrecht** des Vermieters wurde eine einmalige Widerspruchsmöglichkeit des Mieters auf der Grundlage einer **Sozialklausel** (§ 556a BGB, heute § 574 BGB) gegenübergestellt. Das Gericht wog im Räumungsprozeß die soziale Härte für den Mieter gegen die „Belange des Vermieters" ab (seit 1967 gegen die „**berechtigten Interessen**"). In den Genuß des Kündigungsschutzes durch die Sozialklausel konnten mithin nur Mieter kommen, die besondere Härtfallgründe geltend machen konnten.[50]

7.2.4.2 Wohnungspolitische Einschätzung des Abbaugesetzes

Das Abbaugesetz war ohne Zweifel ein richtungweisendes Gesetz für die Entwicklung des Mietrechts in Richtung auf eine soziale Wohnungsmarktwirtschaft. Für die weitere Entwicklung der Gesetzgebung waren vor allem die Weichenstellungen des Abbaugesetzes auf folgenden Gebieten bedeutsam:

- die Freistellung von den besonderen Schutzgesetzen nach dem Regionalprinzip,

---

[50] Nach der ursprünglichen Fassung der Sozialklausel war ein Widerspruch des Mieters nur einmal zulässig. Auch in Härtefällen galt der Kündigungsschutz nicht mehr, wenn das betreffende Mietverhältnis bereits zuvor gerichtlich verlängert worden war.

- im Bereich des Kündigungsrechts die Frage nach der Notwendigkeit einer Härtefallregelung oder eines allgemeinen Kündigungsschutzes,

- im Bereich des Preisrechts die Frage nach der Notwendigkeit eines gesetzlichen Schutzes der Mieter vor unzumutbaren Mieterhöhungen.

Die Bedenken der Bundesregierung, die von dem Verfahren der gebietsweisen Freistellung bei Erfüllung der Kriterien für einen ausgeglichenen Wohnungsmarkt eine **Verewigung der Zwangswirtschaft** befürchtete, wurden von der späteren Entwicklung teilweise bestätigt (Abschnitte 7.2.5 und 7.2.6). Außerdem lag es in der Logik dieses Politikansatzes, eine erneute Verschärfung des Mieterschutzes zu fordern, sobald wieder Nachfrageüberhänge auftreten würden.

Der mit dem Abbaugesetz in das BGB-Kündigungsrecht eingeführte besondere **Schutz der Problemgruppen** am Wohnungsmarkt (**Sozialklausel**) erscheint auf den ersten Blick angemessen, da die betreffenden Haushalte (z.B. kinderreiche Familien und alte Menschen) oft von höheren (auch nichtpekuniären) Umzugskosten betroffen sind. Ein besonderer Kündigungsschutz bei **vorübergehenden** Härten wie Schwangerschaft oder Krankheit bietet wenig Anlaß zu Kritik, da das Auftreten solcher Härtefälle nicht vorhersagbar ist. Probleme bereitet dagegen die Berücksichtigung **dauerhafter** „Härten" (Invalidität, Alter, Kinder) in der Sozialklausel. Durch den besonderen Kündigungsschutz wird den betroffenen Gruppen der Marktzugang erschwert.

Den Gegnern des Abbaugesetzes ging der verbesserte Kündigungsschutz des BGB, der auf eine stetig wachsende Zahl von Mietverhältnissen angewendet wurde, nicht weit genug. Sie wollten einen **allgemeinen Kündigungsschutz** aufrechterhalten bzw. wiederherstellen. Die rigiden Vorschriften des MSchG dienten ihnen dafür als Maßstab. Die Härtefallregelung (Sozialklausel) im BGB hielt man nicht für ausreichend, weil sie nicht vor willkürlichen motivlosen Kündigungen durch den Vermieter schütze. Angesichts des Charakters der Wohnung als „Lebensgrundlage des Staatsbürgers" hielt man einen umfassenden Kündigungsschutz für unverzichtbar.

Außerdem wurde seinerzeit kritisiert, daß der Mieter nach dem BGB-Mietrecht den Forderungen des Vermieters nach Mieterhöhungen schutzlos ausgeliefert sei. Doch kann man den Mieter nicht unabhängig von der Marktlage ganz allgemein als die **schwächere Vertragspartei** hinstellen.

7.2.5 Verzögerter Abbau der Preisvorschriften: Bundesmietengesetze und Schlußtermingesetze

Der Abbau der Wohnungszwangswirtschaft geriet im Verlauf der 60er Jahre schon frühzeitig ins Stocken. Die Regierung bekam sozusagen „Angst vor der eigenen Courage" auf dem Gebiet der Freistellung von den Preisvorschriften. Mit der **Verordnung über die angemessen erhöhte Miete nach der Mietpreisfreigabe** vom 25.7.1963 wurde ein Aufschub bei der Anpassung der Mieten an die Marktbedingungen erreicht. Das **Dritte Bundesmietengesetz** vom 24.8.1965 knüpfte an diese Verordnung an, indem es das darin definierte Richtsatzmietensystem zum Maßstab für die Mieterhöhungen für den noch preisgebundenen Wohnraum machte.

Mit dem **Ersten Schlußtermingesetz** von 1965 wurde die endgültige Aufhebung der Zwangswirtschaft zunächst um zwei Jahre auf den 1.1.1968 verschoben. Als Grund mußten die auf einigen Teilmärkten noch vorhandenen rechnerischen Wohnungsdefizite herhalten. Im **Zweiten Schlußtermingesetz** von 1967 wurde die Laufzeit der besonderen Schutzgesetze für sieben ausgewählte Städte und Landkreise (u.a. Hamburg und München) um ein weiteres Jahr verlängert.

Die Einführung der Wohnungsmarktwirtschaft war ins Stocken geraten. Angesichts der inflationsbedingten Mietpreissteigerungen wehrte sich die SPD in der großen Koalition erfolgreich gegen eine weitere Liberalisierung, die zu sprunghaften Mietpreissteigerungen für die freigestellten Wohnungen hätte führen müssen. Außerdem entsprach das Mietrecht des BGB nicht den Vorstellungen der SPD von einem sozialen Mietrecht.

7.2.6 Erstes Wohnraumkündigungsschutzgesetz und Mietverbesserungsgesetz 1971

In den elf Jahren seit Inkrafttreten des Abbaugesetzes war der größte Teil des Althausbestandes von den Spezialgesetzen freigestellt worden. Die entsprechenden Mietverträge unterlagen wieder dem BGB-Kündigungsrecht, das sich, abgesehen von der Sozialklausel, in den entscheidenden Punkten nicht wesentlich vom Urentwurf der Jahrhundertwende unterschied. Doch hatten schon in den 50er Jahren einige Autoren in Anlehnung an das Arbeitsrecht auch im Wohnraummietrecht nur sozial gerechtfertigte Kündigungen zulassen wollen. Die im MSchG genannten Aufhebungsgründe sollten als ein Katalog von zulässigen Kündigungsgründen zur Zulässigkeitsvoraussetzung einer Kündigung durch den Vermieter werden. Die Forderung nach einer abschließenden **Enumeration** zulässiger Kündigungsgründe bzw. einer entsprechenden Generalklausel wurde auch in den 60er Jahren wieder laut, als mehr und mehr Wohnungen von den besonderen Schutzgesetzen freigestellt wurden.

Damit war die Grundlage für die einschneidenden Änderungen des Wohnraumkündigungsrechts geschaffen, die im Jahre 1971 von der sozialliberalen Koalition vorgenommen wurden. Zu dieser Zeit war das Verhältnis zwischen Mietern und Vermietern gespannt, weil nicht wenige Vermieter von dem Instrument der **Änderungskündigung** Gebrauch machten, um Mieterhöhungen durchzusetzen. Die Vermieterseite stand wegen der stark gestiegenen Baukosten und Zinsen unter Rentabilitätsdruck.

Obwohl eine durchschnittliche Mietbelastungsquote von 16,6 Prozent aus heutiger Sicht nicht besonders hoch erscheint (Mietbelastungsquote 1998 in Westdeutschland: 24,5 Prozent), haben die Mieterhöhungen seinerzeit ein polemisches Presseecho ausgelöst. Auch der Einfluß von Mieterbund und Gewerkschaften auf die damalige Regierung hat dazu beigetragen, daß der Bundestag den Vermietern seinerzeit das Druckmittel des freien Kündigungsrechts wieder wegnahm.

7.2.6.1 Kündigungsschutz

Zunächst wurde 1971 mit dem Gesetz zur Verbesserung des Mietrechts und zur Begrenzung des Mietanstiegs sowie zur Regelung von Ingenieur- und Architektenleistungen vom 9.11.1971 (MietVerbG) der Kündigungsschutz der Mieter bei einer allgemeinen Wohnungsknappheit durch die Einfügung des Härtefallgrundes der **Nicht-Beschaffbarkeit angemessenen Ersatzwohnraums** in § 556a BGB (heute §§ 574-574b) verstärkt (Artikel 1). Der Mieter konnte fortan in Mangellagen am Wohnungsmarkt einer Kündigung mit Aussicht auf Erfolg widersprechen.

Mit dem **Ersten Wohnraumkündigungsschutzgesetz** (Erstes WKSchG) wurde das Prinzip des freien Kündigungsrechts dann vollends aufgegeben. Kündigungen des Vermieters waren fortan nur noch bei einem **berechtigten Interesse** auf seiner Seite zulässig (nach Artikel 1 § 1 Abs. 2 des Ersten WKSchG, heute § 573 BGB insbesondere Eigenbedarf, angemessene wirtschaftliche Verwertung, Vertragsverletzungen des Mieters). Man hatte also die Aufhebungsgründe des MSchG aufgegriffen, zugleich aber der Rechtsprechung Raum für die Anerkennung weiterer Kündigungsgründe gelassen.

Der Kündigungsschutz war nun nicht länger auf die Härtefälle beschränkt, sondern **allgemein**. Er war auch **asymmetrisch**, denn vom Mieter konnte das Mietverhältnis nach wie vor ohne Angabe von Gründen fristgerecht gekündigt werden. Trotz dieser Beschränkungen des Kündigungsrechts des Vermieters war ein Widerspruch des Mieters gegen die Kündigung unter Berufung auf die Sozialklausel des § 556a BGB (heute § 574) weiterhin möglich (u.a. wegen der Nicht-Beschaffbarkeit angemessenen Ersatzwohnraums und langer Wohn-dauern).

7.2.6.2 Mietpreisüberhöhung und Mietwucher

Mit dem MietVerbG von 1971 wurden außerdem Vorschriften eingeführt, die gegen wesentliche Überschreitungen der für vergleichbare Räume üblichen Mietpreise gerichtet waren. Nach § 2b (heute § 5) Wirtschaftsstrafgesetz (WiStG) lag eine **Mietpreisüberhöhung** dann vor, wenn der Vermieter vorsätzlich oder leichtfertig für die Vermietung von Räumen zum Wohnen oder damit verbundene Nebenleistungen unangemessen hohe Entgelte forderte, sich versprechen ließ oder annahm. Das Entgelt galt dann als unangemessen hoch, wenn die ortsübliche Vergleichsmiete „nicht unwesentlich" (heute um 20 Prozent) überschritten wurde.

Ist der Tatbestand des § 2b (bzw. heute § 5) WiStG erfüllt, so liegt eine Ord-nungswidrigkeit vor. Darüber hinaus hat der Verstoß zur Folge, daß die Miet-preisvereinbarung nichtig ist, soweit sie gegen das gesetzliche Verbot des § 2b (bzw. § 5) WiStG verstößt. Den überzahlten Betrag kann der Mieter nach Be-reicherungsgrundsätzen zurückfordern.

Von erheblicher wohnungspolitischer Bedeutung im Zusammenhang mit dem Vorliegen einer Mietpreisüberhöhung ist das Tatbestandsmerkmal der „**Aus-nutzung eines geringen Angebots an vergleichbaren Räumen**". Wenn die Wohnungsmarktsituation als entspannt bezeichnet werden kann, liegt keine Mietpreisüberhöhung vor und die Neuvertragsmieten werden nur noch durch den Mietwucherparagraphen des Strafgesetzbuches (StGB) be-grenzt.

Der **Mietwucherparagraph** 302f (heute 302a) wurde mit Artikel 7 Miet-VerbG in das StGB eingefügt. Nach dieser Vorschrift macht sich wegen Miet-wuchers strafbar, wer die Zwangslage, die Unerfahrenheit, oder den Leichtsinn (heute den Mangel an Urteilsvermögen oder die erhebliche Willensschwäche) eines anderen dadurch ausbeutet, daß er sich oder einem Dritten für die Ver-mietung von Räumen zum Wohnen oder damit verbundene Nebenleistungen Vermögensvorteile versprechen oder gewähren läßt, die in einem auffälligen Mißverhältnis zu seiner Leistung stehen. Ein auffälliges Mißverhältnis zwi-schen Leistung und Gegenleistung wird heute in der Regel angenommen, wenn die verlangte Miete die ortsübliche Miete um mehr als 50 Prozent übersteigt.

7.2.6.3 Vergleichsmiete

Nachdem man den Mietvertragsparteien durch die Beschränkung des Kündi-gungsrechts der Vermieter die Möglichkeit zur Anpassung der Miete auf dem Verhandlungswege genommen hatte, benötigte man einen allgemein akzeptierten Maßstab für die als zulässig angesehene Miete (**Referenzmiete**). Es war ja nicht das Ziel des Gesetzgebers, auf mittlere Sicht keine marktlagegerechten Anpassungen der Mieten mehr zuzulassen. Beabsichtigt war nur eine gewisse Kappung der Mieten in Knappheitslagen am Wohnungsmarkt, eine Art Trendbereinigung der zyklischen Preisausschläge. Das Risiko aus einer Investition in ein Mietwohngebäude sollte kalkulierbar bleiben, die Investitionsanreize nicht wesentlich beeinträchtigt werden.

Zur Lösung des Problems griff man auf die Vorstellung einer „üblichen und angemessenen Miete" zurück. Die „**ortsübliche Vergleichsmiete**" des heutigen BGB ist im Grundsatz eine empirisch zu ermittelnde Durchschnittsmiete für „vergleichbaren" Wohnraum (siehe auch Abschnitt 6.2.1). Die Berechnungs- und Ermittlungsvorschriften geben der Vergleichsmiete aber einen künstlichen Charakter. Die für den Vergleich heranzuziehenden „**üblichen Entgelte**" sind als marktgerechte Mietpreise zu verstehen, die für vergleichbare Wohnungen in derselben oder einer vergleichbaren Gemeinde gezahlt werden (heute: Mieten, die innerhalb der vier Jahre vor dem Zeitpunkt des Zugangs des Mieterhöhungsverlangens neu vereinbart oder geändert wurden).

Der Begriff der Vergleichsmiete enthält neben **empirischen** auch **normative** Elemente. Art. 1 § 3 Abs. 1 S. 1 des Ersten WKSchG enthielt eine Enumeration der mietpreisbildenden Faktoren (**Wohnwertmerkmale**: Art, Lage, Größe, Beschaffenheit und Ausstattung). Alle anderen Faktoren waren und sind für den Vergleich irrelevant. Dies gilt etwa für die aus empirischer Sicht durchaus mietpreisbestimmende Wohndauer. Der **Wohnwertbezug** der Vergleichsmiete läßt nur wohnwertbezogene Bestimmungsgründe der Vergleichsmiete zu. Dem Vergleichsmietenbegriff liegt der der Wohnwertmiete zugeordnete Leitgedanke eines **gegliederten Wohnungsmarktes** mit einem „normalen Preisgefüge" (Abschnitt 6.2.2.4) zugrunde, wenn auch in abgemilderter Form.

7.2.6.4 Wohnungspolitische Einschätzung der Regelungen

Nach dem ursprünglichen Regierungsentwurf sollten der verschärfte Kündigungsschutz und das Vergleichmietenverfahren auf Gebiete mit einem statistischen Wohnungsmangel beschränkt werden. Dieser Ansatz lag durchaus in der Logik des Abbaugesetzes. Wenn man die Unterschreitung einer bestimmten Bedarfsnorm zur Bedingung für die Freistellung eines Gebietes vom Mieterschutz macht, liegt die Forderung nach Wiedereinführung des Mieterschutzes bei einer wieder ungünstigeren Versorgungslage nahe. Die Regierung befand sich auf dem besten Weg zu einer Art von **regelgebundenem Mieterschutz**, der nur in Mangellagen greift. Die flächendeckende Einführung der neuen Mieterschutzgesetze ist den Aktivitäten des damaligen Bundestags und insbesondere seines Rechtsausschusses zu verdanken.

Die organisierten Vertreter der Mieterschaft begrüßten die neuen Mieterschutzgesetze von 1971. Der soziale Frieden zwischen Mietern und Hauseigentümern
sei gestärkt worden. Andere sahen sie als eine Fortsetzung der Wohnungszwangswirtschaft an. Übertrieben ist die Behauptung, die Wohnungspolitik
hätte mit den Gesetzen von 1971 den Preismechanismus eines freien Wohnungsmarktes außer Kraft gesetzt. Die Vergleichsmiete ist eine **marktorientierte Referenzmiete** (Abschnitt 6.2.1), die sich nur auf kurze Sicht von der
Entwicklung der Neuvertragsmieten abkoppeln kann.

7.2.7   *Zweites Wohnraumkündigungsschutzgesetz 1974: Einführung des Mo-
dernisierungszuschlags*

Mit dem **Zweiten Wohnraumkündigungsschutzgesetz** (Zweites
WKSchG) von 1974, das mit der Zustimmung aller im Bundestag vertretenen
Parteien verabschiedet wurde, wurden die Regelungen des Ersten WKSchG
über den Kündigungsschutz und die Mietpreisbildung zum **Dauerrecht** erhoben. Außerdem wurde das Regelwerk in einigen Punkten ergänzt bzw. genauer gefaßt. So wurden im Zweiten WKSchG erstmals explizite **Begründungsmittel** für das Mieterhöhungsverlangen des Vermieters genannt: Mietspiegel, Sachverständigengutachten und Vergleichswohnungen. Daneben wurden **Umlagemöglichkeiten** für Modernisierungskosten und gestiegene Kapitalkosten geschaffen. Beide Umlagen sind in gewissem Sinne Kinder der In-
flationszeit der frühen 70er Jahre, die einen erhöhten Anpassungsbedarf auch
der Wohnraummieten mit sich brachte.

Mit der Einführung der **Kapitalkostenumlage** sollte nach der Gesetzesbe-
gründung die Wirtschaftlichkeit des Hausbesitzes auch bei starken Zinsbewe-
gungen am Kapitalmarkt gewahrt werden. Nach der Regelung konnte eine absolute Zunahme der Kapitalkosten unter bestimmten Bedingungen auf die Miete umgelegt werden. Die Kapitalkostenumlage wurde im Rahmen der Miet-
rechtsreform 2001 aus dem Gesetz gestrichen. Die Vermieter sind nunmehr auf
andere Instrumente zur Begrenzung ihres Zinsänderungsrisikos angewiesen
(Abschnitt 5.3.6).

Der Gesetzgeber sah sich seinerzeit angesichts von verbreiteten Modernisie-
rungsrückständen außerdem zur Einführung einer **Umlage für Modernisierungskosten** gezwungen. Die nach Modernisierungsmaßnahmen möglichen Erhöhungen der Vergleichsmiete reichten als Modernisierungsanreiz nicht
aus. Dies galt besonders in der Frühzeit der Vergleichsmiete als die Begründungsmittel noch kaum entwickelt waren.

Die Erhebung eines **Modernisierungszuschlags** setzt rechtlich eine **Duldungspflicht** des Mieters gegenüber den entsprechenden Maßnahmen des

Vermieters voraus. Eine Regelung der Duldungspflicht von Modernisierungs-maßnahmen wurde 1964 in das BGB eingefügt (§ 541a, heute § 554 Abs. 2-5 BGB[51]): „Maßnahmen zur Verbesserung der gemieteten Räume oder sonstiger Teile des Gebäudes hat der Mieter zu dulden, soweit ihm dies zugemutet wer-den kann." Im Grundsatz waren und sind Modernisierungsmaßnahmen also duldungspflichtig, allerdings mit Ausnahmen für **Härtefälle**.

Nach der heutigen Fassung des BGB ist zwischen der Härte für den Mieter und den **berechtigten Interessen** des Vermieters und der anderen Mieter ab-zuwägen. Das Gesetz hat den **Härtefallbegriff** konkretisiert: Berücksichti-gung der „vorzunehmenden Arbeiten", der „baulichen Folgen", „vorausgegan-gener Verwendungen des Mieters" sowie der „zu erwartenden Erhöhung des Mietzinses" (außer bei Herstellung des allgemein üblichen Zustandes).[52]

Der Vermieter konnte nach § 3 MHRG (heute §§ 559-559b BGB) mittels einsei-tiger Erklärung 14 Prozent (seit 1978 **11 Prozent) der duldungspflichti-gen Modernisierungskosten** (ohne Finanzierungs- und Instandsetzungs-kosten) auf die Jahresmiete umlegen. Diese Mieterhöhungsmöglichkeit konnte nicht zusätzlich, sondern nur alternativ zu einer modernisierungsbedingten Mieterhöhung auf die Vergleichsmiete wahrgenommen werden. Die Zahlungs-pflicht des Mieters bestand bis zur nächsten Mieterhöhung auf die ortsübliche Vergleichsmiete.

Die Umlagemöglichkeit war anfänglich auf die Kosten für gebrauchswerterhö-hende Maßnahmen, Maßnahmen zur Verbesserung der allgemeinen Wohnver-hältnisse und nicht zu vertretende Maßnahmen (etwa Anschluß an Kanalisati-on, Umstellung auf Erdgas) begrenzt. Später ist der Katalog noch um Maß-nahmen zur Einsparung von Energie, Heizenergie und Wasser erweitert wor-den. Der Modernisierungszuschlag ist nur ein Element des Anreizsystems zur Modernisierung von Wohngebäuden. Maßnahmen zur Modernisierung und Energieeinsparung wurden außerdem seit 1967 mit wechselnden Instrumenten staatlich subventioniert.

Ohne den Modernisierungszuschlag würde das derzeitige Vergleichsmietensy-stem an seine Grenzen stoßen. Problematisch ist diesem Zusammenhang be-sonders die heterogene Praxis der Mietspiegelerstellung. Soweit Mietspiegel überhaupt vorhanden sind, zeichnen sie sich durch eine große Methodenvielfalt

---

[51] Bis zur expliziten Regelung im BGB hatte man eine Duldungspflicht nach den Grundsätzen von Treu und Glauben angenommen. Die Mieterhöhungen hatte man bei den von den besonderen Schutzgeset-zen freigestellten Wohnungen mittels Änderungskündigungen vornehmen können. Seit dem Inkrafttre-ten des Ersten WKSchG war dies aber nicht mehr möglich.

[52] Der Vermieter ist spätestens drei Monate vor dem Beginn der Maßnahme zur schriftlichen Ankündi-gung der Modernisierung verpflichtet (§ 554 Abs. 3). Die Modernisierungsankündigung muß enthalten: Art, Umfang, Beginn und voraussichtliche Dauer der Maßnahme sowie die zu erwartende Erhöhung des Mietzinses.

aus. Dies gilt besonders für die Berücksichtigung des Wohnwertmerkmals der Ausstattung. Für den Fall eines Verzichts auf den Modernisierungszuschlag läge daher die Forderung nahe, die Vergleichsmietenermittlung stärker zu regulieren (Pflicht zur Mietspiegelerstellung, verbindliche methodische Vorgaben). Damit wären aber wiederum höhere Kosten für die Erstellung und Aktualisierung der Mietspiegel verbunden.

7.3   Entwicklung des Sozialen Wohnungsbaus

Der soziale Wohnungsbau (siehe auch Abschnitt 6.3) war in der Zeit von 1950 bis heute einem **Funktionswandel** unterworfen. In den 50er und 60er Jahren war er das **wichtigste staatliche Förderinstrument** zur Überwindung der **allgemeinen Wohnungsnot**. Erst später wurde der soziale Wohnungsbau zu einem auf **spezielle Zielgruppen** fokussierten Förderinstrument (z.B. Haushalte mit niedrigem Einkommen oder mit Zugangsproblemen am Wohnungsmarkt).

Die Wohnungspolitik hat in der Nachkriegszeit nicht versucht, der allgemeinen Wohnungsnot mit dem Instrument der **Subjektförderung** zu begegnen, d.h. mit zweckgebundenen Transfers zur Stärkung der Nachfrage nach Wohnraum. In einem von Wohnraumbewirtschaftung und Überbelegung des Wohnungsbestands gekennzeichneten Umfeld, in dem die Miet-Preise ihre Signal- und Zuteilungsfunktion weitgehend verloren hatten, war es naheliegend, nicht die Kaufkraft der Mieter zu stärken, sondern eine massive Investitionsförderung (**Objektförderung**) zur Schließung der Angebotslücke zu betreiben. Der klassische soziale Wohnungsbau nach dem Ersten und Zweiten Wohnungsbaugesetz war eine reine Objektförderung.

Die öffentliche Hand stellte den Investoren zur **Reduzierung ihrer Kapitalkosten** zinssubventionierte Darlehen zur Verfügung. Außerdem wurden den Kreditnehmern tilgungsfreie und zum Teil auch zinsfreie Anfangsjahre gewährt. Im Gegenzug mußten sie sich auf **Preis-** (Kostenmiete) **und Belegungsbindungen** hinnehmen (integrierte Subvention). Sie waren also weder beim Aushandeln der Mietpreise noch bei der Wahl ihrer Vertragspartner frei. Die Wohnungen unterlagen diesen Bindungen so lange, bis die öffentlichen Darlehen zurückgezahlt waren (im ersten Förderweg durchschnittlich etwa 45 Jahre).

Marktsegment	Sozialer Wohnungsbau	Steuerbegünstigter Wohnungsbau	Frei finanzierter Wohnungsbau
Förderinstrument	Zinssubventionierte Baudarlehen, Aufwendungszuschüsse	Grundsteuervergünstigungen	Indirekte steuerliche Förderung
Beschränkungen der unternehmerischen Freiheit	Preisbindungen und Belegungsbindungen	nur Preisbindungen	keine

Tab. 7.6   Unterschiede zwischen sozialem, steuerbegünstigtem und frei finanziertem Wohnungsbau

Neben dem öffentlich geförderten Wohnungsbau unterschied die Wohnungsbaugesetzgebung mit abnehmender Förderintensität noch zwei weitere Marktsegmente: den **steuerbegünstigten**[53] und den **frei finanzierten** (Abschnitt 7.4) Wohnungsbau. Beide Segmente wurden nicht direkt, sondern lediglich indirekt mittels Steuersubventionen gefördert. Tab. 7.6 zeigt die grundsätzlichen Unterschiede dieser beiden Segmente im Vergleich zum sozialen Wohnungsbau.

Die Entwicklung der Gesetzgebung auf dem Gebiet des Sozialen Wohnungsbaus war von einer zunehmenden **Flexibilisierung und Regionalisierung** der Förderinstrumente geprägt. Im Zuge dieser Entwicklung wurde den Ländern immer mehr Einfluß auf die Ausgestaltung der Förderbedingungen zugebilligt. In letzter Zeit ist eine Tendenz zu einer **engeren Abgrenzung der Zielgruppe** des Sozialen Wohnungsbaus hinzugekommen.

7.3.1   Erstes Wohnungsbaugesetz 1950

Zu Beginn der 50er Jahre ging es nicht um die Wohnungsversorgung einiger Notfälle, sondern um die Überwindung einer allgemein als katastrophal empfundenen **Wohnungsnot**. In dieser Hinsicht war die vom Ersten und Zweiten WoBauG angestoßene Entwicklung ohne Zweifel eine Erfolgsgeschichte.

Der Soziale Wohnungsbau dominierte das Fertigstellungsgeschehen in den Jahren des Wiederaufbaus auch rein quantitativ (Abschnitt 7.1.2). Das Erste WoBauG war eher ein „Bauprogramm" für Standardwohnungen („Volkswohnungen") als ein auf bestimmte Zielgruppen fokussiertes soziales Wohnungsbauprogramm. „Bedürftig" waren zu Beginn der 50er Jahre fast alle Haushalte. Entsprechend seinem Charakter als Bauprogramm wurden mit dem Ersten

---

[53] Der steuerbegünstigte Wohnungsbau wurde mit einem Erlaß der Grundsteuer für die Dauer von 10 Jahren subventioniert. Voraussetzung war, daß bestimmte Wohnflächenobergrenzen nicht überschritten wurden (rund 120 Prozent der Grenzen im Sozialen Wohnungsbau). Als Äquivalent für die Steuerbefreiung galt auch im steuerbegünstigten Wohnungsbau die Kostenmiete als Höchstmiete. Anders als die Sozialwohnungen unterlagen die steuerbegünstigten Wohnungen aber keiner Belegungsbindung, d.h. der Vermieter konnte frei unter den Mietbewerbern auswählen.

WOBauG quantitative Zielvorgaben für die Fertigstellungen im Sozialen Wohnungsbau gesetzt. Die Vorgabe von 1,8 Mio. nach Größe, Ausstattung und Miete für die breiten Schichten der Bevölkerung geeigneten Sozialwohnungen wurde bis 1955 termingerecht erfüllt.

Der Soziale Wohnungsbau hat einen entscheidenden Beitrag zur Überwindung der kriegsbedingten Wohnungsnot geleistet. Nicht übersehen werden darf in diesem Zusammenhang aber, daß die Bereitstellung privaten Kapitals für Wohnungsbauzwecke zu dieser Zeit durch staatliche Höchstzinsvorschriften gehemmt wurde.

Das **Erste Wohnungsbaugesetz** (Erstes WOBauG) von 1950 war gegenüber den nachfolgenden Regelungen noch recht **undifferenziert**. Dies galt sowohl für die Mietenberechnung als auch für die Definition der Zielgruppe. Das Erste WOBauG kannte keine Einkommensgrenzen und trug damit dem in der unmittelbaren Nachkriegszeit allgemein noch niedrigen Einkommensniveau Rechnung. Die Sozialmieten waren seinerzeit durch **Richsatzmieten** begrenzt, die eine wohnwertgerechte Differenzierung erlaubten, aber der individuellen Kostensituation des Investors nicht Rechnung trugen. Als Finanzierungsinstrument wurden **unverzinsliche** öffentliche Darlehen eingesetzt.

Das Erste WOBauG war von Anfang an als Übergangslösung angesehen worden. An den starren Richtsatzmieten und der einheitlichen Wohnflächenobergrenze von 65 m² sollte nicht auf Dauer festgehalten werden. Mit einem Nachfolgegesetz sollte später in beiden Bereichen eine Flexibilisierung herbeigeführt werden. Ein anderes Problem war die Zersplitterung der Förderlandschaft durch die Programme des Lastenausgleichsfonds und die Sonderprogramme (z.B. für Flüchtlinge aus der DDR und Aussiedler). Eine Vereinheitlichung der Fördervorschriften wurde für erforderlich gehalten.

7.3.2 Zweites Wohnungsbaugesetz 1956

Das **Zweite Wohnungsbaugesetz** (Zweites WoBauG) wurde vielfach als „Grundgesetz des Sozialen Wohnungsbaus" bezeichnet. Seine Prinzipien haben die soziale Wohnraumförderung bis zum Jahr 2000 bestimmt, also immerhin 44 Jahre lang. Erst mit dem Auslaufen der letzten Förderungen dem Zweiten Wohnungsbaugesetz wird seine Wirkungsgeschichte in der Mitte unseres Jahrhunderts enden.

Gegenüber dem Ersten WoBauG brachte das Zweite WoBauG wesentliche Änderungen mit sich. Im Bereich der **Mietpreisbildung** trat an die Stelle der wohnwertorientierten Richtsatzmieten nun die **Kostenmiete** (Abschnitt 6.2.2.1). Im Unterschied zur Marktmiete und zur marktorientierten Vergleichsmiete nimmt die Kostenmiete die Nachfrageseite des Wohnungsmarktes gar nicht ins Bild, sondern beschränkt sich auf die Betrachtung der Kostenstrukturen der Anbieter. Grundlegend für die Kostenmiete ist das Prinzip der Kostendeckung (Kosten für die Verzinsung des eingesetzten Kapitals und die Bewirtschaftung des Objekts[54]), das eine angemessene Verzinsung des eingesetzten Eigenkapitals mit einschließt. Ansatz, Gruppierung und Berechnung der Kosten waren in der Zweiten Berechnungsverordnung detailliert geregelt.

Mit dem Zweiten WoBauG wurden außerdem **Einkommensgrenzen** für die Berechtigung zum Bezug einer geförderten Wohnung eingeführt. Die Einkommensgrenzen waren allerdings im Verhältnis zum damaligen Durchschnittseinkommen so weit gezogen, daß die sprichwörtlichen „**breiten Schichten der Bevölkerung**" von der Förderung erfaßt wurden (siehe auch Abschnitt 6.3.1.1).

Auf der anderen Seite waren im Zweiten WoBauG Ansätze zu einer **Fokussierung und Differenzierung** der Förderung nicht zu übersehen. Einkommensschwache und benachteiligte Haushalte sowie Familien wurden in § 1 Abs. 2 des Zweiten WoBauG als Zielgruppen der Wohnungsbauförderung besonders erwähnt. Eine Differenzierung der Einkommensgrenzen war durch die Schaffung der Kategorie der „Wohnungssuchenden mit geringem Einkommen" gewährleistet (Einkommen um mehr als 20 Prozent unterhalb der gesetzlichen Einkommensgrenzen). Weitere Differenzierungen wurden durch Sonderprogramme zugunsten von Flüchtlingen, Bergarbeitern, etc. erreicht.

Eine grundlegende Neuorientierung bedeutete der im Zweiten WoBauG ganz unmißverständlich formulierte **Vorrang der Eigentumsmaßnahmen**. Nach dem Gesetzeswortlaut verstand sich der soziale Wohnungsbau nun nicht mehr in erster Linie als Förderung des Mietwohnungsbaus. Er sollte vielmehr zusammen mit der allgemein zugänglichen steuerlichen Eigenheimförderung dazu beitragen, auch den einkommensschwachen Kreise der Bevölkerung zu Wohneigentum zu verhelfen. Auf diese Weise sollte das Ziel breitgestreuten Wohneigentums für weite Kreise der Bevölkerung erreicht werden.

Schließlich wurde mit dem Zweiten WoBauG ein **Abbau der Förderintensität** angestrebt. Im Gesetz war eine allmähliche Degression der Bundesmittel festgeschrieben worden. Öffentliche Mittel sollten in zunehmendem Maße durch Mittel des privaten Kapitalmarktes ersetzt werden. Zum Abbau der Förderintensität hat auch die Ergänzung der Baudarlehen durch Zuschüsse und laufende Annuitätsbeihilfen beigetragen. Dieser instrumentelle Wandel war

---

[54] Die Zweite Berechnungsverordnung (Zweite BV) zur Berechnung der Kostenmiete unterscheidet vier Arten von Bewirtschaftungskosten, die Gebäudeabschreibung (1 Prozent der Herstellungskosten, § 25), die Verwaltungskosten (€ 230 je Wohneinheit, § 26), die Instandhaltungskosten (€ 7,10 pro m², § 28) und das Mietausfallwagnis (2 Prozent der Miete, § 29).

ordnungspolitisch motiviert. Der Staat sollte zwar noch als Subventionsgeber auftreten, sich aber zunehmend weniger als Kreditgeber engagieren.

Die Tendenz zum Abbau der direkten Wohnungsbauförderung wurde mit dem Wohnungsbauänderungsgesetz 1965 fortgesetzt. Das Gesetz markierte einen teilweisen Rückzug des Bundes aus der Förderung des Sozialen Wohnungsbaus. Der Abbau der Bundesmittel wurde begleitet von einer Senkung der Förderintensität durch den Abbau langfristiger Fördermittel und die Einführung des Zweiten Förderwegs für Eigentumsmaßnahmen. Weiter Einsparungen sollten durch einen engeren Zielgruppenfokus (Bevorzugung von kinderreichen Familien) und eine stärkere Kontrolle der Belegung (Novellierung des Wohnungsbindungsgesetzes) erzielt werden.

Im Jahr 1967 wurde der **Zweite Förderweg** dann auch im Mietwohnungsbau eingeführt. Auf diese Weise wollte man nicht zuletzt das Volumen der Darlehensvergabe durch den Staat beschränken. Die Investoren im Zweiten Förderweg mußten mehr private Mittel einsetzen. Die geringere Förderintensität hatte deutlich höhere Kostenmieten als im Ersten Förderweg zur Folge. Die höheren Sozialmieten korrespondierten mit einer erweiterten Zielgruppenabgrenzung. Während im ersten Förderweg die Einkommensgrenzen streng galten, konnten die Grenzen im Zweiten Förderweg um bis zu **60 Prozent** überschritten werden. Angesichts dieser weiten Spanne erwies sich die Förderung jedoch als zu undifferenziert.[55]

In den 60er Jahren wurde die Wohnungsbauförderung stärker vom Konjunkturverlauf abhängig. Im konjunkturellen Abschwung des Jahres 1966 wurden diverse Haushaltssicherungs- und Finanzplanungsgesetze zur Haushaltskonsolidierung verabschiedet. Auch die Förderung des Sozialen Wohnungsbaus war davon betroffen. Die Bundesmittel wurden weiter gekürzt und die Rückflußmittel des Sozialen Wohnungsbaus wurden anderen als Wohnungsbauzwecken zugeführt. Die Wohneigentumsförderung nach dem Modell des Zweiten Förderwegs wurde zeitweilig sogar ganz ausgesetzt.

Schon 1967 wurde dann im Zeichen keynesianisch orientierter Konjunktursteuerungsmaßnahmen eine Zusatzförderung des Sozialen Wohnungsbaus zur Konjunkturankurbelung auf den Weg gebracht. Auch später wurde der Soziale Wohnungsbau noch gelegentlich als Instrument der Konjunktursteuerung eingesetzt (Einfrieren der Bundesmittel 1973, Sonderprogramm von 1983).

---

[55] Der zweite Förderweg hatte in der Förderpraxis zuletzt nur noch eine geringe Bedeutung. Lediglich Nordrhein-Westfalen und Hamburg boten Ende der 90er Jahre noch entsprechende Förderprogramme an.

7.3.3 Phase der Nachbesserungen von 1976 bis 1981

Die soziale Wohnraumförderung der sozialliberalen Koalition war anfangs von dem Bemühen um eine langfristige Orientierung gekennzeichnet. Mit dem Wohnungsbauprogramm von 1970 sollte eine langfristige Angebotsausweitung erreicht werden. Das Regionalprogramm diente der Abstimmung der Wohnungsbauförderung mit den Zielen der Regionalpolitik. Das Wohnungsbauänderungsgesetz 1971 kann man als den Versuch ansehen, eine Extensivierung der Förderung (Ausbau des Zweiten Förderwegs) mit einer Verlängerung der Bindungsfristen zu verbinden. Dem sozialen Wohnungsbau war auch für die Zukunft eine wichtige Rolle bei der Wohnungsversorgung zugedacht. Der Mitteleinsatz pro Wohnung sollte aber gesenkt werden.

Im weiteren Verlauf der 70er Jahre hat die Wohnungspolitik ihre gestaltende Rolle auf dem Gebiet des Sozialen Wohnungsbaus dann aber zunehmend verloren. Die Politik wurde durch Fehlentwicklungen in den Bereichen der Belegung und der Mietpreisbildung der Sozialwohnungen immer mehr in eine reaktive Rolle hineingedrängt. Diese Fehlentwicklungen waren auf bestimmte Konstruktionsfehler der klassischen Wohnungsbauförderung zurückzuführen, deren auf lange Sicht unerwünschten wohnungspolitischen Folgen im Verlauf der 70er Jahre immer deutlicher zu Tage traten. Im einzelnen hatte die Wohnungspolitik seinerzeit folgende Probleme zu bewältigen:

- Mietvorteile der Langfristmieter aufgrund des Einfrierungsprinzips der Kostenmiete (Abschnitt 6.2.2.1),

- ansteigende Sozialmieten aufgrund der degressiven Förderung,

- Fehlbelegung vieler Sozialwohnungen aufgrund von Einkommenssteigerungen und Haushaltsverkleinerungen (Abschnitt 6.3.2).

7.3.4 Flexibilisierung durch neue Förderwege

Mit der Zeit wurde die klassische Wohnungsbauförderung nach dem Ersten und Zweiten Förderweg zunehmend als zu starr und zu wenig flexibel empfunden. Außerdem traten die oben angesprochenen Probleme immer deutlicher zu Tage. Man hat aber seinerzeit keine große Reform auf den Weg gebracht, sondern die klassischen Förderwege mit den flexibleren Optionen der **Vereinbarten Förderung** (sog. „Dritter Förderweg", 1989) und der **Einkommensorientierten Förderung** (1994, Abschnitt 6.3.2) lediglich ergänzt.

Anders als für die Förderung im Ersten und Zweiten Förderweg gab es für die vereinbarte Förderung auf der bundesgesetzlichen Ebene nur Rahmenvorschriften. Die Länder haben die Rechte und Pflichten von Investor und öffentlicher Hand in folgenden Bereichen geregelt: Höhe und Einsatzart der Fördermittel, Zweckbestimmung der Wohnungen, Dauer der Belegungsbindungen (höchstens 15 Jahre), Zielgruppendefinition, Höhe der Einkommensgrenzen, Höhe und Anpassung der Mieten (Begrenzung der Preisbindung auf höchstens 15 Jahre, keine Kostenmiete), Folgen von Vertragsverletzungen.

Die **Zielgruppe** der vereinbarten Förderung war ähnlich heterogen zusammengesetzt wie im zweiten Förderweg. Oft wurden auch Haushalte einbezogen, deren Gesamteinkommen deutlich oberhalb der Einkommensgrenzen des Zweiten WoBauG lag. Im Vergleich mit der klassischen Objektförderung wurde in der vereinbarten Förderweg weniger intensiv gefördert. Die Belegungs- und Mietpreisbindungen waren auf höchstens 15 Jahre begrenzt. Ein weiterer wesentlicher Unterschied im Vergleich zu den klassischen Förderwegen lag darin, daß in der vereinbarten Förderung die Kostenmiete nicht galt. Das Niveau der Mieten sollte sich am unteren Rand der Vergleichsmiete bewegen.

7.3.5 Reform des Wohnungsbaurechts 2001

Die bürgerlich-liberale Bundesregierung hat sich gegen Ende ihrer Amtszeit an einer grundlegenden Reform des Sozialen Wohnungsbaus versucht. Nach ihrem Entwurf eines Wohnungsgesetzbuches von 1997 sollte die Kostenmiete ganz aufgegeben und die vereinbarte Förderung zur Regelförderung gemacht werden. Außerdem war eine Konzentration der Förderung auf einkommensschwache Gruppen vorgesehen. Damit ist die Regierung aber seinerzeit am Widerstand der SPD-dominierten Länder im Bundesrat gescheitert. Die nachfolgende rot-grüne Koalition hat dann im Jahr 2000 ein in seinen Grundprinzipien ähnliches „Gesetz zur Reform des Wohnungsbaurechts" durch den Bundestag gebracht, daß seit dem 1.1.2001 den bundesgesetzlichen Rahmen der Sozialen Wohnraumförderung bildet.

7.4 Entwicklung der indirekten steuerlichen Förderung des Wohnungsbaus

7.4.1 Überblick über die Entwicklung

Auch der sogenannte **frei finanzierte Wohnungsbau** wurde von der Wohnungsbauförderung nicht sich selbst überlassen, obwohl die Vermieter in diesem Marktsegment keinen besonderen Preis- und Belegungsbindungen unterworfen waren. Der frei finanzierte Wohnungsbau profitierte in erster Linie von **Abschreibungsvergünstigungen.** Die Abschreibungsbedingungen wurden im Zeitablauf aus steuerlichen Lenkungsmotiven heraus immer wieder geändert (Tab. 7.7).

Die Normalabschreibung betrug anfangs 1 Prozent linear, der Abschreibungszeitraum war auf 100 Jahre festgelegt. Alternativ konnten für Neubauwohnungen nach § 7b EstG **erhöhte Abschreibungen** geltend gemacht werden (2 Jahre lang 10 Prozent, dann 10 Jahre lang 3 Prozent). Später wurde die Abschreibungsstaffel dann im Verlauf geglättet. Die extrem hohen Abschreibungssätze in den Anfangsjahren wurden im Jahr 1964 aufgegeben. Erst mit dem Steueränderungsgesetz 1977 wurden auch für bestehende Objekte Abschreibungsvergünstigungen gewährt.

In der Periode der sozialliberalen Koalition geriet auch die indirekte steuerliche Förderung des Wohnungsbaus in das Fahrwasser der Konjunktursteuerung. Im Jahr 1973 ist die Regierung einer überbordenden Wohnungsbaukonjunktur mit der vorübergehenden Streichung der degressiven Abschreibung begegnet. Dämpfend auf die Wohnungsbautätigkeit hat sich seinerzeit außerdem die vorübergehende Erhebung einer 11-prozentigen Investitionssteuer im Rahmen der Mehrwertsteuer ausgewirkt.

Jahr	Maßnahme	Kurzinhalt
1949	Reform der Einkommensteuer	Neuregelung der steuerlichen Gebäudeabschreibung: 1 Prozent linear über 100 Jahre oder degressive Abschreibung nach § 7b EStG: Jahr 1-2: 10,0 Prozent Jahr 3-12: 3,0 Prozent
1952	Erstes Gesetz zur Förderung des Kapitalmarktes	Einführung des steuerbefreiten Sozialpfandbriefs Steuervergünstigungen gemäß § 7c EStG: Möglichkeit zur Absetzung von Zuschüssen oder unverzinslichen Darlehen für den Wohnungsbau als Betriebsausgabe oder Werbungskosten
1954	Große Steuerreform	Verringerung der Steuervorteile gemäß § 7c EStG: Begrenzung des Sofortabzugs auf 25 Prozent
1961	Steueränderungsgesetz 1960	Neuregelung der degressiven Abschreibung nach § 7b EStG: Jahr 1-2: 7,5 Prozent Jahr 3-10: 4,0 Prozent
1964	Steuerreform / Gesetz zur Regelung der Absetzungen für Abnutzung	Neuregelung der steuerlichen Gebäudeabschreibung: 2 Prozent linear über 50 Jahre oder degressive Abschreibung: Jahr 1-12: 3,5 Prozent Jahr 13-32: 2,0 Prozent Jahr 33-50: 1,0 Prozent
1973	Steueränderungsgesetz	Degressive AfA für Wohngebäude ausgesetzt
1975	Änderung des Bewertungsgesetzes	Reform der Einheitswertbesteuerung: Einheitswerte 1974 = Wert 1964 + 40 Prozent
1977	Steueränderungsgesetz	Wiedereinführung der degressiven AfA ab November 1977 Ausdehnung der degressiven AfA auf den Erwerb von Bestandsobjekten
1981	Haushaltsstrukturgesetz	Ausweitung der Abschreibungsmöglichkeiten auf Mietwohngebäude

Tab. 7.7 Entwicklung der steuerlichen Rahmenbedingungen für den Mietwohnungsbau
Quelle: in Anlehnung an GEWOS, Wohnungspolitik nach dem Zweiten Weltkrieg (1990), S. 359

7.4.2 Wohnungspolitische Einschätzung der Regelungen

7.4.2.1 Instrumente zur Mobilisierung von Kapital

Von besonderem Interesse sind die Maßnahmen des Ersten Gesetzes zur Förderung des Kapitalmarktes von 1952 zur Mobilisierung von Kapital für Wohnungsbauinvestitionen: der steuerfreie **Sozialpfandbrief** und die Steuervergünstigungen nah § **7c EstG**.

Mit dem **steuerfreien Sozialpfandbrief** wurde ein privilegiertes Segment des Pfandbriefmarktes speziell zur Refinanzierung von Investitionen in Sozialwohnungen geschaffen. Die Zinserträge dieser Pfandbriefe waren von der Einkommensteuer befreit. Dieser Ansatz ist außergewöhnlich, denn normalerweise knüpfen die Instrumente der Wohnungsbauförderung an den Investitionsvorgang an und begünstigen nicht die Fremdkapitalgeber. Letzten Endes profitieren natürlich auch die Investoren in Form von gesunkenen Zinsen von einer Förderung, die beim Kapitalangebot ansetzt. Derartige Konstruktionen eignen sich besonders für Situationen, in denen die Wohnungsbautätigkeit weniger durch eine zu geringe Investitionsneigung als vielmehr durch ein zu geringes Kapitalangebot gehemmt wird. Nicht unproblematisch sind allerdings die Verteilungswirkungen dieses Instruments. Doch wird man die Regressionswirkung geringer veranschlagen können als beim Instrument der Abschreibungsvergünstigung.

Wenig Anlaß zur Kritik bietet auch die Idee der Verknüpfung des Steuerprivilegs mit der Verwendung der Mittel für den Sozialen Wohnungsbau. Auf diese Weise kann öffentliches Kapital durch privates ersetzt werden. Aus ordnungspolitischer Sicht erscheint eine derartige Substitution mit der Folge, daß verstärkt private Hypothekenbanken als Kreditgeber auftreten, im Vergleich zu einem direkten Engagement staatlicher Förderbanken als die bessere Lösung.

Das andere mit dem Ersten Gesetz zur Förderung des Kapitalmarktes eingeführte Instrument zur Mobilisierung von privatem Kapital war die Möglichkeit zur Absetzung von Zuschüssen oder unverzinslichen Darlehen für den Wohnungsbau als Betriebsausgabe oder Werbungskosten. Anfangs konnten bis zu 100 Prozent der hergegebenen Mittel im ersten Jahr von der Steuer abgesetzt werden. Auf diese Weise konnten tatsächlich gewaltige Kapitalströme in den Wohnungsbau gelenkt werden. Schon sehr bald geriet das Instrument jedoch wegen seiner Effizienzmängel („Überförderung") und seiner regressiven Verteilungswirkung in den Fokus der Kritik.

7.4.2.2 Gestaltung der Abschreibungsförderung

Ökonomisch angemessen wäre für den Mietwohnungsbau die lineare Abschreibung über einen Nutzungszeitraum von 40 bis 50 Jahren. Weder wirtschaftliche noch technische Gründe sprechen dafür, daß der Werteverzehr in den Anfangsjahren höher ausfällt als in späteren Jahren der Nutzung.

Die degressive steuerliche Abschreibung ist mithin als Subvention anzusehen, die einer ökonomischen Rechtfertigung bedarf. Es ist zweifelhaft, ob die besonderen Risiken und die langen Amortisationszeiten von Wohnungsbauinvestitionen als Begründung für eine solche Subventionierung ausreichen (Abschnitt 6.1.1).

Als weiteres Argument für eine steuerliche Abschreibungsvergünstigung kommt das jeweilige Mietpreisrecht in Frage. Soweit das Preisrecht auch auf lange Sicht zu effektiven Höchstmieten führt, kommt eine steuerliche Subventionierung von Wohnungsbauinvestitionen als zweitbeste Lösung in Betracht. Alternativ könnte aber auch eine Investitionszulage gewährt werden.

Schließlich kann noch die Notwendigkeit der Vorsorge für zukünftige Instandsetzungsmaßnahmen für erhöhte Abschreibungssätze sprechen. Soweit bilanzielle Zuführungen zu einer Rückstellung für Bauinstandhaltung steuerlich nicht anerkannt werden, kann dies für höhere Normalabschreibungen sprechen.

Im Falle einer grundsätzlichen Entscheidung für die degressive Abschreibung müssen noch einige instrumentelle Gestaltungsfragen geklärt werden. Unstrittig ist, daß die Abschreibung von Mietwohngebäuden sich nicht als Instrument der Konjunktursteuerung eignet. Die degressiven Abschreibungen sollten in Abhängigkeit vom Mietpreisrecht und von der sonstigen Ausgestaltung des Steuerrechts vorsichtig dosiert werden, um größere Ineffizienzen und Verteilungsungerechtigkeiten zu vermeiden. Weiterhin ist ein möglichst glatter Verlauf der Abschreibungssätze anzustreben. Ein solcher Verlauf kommt den wirtschaftlichen Zielen der Wohnungsunternehmen entgegen und verhindert steuerlich motivierte Verkäufe.

Grundsätzlich sollte eine Abschreibungssubvention keinen Unterschied zwischen Altbau und Neubau machen. Ist ein Altbau so aufwendig saniert worden, daß seine Lebensdauer der eines Neubaus nahe kommt, so sollte er mit dem gleichen Abschreibungssatz abgeschrieben werden können wie ein Neubau.

Alles in allem sollte das Instrument der Abschreibungsförderung vorsichtig dosiert und mit einem möglichst langen Zeithorizont eingesetzt werden. Die Abschreibungssubvention eignet sich weder als Mittel zur flexiblen Steuerung des Wohnungsmarktes, noch als Mittel zur Lösung von größeren wohnungspolitischen Problemen (z.B. großes Wohnungsdefizit, Instandsetzungsstau).

7.5 Entwicklung der Wohneigentumsförderung

Das Ziel der Wohneigentumsbildung für breite Schichten der Bevölkerung hat aus vermögens- und familienpolitischen Gründen für die Wohnungspolitik der Nachkriegszeit eine wichtige Rolle gespielt. Das Wohneigentum wurde sowohl indirekt (steuerlich) als auch direkt (soziale Wohnraumförderung) gefördert. Allerdings hat es gegenüber dem Mietwohnungsbau nie eine deutliche Förderpräferenz zugunsten des Wohneigentums gegeben. Gemessen an der Entwicklung der Wohneigentumsquote waren die Erfolge der Förderung denn auch durchaus bescheiden.

7.5.1 Entwicklung der Fertigstellungen und der Wohneigentumsquote

Die Fertigstellungen von Wohnungen in Ein- und Zweifamilienhäusern haben sich in den 50er Jahren rasch erholt. Bereits 1954 wurde die Marke von 200.000 Wohnungen überschritten. Bis Ende der 60er Jahre bewegte sich die Fertigstellungszahl zwischen 200.000 und 300.000 Wohnungen. Der Anteil an den gesamten Fertigstellungen bewegte sich im betrachteten Zeitraum ohne größere Ausschläge um die 40 Prozent (Bild 7.6).

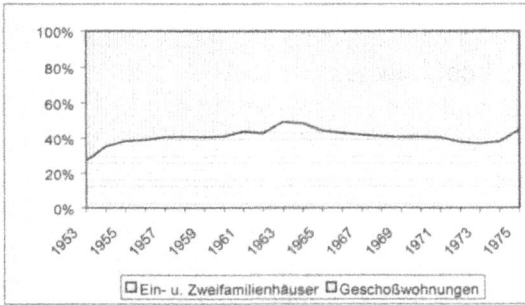

Bild 7.6   Fertigstellungen in neu errichteten
Wohngebäuden von 1953 bis 1975,
Anteile Ein- und Zweifamilien-
häuser resp. Geschoßwohnungsbau

Die erreichten Fertigstellungsvolumina haben aber nicht ausgereicht, um einen
Anstieg der Wohneigentumsquote herbeizuführen (1950: 39,1 Prozent). Diese
Quote ist im Gegenteil während der 50er Jahre kräftig gefallen (1961: 33,8 Prozent). Auch ausgangs der 70er Jahre war mit einer Quote von 37,5 Prozent
(1978) das Niveau von 1950 noch nicht wieder erreicht worden.

Das anfängliche Absinken der Wohneigentumsquote kann nicht zuletzt mit den
zunächst enormen Fertigstellungszahlen im sozialen Mietwohnungsbau erklärt
werden. Der Anteil der Eigentumsmaßnahmen an den gesamten Bewilligungen
im sozialen Wohnungsbau lag mit 42,0 Prozent im Zeitraum 1950-1956 noch
relativ niedrig – und dies bei einem Anteil des sozialen Wohnungsbaus an den
gesamten Fertigstellungen von 69,4 Prozent im gleichen Zeitraum. Im Zeitraum 1957-1969 sank dann der Anteil der Sozialwohnungen an den gesamten
Fertigstellungen auf 43,4 Prozent, während der Anteil der Eigentumsmaßnahmen an den gesamten Bewilligungen auf 46,6 Prozent anstieg.

Mit der geänderten Ausrichtung des sozialen Wohnungsbaus kann man die angesichts der im Betrachtungszeitraum stetig gestiegenen Einkommen auf den
ersten Blick überraschende Entwicklung der Wohneigentumsquote allerdings
nur zum Teil erklären. Neben den vom Mietpreisrecht künstlich niedrig gehaltenen Altbaumieten (niedrige Mietbelastungsquoten) und den Finanzierungsbedingungen (Eigenkapitalmangel, Höchstzinsen, mangelnde Sparfähigkeit in
den Anfangsjahren) hat auch die Ausrichtung der allgemeinen Wohnungsbauförderung eine Rolle gespielt.

7.5.2 Entwicklung der Wohneigentumsförderung

Die Förderung der Wohneigentumsbildung war ursprünglich (seit Januar 1949) eine steuerliche Förderung nach dem **Investitionsgutmodell**, d.h. ein Werbungskostenabzug war zulässig. Auf der anderen Seite unterlag der Mietvorteil des selbstgenutzten Wohneigentums grundsätzlich der Besteuerung (**Nutzungswertbesteuerung** mit 3 bzw. 3,5 Prozent der Einheitswerte von 1935).

Der Fördereffekt ergab sich zum einen daraus, daß in den Anfangsjahren der Investition **erhöhte Abschreibungen** geltend gemacht werden konnten (nach § 7b Einkommensteuergesetz [EstG] zunächst zwei Jahre lang 10 Prozent der Baukosten ohne Grund und Boden, dann 10 Jahre lang 3 Prozent). Zum anderen wurden die Einkünfte aus Vermietung nach § 21a EStG durch Ansatz eines pauschalierten Nutzungswertes ermittelt, der nicht unbedingt der ersparten Mietzahlung entsprach (**Pauschalbesteuerung**).

Die Förderung war zunächst auf Bauherren von Wohngebäuden beschränkt. Ab 1953 wurden auch Ersterwerber von Einfamilienhäusern, Eigentumswohnungen und Dauerwohnrechten, ab 1958 auch Ersterwerber von Zweifamilienhäusern gefördert. Die Erwerber von Altbauwohnungen zur eigenen Nutzung gingen aber nach wie vor leer aus.

Mit dem Steueränderungsgesetz 1958 wurde für die Bemessungsgrundlage der Abschreibungen eine **Kostenobergrenze** eingeführt (DM 120.000). Damit war es für gut verdienende Steuerpflichtige schwieriger geworden, mittels der steuerlichen Wohneigentumsförderung ihr zu versteuerndes Einkommen nach unten zu drücken.

Mit dem Steuerjahr 1961 wurden die Sätze für die 7b-Abschreibung so geändert, daß sich ein etwas gleichmäßigerer Abschreibungsverlauf ergab (zwei Jahre 7,5 Prozent, dann acht Jahre 4 Prozent). Die Wohneigentumsförderung geriet fortan immer mehr in den Sog einer keynesianisch motivierten **Konjunktursteuerung**. So wurden die 7b-Abschreibungen von 1963 bis 1965 ausgesetzt.

Das Steueränderungsgesetz 1965 brachte eine weitere Glättung des Verlaufs der 7b-Abschreibungen (8 Jahre 5 Prozent, dann 40 Jahre 1,5 Prozent) sowie eine Differenzierung der Höchstbeträge für die Bemessungsgrundlage der Abschreibungen (DM 150.000 für Einfamilienhäuser und Eigentumswohnungen, DM 200.000 für Zweifamilienhäuser).

Unter der sozialliberalen Koalition wurde die Wohneigentumsförderung dann wieder zum Instrument der Konjunktursteuerung auserkoren. Mit dem Steueränderungsgesetz 1974 wurde die Möglichkeit des Sonderausgabenabzugs der Schuldzinsen abgeschafft. Obendrein wurden die 7b-Abschreibungen für ein

Jahr ausgesetzt. Schon im darauffolgenden Jahr wollte die Bundesregierung wieder expansive Impulse setzen. Das Instrument dafür war eine Zinsverbilligung von Bausparzwischenkrediten für neu erstellte Wohnungen. Damit wollte man die in den nicht zuteilungsreifen Bausparverträgen angesammelten Mittel vorzeitig dem Wohnungsbau zuführen.

Der Diskriminierung der Bestandserwerbe wurde mit dem Steueränderungsgesetz 1977 ein (vorläufiges) Ende gesetzt. Die 7b-Abschreibungen konnten nun auch für Bestandserwerbe wahrgenommen werden. Außerdem wurden Bestandserwerbe von der Grunderwerbsteuer befreit (damals 7 Prozent). Daneben wurde 1977 die Möglichkeit der Übertragung (bei Veräußerung) von nicht ausgeschöpften Abschreibungsbeträgen auf ein Folgeobjekt geschaffen.

Zahlreiche Änderungen für die Wohneigentumsförderung brachte das Jahr 1982 mit sich. Mit dem Haushaltsstrukturgesetz wurde ab 1982 erstmals eine **Familienkomponente** in die Wohneigentumsförderung eingebaut. Ab dem zweiten Kind wurde nun ein **Baukindergeld** in Höhe von DM 600 im Jahr gezahlt (§ 34f EstG). Außerdem wurden die Höchstbeträge für die 7b-Abschreibungen auf DM 200.000 für Einfamilienhäuser und Eigentumswohnungen bzw. DM 250.000 für Zweifamilienhäuser angehoben. Darüber hinaus wurde ein neues Sonderprogramm zur Zinsverbilligung von Bausparzwischenkrediten aufgelegt. Schließlich ließ man die Möglichkeit des Schuldzinsenabzugs für Bauherren von Neubauwohnungen wieder aufleben (DM 10.000 DM jährlich für die Dauer von drei Jahren bei Fertigstellung des Gebäudes vor 1987).

Eine grundlegende **Reform der Grunderwerbsteuer** wurde im Jahr 1983 vorgenommen. Die Reform folgte dem alten steuerpolitischen Grundsatz der Senkung der Steuersätze bei gleichzeitiger Verbreiterung der Bemessungsgrundlage. Die Steuerbefreiungen entfielen und der Steuersatz betrug fortan einheitlich für bebaute oder unbebaute Grundstücke 2 Prozent des Kaufpreises.

Im Jahre **1987** wurde das Fördersystem **grundlegend reformiert**. Die Nutzungswertbesteuerung des Eigenheims wurde gestrichen, so daß von einem Investitionsgutmodell im eigentlichen Sinne nicht mehr die Rede sein konnte. Bestimmte einmalige und laufende Aufwendungen im Zusammenhang mit der Wohneigentumsbildung konnten nun als Sonderausgaben bei der Einkommensteuer geltend gemacht werden. Absetzbar waren nach § **10e EstG** über acht Jahre: ein unter den Sonderausgaben abzugsfähiger Betrag (eine Art „Abschreibung"), Schuldzinsen bei Neubauten (zeitlich befristet von 1992 bis 1994), Kosten vor Einzug in die Wohnung (§ 10e Abs. 6).

Bemessungsgrundlage für die Abzugsbeträge nach 10e EStG waren die Anschaffungs- bzw. Herstellungskosten. Dabei konnten 100 Prozent der Kosten des Gebäudes und 50 Prozent des Grundstückskosten angesetzt werden, höchstens aber

DM 330.000 (bis 1991 DM 300.000). Der Höchstbetrag für Gebrauchterwerbe wurde mit Wirkung ab 1994 auf DM 150.000 herabgesetzt. Nachträgliche Herstellungskosten innerhalb des Förderzeitraums von acht Jahren wurden den Anschaffungs- / Herstellungskosten zugerechnet. Die sich daraus ergebenden höheren Abschreibungen für die Vergangenheit konnten nachgeholt werden. Die neue Regelung galt auch für Ausbauten und Erweiterungen.

Von der Bemessungsgrundlage konnten in den ersten vier Jahren 6 Prozent (bis 1991 5 Prozent) und in den folgenden vier Jahren 5 Prozent wie Sonderausgaben abgezogen werden (DM 19.800 bzw. DM 16.500). Die Abzugsbeträge nach 10e EstG konnte der Steuerpflichtige völlig frei über den gesamten Förderzeitraum von acht Jahren verteilen, so daß im Rahmen einer optimalen "Abzugsstrategie" das zu versteuernde Einkommen geglättet werden konnte. Der Einkommensstrom war auf diese Weise weniger dem Zugriff des Progressionstarifs der Einkommensteuer ausgesetzt.

Der befristete **Schuldzinsenabzug** in Höhe von höchstens DM 12.000 jährlich für drei Jahre wurde ab Baubeginn im Oktober 1991, letztmalig für Fertigstellungen bis Jahresende 1994 gewährt.

Bei Inanspruchnahme der Steuervergünstigung nach § 10e stand dem Steuerpflichtigen acht Jahre lang eine Ermäßigung seiner tariflichen Einkommensteuer um DM 600 ab dem ersten steuerlich zugerechneten Kind zu (**Baukindergeld** nach 34f EstG, ab 1991 DM 1.000 pro Kind).

Nachdem im Jahr 1989 erneut ein Sonderprogramm zur Zinsverbilligung von Bausparzwischenkrediten aufgelegt worden war, wurden 1992 auf den Gesamtbetrag der Einkünfte bezogene **Einkommensgrenzen** für die Inanspruchnahme der Wohneigentumsförderung nach § 10e EStG eingeführt. Die Grenzen lagen bei DM 120.000 im Jahr (€ 61.355) für Alleinstehende bzw. bei DM 240.000 (€ 122.710) für Ehegatten.

Als ungerecht empfanden die Kritiker der Förderung nach § 10e EStG, daß Steuerpflichtige mit höheren Einkommen wegen ihrer progressionsbedingt höheren Steuersätze durch die steuerliche Abzugsmöglichkeit intensiver gefördert wurden als solche mit niedrigeren Einkommen. Außerdem wurde der Vorwurf erhoben, daß die Förderung für die Schwellenhaushalte zu gering dotiert sei, um überhaupt einen spürbaren Fördereffekt auszulösen.

Als Reaktion darauf wurde die Wohneigentumsförderung mit dem **Eigenheimzulagegesetz** auf ein Zulagensystem umgestellt. Die neue Förderung hängt nicht mehr von der Einkommensteuerbelastung ab. Ein erheblicher Teil der Rechtsgrundsätze des §10e EStG wurde in das EigZulG übernommen.

7.5.3 Wohnungspolitische Einschätzung der Regelungen

7.5.3.1 Neubau- oder Bestandsförderung?

Der Rückblick auf die Entwicklung der Wohneigentumsförderung hat gezeigt, daß der Wohneigentumserwerb aus dem Bestand in Westdeutschland fast immer gegenüber dem Neubau diskrimiert wurde. Der Wohneigentumsförderung war also offenbar nicht ausschließlich daran gelegen, mit gegebenen Mitteln möglichst viele Haushalte ins Wohneigentum zu bringen. Mit der Förderung wurden zugleich auch andere Ziele verfolgt. Zum einen wollte man die Bauwirtschaft unterstützen, zum andern hatte man die **Auswirkungen auf die Mietwohnungsmärkte** im Auge. Diese sollten über Filtereffekte ebenfalls von der Wohneigentumsförderung profitieren.

Die Einführung einer Förderung des Wohneigentumserwerbs aus dem Bestand wirkt sich wegen der direkteren Konkurrenzbeziehung zwischen den Mietern und den Käufern an einem Vermietermarkt störend auf den Mietwohnungsmarkt aus. Da das Angebot aus dem Bestand sich kurzfristig vollkommen starr verhält, steigen nach Einführung der Förderung zunächst nur die Preise für zur Selbstnutzung geeignete Immobilien. Dadurch werden nun aber Anreize zur Umwandlung von Miet- in Eigentumswohnungen gesetzt. Dies wird dann die Wohnungsmieten nach oben treiben, wenn die Geförderten mehr Wohnraum pro Kopf in Anspruch nehmen als der Durchschnitt der Mieter. Die steigenden Mieten setzen ihrerseits Anreize für zusätzliche Investitionen in den Mietwohnungsneubau. Langfristig führt dies zu einem größeren Wohnungsangebot und zu einer Entspannung der Märkte mit sinkenden Mieten und sinkenden Preisen für selbstgenutzte Immobilien.

Die Begleiterscheinungen dieser Wirkungskette werden aber nun von den meisten Wohnungspolitikern als wenig wünschenswert angesehen. Sowohl den Umwandlungsdruck als auch die Mietsteigerungen wird man zu umgehen versuchen. Als Mittel dazu erscheint eine einseitige Förderung von Neubaumaßnahmen geeignet. Auf diese Weise hat man keine unmittelbar störenden Auswirkungen auf die Mietwohnungsmärkte zu befürchten. Jeder Eigentumserwerb eines ehemaligen Mieters entlastet im Gegenteil ganz direkt die Mietwohnungsmärkte.

Ganz anders sind die Verhältnisse dagegen an einem **Mietermarkt**. In einer Situation mit Leerständen und fallenden Wohnungsmieten kann äußerstenfalls sogar eine völlige Einstellung der Neubauförderung angezeigt sein. Es kommt hinzu, daß die Förderung von Bestandserwerben die Vermutung einer größeren Effizienz des Fördermitteleinsatzes für sich hat.

Soll man aber die Auswirkungen der Eigentumsförderung auf die Mietwohnungsmärkte überhaupt bei der Ausgestaltung der Förderung berücksichtigen?

Aus einer rein allokationspolitischen Sicht wäre eine einseitige Förderung von Neubau- bzw. von Bestandsmaßnahmen (je nach Marktlage) natürlich abzulehnen, da derartige Eingriffe in die individuelle Entscheidungsfreiheit stets zu Wohlfahrtsverlusten führen müssen.

Aus einer stabilisierungspolitischen Perspektive kann man dagegen für eine „**antizyklische Variation**" der Wohneigentumsförderung plädieren. Mit einer entsprechend ausgerichteten Wohneigentumsförderung können die zyklischen Schwankungen auf den Mietwohnungsmärkten ein Stück weit geglättet werden. Die Ausrichtung der Wohneigentumsförderung auf Neubau / Bestand sollte von folgenden Kriterien abhängig gemacht werden:

o **Versorgungslage / Marktlage**: bei Wohnungsmangel Konzentration auf Neubauförderung – bei Überangebot Konzentration auf die Bestandsförderung,

o **zukünftiger Wohnungsbedarf**: Schaffung zusätzlichen Wohnraums bei zunehmendem Bedarf aller Haushalte (Umkehrung gilt),

o **baulicher Zustand der Wohnungsbestände**: Schwerpunkt auf Bestandsförderung bei Instandhaltungs- bzw. Modernisierungsstau – andernfalls Schwerpunkt auf Neubauförderung.

7.5.3.2 Investitions- oder Konsumgutmodell?

Der Überblick über die Entwicklung in Westdeutschland hat gezeigt, daß von 1950 bis 1995 das Investitionsgutmodell für die steuerliche Berücksichtigung der Wohneigentumsbildung galt. Allerdings wurde dieses Modell nicht in Reinform verwirklicht, denn bei vollständiger Erfassung des Mietvorteils und realistischer Bemessung der Abschreibungen ist mit dem Investitionsgutmodell kein Fördereffekt verbunden. Tatsächlich hat man sich „manipulierter" Investitionsgutmodelle bedient. Mit Wirkung vom 1.1.1996 wurde die Förderung dann allerdings radikal auf ein reines Konsumgutmodell mit pauschalen Zulagen umgestellt.

Wenn die Wohneigentumsbildung steuerlich als **Investitionsgut** behandelt wird, sind die fiktiven Einnahmen (ersparte Mietzahlungen) und die Ausgaben im Zusammenhang mit der Wohnung (Abschreibungen, Schuldzinsen, etc.) als steuerbare Einkünfte anzusehen. Ein „echtes" oder „reines" Investitionsgutmodell der Besteuerung stellt noch keine steuerliche Privilegierung dar (im Gegensatz zu einem manipulierten Modell mit versteckter Förderkomponente).

Gegen das derzeit in Deutschland praktizierte **Konsumgutmodell** wird eingewendet, daß es gegen das Gebot der Gleichmäßigkeit der Besteuerung verstoßen würde: alle Vermögenserträge mit Ausnahme des Mietvorteils aus der selbstgenutzten Wohnung unterliegen der Besteuerung („Steueroase Wohneigentum"). Darin wird eine **Verletzung des Leistungsfähigkeitsprinzips** gesehen. Zugunsten des Konsumgutmodells werden Bedenken gegenüber der Besteuerung von **fiktiven Einkünften** angeführt. Zudem werden von diesem Modell **intertemporale Effizienzgewinne** erwartet.

7.5.3.3 Konjunktursteuerung mit der Wohneigentumsförderung?

Der Rückblick hat gezeigt, daß in Westdeutschland die Wohneigentumsförderung immer wieder zur aktiven Konjunktursteuerung eingesetzt worden ist. Als Instrumente wurden dafür im Zeitablauf eingesetzt: der Schuldzinsenabzug, die 7b-Abschreibung, selektive Grundsteuerbefreiungen, unterschiedliche Behandlung der Gebrauchterwerbe, die Zinssubventionierung von Zwischenkrediten der Bausparkassen.

Je nach der Beurteilung der konjunkturellen Lage durch die Regierung wurden diese Vorteile in bestimmten Jahren gewährt, in anderen wieder gestrichen, nur um später aufs Neue eingeführt zu werden. Entscheidend für die Beurteilung ist, daß weder die Dauer noch der Zeitpunkt der Gewährung bzw. Nichtgewährung für die Haushalte vorhersehbar waren. Abgesehen von den allgemeinen Argumenten gegen eine aktive Konjunktursteuerung fragt sich, ob gerade die Wohneigentumsförderung für diesen Zweck instrumentell geeignet erscheint.

Die Argumente für die Wohneigentumsförderung sind grundsätzlicher und langfristiger Natur. Sie sind abgeleitet aus den Oberzielen der Familienförderung und der Förderung der Vermögensbildung. Diese Ziele machen aber eine **stetige Förderpolitik** unbedingt erforderlich. Das Ausmaß der Förderung sollte keineswegs aus kurzfristigen konjunkturpolitischen Motiven heraus vom Förderjahrgang abhängig gemacht werden.

Literatur zum 7. Kapitel:

1. *Deutsche Bau- und Bodenbank* (Hrsg.): 50 Jahre im Dienste der Bau- und Wohnungswirtschaft, Bonn 1973.

2. *Führer*, K.: Mieter, Hausbesitzer, Staat und Wohnungsmarkt. Verlag Steiner (Franz) 1995.

3. *Hoepfner*, W. u.a. (Hrsg.): Geschichte des Wohnens, 5 Bde., Deutsche Verlags-Anstalt DVA 1999.

4. *Kofner*, S.: Das Wohnraum-Mietrecht in Deutschland: Zeittafel zu seiner historischen Entwicklung, Teil I: 1896 bis 1945, in: Deutsche Wohnungswirtschaft, 49. Jg. (1997), S.321-332.

5. *Kofner*, S.: Das Wohnraum-Mietrecht in Deutschland: Zeittafel zu seiner historischen Entwicklung, Teil II: 1946 bis 1998, in: Deutsche Wohnungswirtschaft, 51. Jg. (1999).

6. *Kofner*, S.: Die Formation der deutschen Wohnungspolitik nach dem Zweiten Weltkrieg – Teil I, in: Deutsche Wohnungswirtschaft, 55. Jg. (2003), S. 246-251.

7. *Kofner*, S.: Die Formation der deutschen Wohnungspolitik nach dem Zweiten Weltkrieg – Teil II, in: Deutsche Wohnungswirtschaft, 55. Jg. (2003), S. 284-296.

8. *Kofner*, S.: Die Formation der deutschen Wohnungspolitik nach dem Zweiten Weltkrieg – Teil III, in: Deutsche Wohnungswirtschaft, 55. Jg. (2003), S. 322-334.

9. *Lutz*, H.: Der Mieterschutz der Nachkriegszeit, Peter Lang Verlag 1998.

10. *Lutz*, H.: Die rechtspolitische Diskussion um den Mieterschutz der Nachkriegszeit, in: forum historiae juris (www.rewi.hu-berlin.de/fhi).

11. *Schneider*, H. / *Deichmann*, W.: Der Weg zur sozialen Wohnungsmarktwirtschaft, 1984.

12. *Seeger*, H.: Wohnungswirtschaft im Wahlzyklus der Politik, Pro Universitate Verlag 1995.

8 Transformation der Wohnungswirtschaft in Ostdeutschland

Dieses Kapitel beschäftigt sich mit den besonderen Problemen und Instrumenten der Wohnungspolitik in den neuen Bundesländern. Dabei steht die Frage im Vordergrund, inwieweit die ostdeutschen Erfahrungen übertragbar und welche Lösungsansätze nachahmenswert sind.

Die wichtigsten wohnungspolitischen Aufgabenbereiche waren in der Vergangenheit neben der Vermögenszuordnung die Privatisierungsfrage (einschließlich der damit verbundenen nachholenden Wohneigentumsbildung) und die Überführung der DDR-Mieten in das Vergleichsmietensystem. Derzeit stehen die weitere Altbausanierung, die Bekämpfung der Wohnungsleerstände und der Stadtumbauprozeß im Vordergrund.

8.1 Überblick über die Entwicklung

8.1.1 Schleichende Sozialisierung der Wohnungswirtschaft in der DDR

Wie in allen sozialistischen Volkswirtschaften wurde in der DDR entsprechend der Vorstellung von der zentralen Leitung und Planung einer sozialistischen Gesellschaft auch die Erfüllung des Wohnungsbedarfs und der Wohnbedürfnisse mittels **zentraler Planung** angestrebt. Die sozialistische Wohnungswirtschaft war daher von umfassenden staatlichen Interventionen geprägt.

Während der gesamten DDR-Zeit herrschte eine straffe Wohnungszwangswirtschaft, ohne daß sich im Zeitablauf Lockerungstendenzen ergeben hätten. Instrumentell gesehen spielte dabei neben der weitgehend passiv gehandhabten Gestaltung des Mietpreis- und des Kündigungsrechts vor allem die **Wohnraumbewirtschaftung** eine wichtige Rolle (also die Belegung der Wohnungen mittels Einweisung durch die Behörden). Außerdem nahmen die Planungsbehörden entscheidenden Einfluß auf die **Investitionsplanung** und die Lenkung der Kreditmittel.

Die Bautätigkeit war in der DDR unmittelbar staatlich gelenkt. Über Investitionen in den Wohnungsbau wurde zentral entschieden. Der Wohnungswirtschaft blieb in diesem Rahmen nur sehr wenig Raum für eigenwirtschaftliches Verhalten. Das Wirtschaften beschränkte sich im Wesentlichen auf ein reines Verwalten ohne Spielraum für unternehmerische Entscheidungen und ohne wirtschaftliche Verantwortung der Entscheidungsträger.

Die Sozialisierung des Altwohnungsbestandes wurde in der DDR sozusagen schleichend vorgenommen, indem man keine Mieterhöhungen für die Althäuser zuließ und dem privaten Hausbesitz auf diese Weise im Laufe der Zeit die Rentabilitätsaussichten nahm. Eine ordnungsgemäße Instandhaltung war den privaten Hausbesitzern mit den „Stoppmieten" der DDR-Zeit nicht möglich. Es kam schließlich so weit, daß die Mieteinnahmen nicht einmal mehr die variablen Kosten des Hausbesitzes deckten und viele Eigentümer aus wirtschaftlichen Gründen gezwungen waren, ihren Besitz zu „Schleuderpreisen" zu veräußern.

Spätestens seit 1973 hat die DDR-Wohnungspolitik ganz eindeutig den **komplexen industriellen Wohnungsbau** präferiert. Für die Instandhaltung der Altbausubstanz wurden kaum noch Mittel bereitgestellt. Das Desinteresse an der Altbausubstanz ist eine Besonderheit der DDR-Wohnungspolitik. In den anderen sozialistischen Volkswirtschaften gibt es dazu keine direkte Parallele. In der DDR war es die Regel, die Altbaubestände bei minimalem Instandhaltungsaufwand bis zur Unbewohnbarkeit zu nutzen. Das Schicksal der unbewohnbar gewordenen Altbauwohnungen war der flächendeckende Abriß und die anschließende Ersatzbebauung der Grundstücksflächen mit Plattenwohnungen.

Ende der 80er Jahre wurde bereits etwa ein Drittel des Neubauvolumens durch den Abgang von Altbauwohnungen auf Grund von Unbewohnbarkeit absorbiert (mit steigender Tendenz).[56] Rund 420.000 Altbauwohnungen standen leer. Von einzelnen Großstädten abgesehen ist es zu Abrissen größeren Umfangs aber nicht mehr gekommen. Der größte Teil der Vorkriegswohnungen ist auf diese Weise erhalten geblieben – wenn auch in schlechtem baulichen Zustand.

Weil der Mietwohnungsbau allein in den Händen der volkseigenen Betriebe und der Genossenschaften lag, unterlagen die **Eigentumsverhältnisse** während der DDR-Zeit naturgemäß einem deutlichen Wandel. 1990 befanden sich schließlich etwa zwei Fünftel des Wohnungsbestandes in Volkseigentum. Ein weiteres Fünftel war genossenschaftliches Eigentum, während der Anteil des privaten Eigentums sich seit 1959 mehr als halbiert hatte (auf etwa zwei Fünftel).

---

[56] Ähnliche Probleme wie die DDR ausgangs der 80er Jahre haben heute diejenigen Länder Mittel- und Osteuropas mit einem vergleichbaren Anteil an Altbauwohnungen am gesamten Wohnungsbestand. Wegen des aufgelaufenen Instandhaltungsstaus sind massive Investitionen gerade auch in die Altbaubestände erforderlich, damit die Fertigstellungen im Neubau sich spürbar auf die Wohnungsversorgung auswirken können (also nicht wie in der Endzeit der DDR durch einen beschleunigten Wohnungsabgang absorbiert werden).

8.1.2 Entwicklung der Wohnungsbautätigkeit in den Neuen Bundesländern seit 1990

Die Bilanz von 40 Jahren DDR-Wohnungspolitik war im Jahr 1990 durchaus ernüchternd. Von den etwa sieben Millionen 1990 vorhandenen Wohnungen wies bereits eine Million schwere Bauschäden auf. Im Altbaubestand war ein enormer **Instandhaltungsstau** aufgelaufen. Über 400.000 Altbauwohnungen standen wegen schwerer Bauschäden leer. Die Wohnverhältnisse in vielen noch bewohnten Altbauwohnungen waren beschwerlich. Ganze Stadtteile drohten wegen der zum Teil jahrzehntelang unterlassenen Instandhaltungen zu verfallen.

Kennzeichnend für die Situation war das Nebeneinander von Wohnungsleerstand und Wohnungsmangel. Die Versorgungslage war nahe an einer Wohnungsnot. 1989 lagen den Behörden 780.000 Wohnungsanträge vor, davon 470.000 von Haushalten ohne Wohnung.

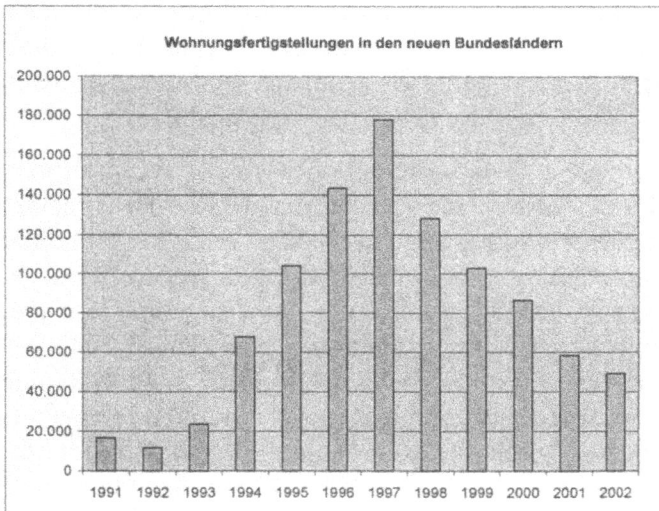

Bild 8.1   Wohnungsfertigstellungen in den neuen Bundesländern

Die Wohnungsfertigstellungen im Beitrittsgebiet haben von 1992 bis 1997 stetig zugenommen (Bild 8.1). Im Jahre 1997, auf dem Gipfelpunkt der Entwicklung, waren die realen Wohnungsbauinvestitionen schließlich mehr als dreimal so hoch wie 1991. Der Wohnungsbau hat von den drei Bausparten (Wohnungsbau, gewerblicher und öffentlicher Bau) nach der deutschen Wiedervereinigung den stärksten Aufschwung genommen und in den Anfangsjahren des wirtschaftlichen Wiederaufbaus einen bedeutenden, wenn auch nicht nachhaltigen Wachstumsbeitrag geleistet. Insgesamt wurden in den ostdeutschen Wohnungsbau in den zehn Jahren von 1991 bis 2001 rund 298 Mrd. Euro investiert. Das entspricht etwa einem Viertel aller nach Ostdeutschland geflossenen Transferleistungen.

Das Wohnungsbaugeschehen in den neuen Bundesländern war von den zeitlich befristeten steuerlichen Anreizen des **Fördergebietsgesetzes** geprägt. Die Bauaktivitäten haben bis in das Jahr 1997 hinein unter einem hohen Fertigstellungsdruck gestanden (Zunahme der Fertigstellungen um knapp 25 Prozent auf 177.900 Einheiten in diesem Jahr). Die Bauten mußten grundsätzlich bis zum Jahresende 1996 fertiggestellt sein, wenn der Bauherr sich noch die hohen Abschreibungen sichern wollte.

Die Investoren haben sich bei ihren Investitionsentscheidungen in erster Linie an den möglichen **Steuervorteilen** orientiert und zu wenig auf die langfristige rentierliche Vermietbarkeit der Investitionsobjekte geachtet. Die Steuervorteile haben oft auch die Bedeutung von hohen Grundstückspreisen und Baukosten in den Hintergrund treten lassen. Nicht selten wurde am Bedarf vorbei gebaut. Inzwischen ist es im Osten aufgrund der intensiven Förderung und der Abwanderungen aus vielen Städten und Regionen zu verbreiteten Wohnungsleerständen gekommen (Abschnitt 8.6), die die unternehmerische Wohnungswirtschaft und die Wohnungspolitik vor gänzlich neuartige Herausforderungen stellen.

Nach den massiven Investitionen der 90er Jahre beläuft sich der Wohnungsbestand in den ostdeutschen Bundesländern inzwischen auf 7.711.900 Einheiten (Wohnungen in Wohn- und Nichtwohngebäuden 2002). Weil die Zahl der Haushalte trotz der beständig abnehmenden Haushaltsgrößen wegen der negativen Bevölkerungsentwicklung im gesamten Zeitraum nicht zugenommen hat, ergibt sich damit ein rechnerischer Wohnungsüberhang von knapp 1.041.900 Einheiten (etwa 13,5 Prozent des Gesamtbestands). Die Zahl der tatsächlich leerstehenden Wohnungen liegt allerdings noch höher. Schätzungen reichen bis zu 1,3 Mio. Wohnungen. Damit hat sich der Markt innerhalb eines Jahrzehnts vollständig „gedreht". Aus dem Wohnungsmangel zu Beginn der 90er Jahre wurde in gut einem Jahrzehnt ein beträchtliches Überangebot an Wohnraum.

8.2 Vermögenszuordnung, Restitution und Investition

Die institutionelle Garantie des Privateigentums einschließlich der Möglichkeit, mittels Investitionen Gewinne daraus zu erzielen, ist eine unverzichtbare Vorbedingung für die Schaffung marktwirtschaftlicher Strukturen. Es reicht aber nicht aus, das Eigentum vor staatlichen Zugriffen zu schützen. Das Eigentum muß auch **eindeutig zugeordnet** sein. Wenn zwei Parteien sich um das Eigentumsrecht an einem Grundstück streiten, wird es kaum zu einer Bebauung desselben kommen.

Die Klärung der offenen Vermögensfragen war und ist eines der Hauptprobleme der deutschen Vereinigung. Sie ist angesichts der Bedeutung von klaren Vermögensverhältnissen für die wirtschaftliche Entwicklung unumgänglich. Das gilt in Deutschland ebenso wie in Mittel- und Osteuropa. Die Klärung der Vermögensverhältnisse hat den Grundsatz der Rechtssicherheit ebenso wie die Eigentumsrechte zu respektieren. Sie umfaßt folgende Problemkreise:

- **Vermögenszuordnung**: die Zuordnung des ehemals volkseigenen Vermögens,
- **Restitution**: die Rückgabe von zu Unrecht enteigneten oder auf andere Weise entzogenen Vermögenswerten im Sinne einer Wiedergutmachung,
- **Investition**: die Investitionsregelungen.

In der „Gemeinsamen Erklärung" der Bundesregierung und der Regierung der DDR zur Regelung offener Vermögensfragen vom 15.6.1990 wurden die Grundsätze zur Behandlung der drei Problemkreise niedergelegt.

Das Wirtschafts- und Gesellschaftssystem der DDR kannte drei **Eigentumsformen**: sozialistisches, persönliches und privates Eigentum. Im Vordergrund einer sozialistischen Gesellschaftsordnung stand naturgemäß das sozialistische Eigentum bzw. das „**Volkseigentum**".

Anders als nach dem BGB-Sachenrecht war in der DDR die rechtliche Trennung des Eigentums an einem Grundstück von dem darauf errichteten Gebäude möglich. Zu den 1990 vorgefundenen unübersichtlichen Eigentumsverhältnissen hat weiterhin beigetragen, daß insbesondere Objekte des komplexen Wohnungsbaus ohne Rücksicht auf die bestehenden Grundstücksgrenzen errichtet wurden. Außerdem wurden in der DDR die Kataster und Grundbücher nicht kontinuierlich fortgeschrieben.

Die **Zuordnung** des ehemals volkseigenen Vermögens wurde in Artikel 233 § 2 des Einführungsgesetzes zum Bürgerlichen Gesetzbuch (EGBGB) geregelt. Für die Übertragung von volkseigenem Vermögen an die Gemeinden und Städte galt der **Antragsgrundsatz**. Die Wohnungsunternehmen waren nur mittelbar über ihre meist kommunalen Gesellschafter antragsberechtigt. Waren Ansprüche Dritter auf das Grundstück angemeldet, erfolgte die Zuordnung nur vorbehaltlich dieser Rechte.

Grundlage für die Zuordnung war die **Nutzung am Stichtag 3.10.1990**. Lag zu diesem Zeitpunkt eine überwiegende Wohnnutzung vor, wurde das Grundstück der Gemeinde bzw. Kommune zugeordnet. Seinerzeit überwiegend gewerblich genutzte Objekte wurden dem Bund zugeordnet.

Die Vermögenszuordnung ist immer noch nicht abgeschlossen. Wegen der schleppenden Zuordnung haben sich Wettbewerbsnachteile für bestimmte Vermietergruppen ergeben. Noch 1998 waren etwa 400.000 kommunale und genossenschaftliche Wohnungen nicht ins Grundbuch eingetragen. Die nicht zugeordneten Grundstücke sind nur eingeschränkt beleihbar und die Wohnungsunternehmen können über sie nicht verfügen.

Die **Restitution**, also die Rückgabe von Vermögenswerten an ihre rechtmäßigen Eigentümer, hat im Osten Deutschlands eine lange Vorgeschichte. Enteignungen waren zwischen 1933 und 1945 von den NS-Behörden, zwischen 1945 und 1949 von den sowjetischen Besatzungsbehörden und danach von den DDR-Behörden vorgenommen worden. Daneben bedurften ungeklärte Erbfälle und Ansprüche von Alteigentümern einer rechtlichen Klärung.

Für die Restitution galt in Deutschland das rechtsstaatliche Prinzip „**Rückgabe vor Entschädigung**", d.h. die Grundstücke sollten in der Regel ihren rechtmäßigen Alteigentümern zurückgegeben werden. Der Berechtigte konnte seine Ansprüche auf Rückübertragung des Vermögenswertes bis zum 31.12.1992 anmelden (§ 30a Vermögensgesetz). Für eine lange Übergangszeit hat man auf diese Weise ohne Frage spürbare Investitionshemmnisse begründet.

Von der Restitutionsfrage sind in erster Linie die Altwohnungsbestände der kommunalen Wohnungsunternehmen betroffen. Diese Wohnungen wiesen in der Regel einen erheblichen Instandhaltungsstau auf. Bei ehemals volkseigenem Grund und Boden war die Rückübertragung nach § 5 Vermögensgesetz dagegen dann ausgeschlossen, wenn sie für den komplexen Wohnungsbau genutzt wurden.

Im Jahr 1991 waren 25 Prozent der Wohnungen der kommunalen Wohnungsunternehmen restitutionsbehaftet. Wegen fehlender Unterlagen und konkurrierender Ansprüche konnten diese Fälle nur langsam abgearbeitet werden.

Der Gesetzgeber hat immer wieder versucht, **Investitionen** in den neuen Bundesländern mit Gesetzesänderungen zu erleichtern. Das einmal gewählte Prinzip „Rückgabe vor Entschädigung" wurde damit aber nicht mehr grundsätzlich in Frage gestellt.

Schon der Einigungsvertrag sah vor, daß Vermögenswerte bzw. Gebäude dann nicht rückübertragen werden sollten, wenn sie für **dringende Investitionszwecke** benötigt werden sollten. Darunter verstand man insbesondere die Errichtung eines Betriebes. Es gelang aber nicht, den Vorrang der Restitution auf diese Weise zu brechen, obwohl dies im Interesse eines raschen wirtschaftlichen Wiederaufbaus wünschenswert gewesen wäre.

An den Wohnungen, deren Restitution sich hinzog, konnten wegen der sog. „Verfügungssperre" zunächst nur „werterhaltende" Investitionen, also ineffiziente Notreparaturen vorgenommen werden. Mit dem **Investitionsvorranggesetz** wurde dann die Überwindung der Verfügungssperre unter bestimmten Voraussetzungen ermöglicht.

8.3   Altschuldenhilfe / Privatisierung

Das Altschuldenproblem ist auf das Verfahren der Wohnungsbaufinanzierung in der DDR zurückzuführen. Die Planung und die Finanzierung von wohnungswirtschaftlichen Investitionen waren Aufgaben der zentralen Planungsbehörden. Die Kreditmittel für den Wohnungsneubau und die Modernisierung bzw. Rekonstruktion wurden den kommunalen und genossenschaftlichen Wohnungsunternehmen über die Staatsbank der DDR zugeteilt. Die Kredite waren von den Wohnungsunternehmen grundsätzlich mit Zins zurückzuzahlen. Allerdings übernahm der Staat den größten Teil der Finanzierungslast. Die Unternehmen wären dazu wegen der nicht kostendeckenden Mieten auch gar nicht in der Lage gewesen. Zum Zeitpunkt der Währungsunion beliefen sich die gesamten Kreditschulden der Wohnungswirtschaft auf DM 37,4 Mrd. (entspricht € 19,12 Mrd.).

Die Behandlung der Altschulden wurde nach 1990 zu einem wohnungspolitischen Dauerproblem. Nachdem man mit einem zunächst bis zum 1.1.1994 befristeten (und dann bis 1.7.1995 verlängerten) **Zahlungsmoratorium** Zeit gewonnen hatte, wurde mit dem **Altschuldenhilfe-Gesetz** (AHG) eine vermeintlich endgültige Regelung getroffen.

Obwohl sich die Wohnungspolitik eigentlich darüber im klaren war, daß man die Wohnungswirtschaft von einem wesentlichen Teil der Altschulden befreien müßte, um angesichts des Instandhaltungs- und Modernisierungsstaus ihre Investitions- und Kreditfähigkeit zu erhalten, wollte man die beabsichtigte Entlastung doch nicht ohne Bedingungen gewähren. Die damalige Bundesregierung hat vielmehr die Entlastung ganz ausdrücklich mit der von ihr erwünschten **Steigerung der Wohneigentumsquote** im Osten Deutschlands verknüpfen wollen.

Die Wohnungsunternehmen konnten eine Kappung der ihnen zugeordneten Altschulden auf einen Betrag von DM 150 (€ 76,69) pro m² Wohnfläche erreichen („**Teilentlastung**" nach § 4 AHG), wenn sie mindestens **15 Prozent** ihres Wohnungsbestandes mit mindestens 15 Prozent der Wohnfläche bis zum 31.12.2003 vorrangig an die Mieter zur Bildung von individuellem Wohneigentum veräußerten.

Mit der sog. „**progressiven Erlösabführungsstaffel**" wurde für einen entsprechenden **Privatisierungsdruck** gesorgt. Je später die Privatisierungsquote erreicht wurde, desto geringer fiel die Entlastung aus. Der Erlösabführungsstaffel fehlte eine regionale bzw. auch unternehmensspezifische **Differenzierung**. Die Abhängigkeit des Privatisierungserfolgs von nicht kontrollierbaren Einflußgrößen wie der Struktur des Wohnungsbestandes und der regionalen Marktsituation wurde nicht berücksichtigt.

Nachdem die Privatisierung an die Mieter unbefriedigend verlaufen war, sah sich das Bauministerium zur Anerkennung sog. „mieternaher Privatisierungsformen" genötigt (Mietergemeinschaftsmodelle, eigentumsorientierte Genossenschaften und sog. „Zwischenerwerbermodelle").

Mit dem im September 2000 beschlossenen **Zweiten Altschuldenhilfeänderungsgesetz** wurde der Stichtag für die Erfüllung der Privatisierungsauflage von Ende 2003 auf Ende 1999 vorgezogen. Wohnungsunternehmen, die ihre Privatisierungspflicht im Jahr 1999 **erfüllt** haben bzw. die eine Nichterfüllung **nicht zu vertreten** haben (Wohnungsunternehmen in strukturschwachen Regionen gemessen an Arbeitslosenquote, Bevölkerungsrückgang und Leerstandsquote), erhielten einen endgültigen **Schlußbescheid** über die Erfüllung der ihnen nach dem Altschuldenhilfegesetz auferlegten Verpflichtungen.

8.4   Mietrecht

8.4.1   Kündigungsschutz

In beiden Teilen Deutschlands hatte das **Mieterschutzgesetz** (MSchG) bis 1960 mehr oder weniger unverändert fortgegolten. Damit war dem Vermieter abgesehen von wenigen Ausnahmefällen das **Kündigungsrecht** genommen. Eine Auflösung des Vertragsverhältnisses konnte allein mittels einer zugunsten des Vermieters entschiedenen **Aufhebungsklage** erreicht werden.

Das MSchG galt in der DDR noch bis 1975 unverändert für Mietverhältnisse jeder Art fort (einschließlich der Möglichkeit zur Aufhebung wegen Eigenbedarfs). Es wurde 1975 vom **Zivilgesetzbuch der DDR** abgelöst. Die Regelungen des MSchG wurden im wesentlichen übernommen. Eine Auflösung des Mietverhältnisses war nach wie vor nur auf dem Klageweg möglich. Als Aufhebungsgründe waren Eigenbedarf und wiederholte Vertragsverletzungen des Mieters (einschließlich Mietschulden) zulässig.

Der Einigungsvertrag enthielt gegenüber dem BGB-Mietrecht besondere Einschränkungen des Kündigungsrechts des Vermieters für vor dem 3.10.1990 im

Beitrittsgebiet abgeschlossene Mietverhältnisse (vorübergehender Ausschluß von Verwertungs- und Eigenbedarfskündigung).

8.4.2 Mietpreisrecht

Eine große Herausforderung für die Wohnungspolitik war die von Anfang an beabsichtigte **Überführung der DDR-Mieten in das Vergleichsmietensystem**. Die aus der DDR-Zeit übernommenen, bei weitem nicht kostendeckenden und unzureichend differenzierten Höchstmieten wie auch der immense Instandsetzungs- und Modernisierungsbedarf des übernommenen Wohnungsbestands haben die Realisierung dieses Vorhabens erheblich erschwert.

In der DDR hatten die Mieten nur symbolisch niedrige Werte. Die Altbaumieten waren seit der Stoppverordnung von 1936 nicht mehr angepaßt worden und lagen bis zuletzt in der Regel zwischen 70 und 80 Pfennigen (36 bis 41 Cent) pro m^2 Wohnfläche. Die Wohnungspolitik der DDR hat die Neubaumieten in der Nähe der Altbaumieten gehalten. Anpassungsmöglichkeiten im Zeitablauf waren nicht vorgesehen. Kleinere Preisunterschiede im Verhältnis zu den Altbauten wurden nur bei einer besseren Ausstattung der Neubauwohnungen zugelassen. Diese kleinen Preisdifferenzen wurden den Wohnwertunterschieden aber nicht annähernd gerecht, so daß große Warteschlangen bei der Zuteilung der Neubauwohnungen entstanden.

Im Einigungsvertrag waren zwischen den beiden Regierungen folgende Regelungen und Absichtserklärungen über die ostdeutschen Mieten vereinbart worden: Der vorhandene Wohnungsbestand sollte für eine Übergangszeit einer besonderen **Preisbindung** unterliegen. Ausgangspunkt sollten die DDR-Mieten sein. Die Bundesregierung wurde zur **schrittweisen Anpassung** der gebundenen Mieten im Rahmen von allgemeinen **Einkommenserhöhungen** ermächtigt. Da man um den Erhalt der von erheblichen Bauschäden betroffenen Wohnungen fürchtete und auch wohnwerterhöhende Modernisierungen nicht behindern wollte, konnte der **Modernisierungszuschlag** nach § 559 BGB (früher § 3 des Gesetzes zur Regelung der Miethöhe [MHG]) auch für preisgebundenen Wohnraum erhoben werden. Auch der Wohnungsneubau sollte nicht durch das Mietpreisrecht behindert werden. Für neu errichteten Wohnraum sollte von Anfang anstatt der besonderen Preisbindungen für das Beitrittsgebiet die **Vergleichsmiete** gelten. Schließlich enthielt der Einigungsvertrag eine Absichtserklärung zur Überführung aller ostdeutschen Mieten in das Vergleichsmietensystem. Einen Überblick über die Entwicklung des Wohnraum-Mietrechts für das Beitrittsgebiet gibt Tab. 8.1.

Datum	Seite	Gesetz	Kurzinhalt

31.8.1990	II 889	Einigungsvertrag	• Regelungen und Absichtserklärungen über die ostdeutschen Mieten: § 11 in das MHG eingefügt
			• Marktspaltung: keine Preisbindung für neu errichteten und rekonstruierten Wohnraum
			• Modernisierungszuschlag auch für preisgebundenen Wohnraum
			• Ermächtigung der Bundesregierung zur schrittweisen Anpassung der gebundenen Mieten, zur rascheren Anpassung der Neuvertragsmieten sowie zur Einführung einer Instandsetzungsumlage
			• Absichtserklärung: Überführung aller ostdeutschen Mieten in das Vergleichsmietensystem, Anpassung der preisgebundenen Mieten nur im Rahmen von Einkommenserhöhungen
			• Besondere Einschränkungen des Kündigungsrecht des Vermieters für vor dem 3. 10. 1990 im Beitrittsgebiet abgeschlossene Mietverhältnisse (Einigungsvertrag, BGBl. 1990 II 943 bzw. Art. 232 § 2 EGBGB):
			– Ausschluß des Kündigungsrechts der angemessenen wirtschaftlichen Verwertung
			– Kündigung eines Mietverhältnisses wegen Eigenbedarf vor dem 1. 1. 1993 nur in Ausnahmefällen:
			  - bei Entzug der Räume nicht zu rechtfertigende Zwangsmaßnahmen oder durch Machtmißbrauch, Korruption, Nötigung oder Täuschung seitens staatlicher Stellen oder Dritter
			  - bei Unredlichkeit des Mieters bei Abschluß des Vertrages
			  - bei Unzumutbarkeit des Ausschlusses des Kündigungsrechts (bspw. wegen Instandsetzungsbedarf)
			– Widerspruchsmöglichkeit des Mieters in Härtefällen

17.6.1991	1269	Erste Verordnung über die Erhöhung der Grundmieten (Erste Grundmietenverordnung - Erste GrundMV)	• Erhöhung der Grundmieten für preisgebundenen Wohnraum im Beitrittsgebiet zum 1.10.1990 • Differenzierung nach grundlegenden Ausstattungsmerkmalen sowie nach der Gemeindegröße
27.7.1992	1416	Zweite Verordnung über die Erhöhung der Grundmieten (Zweite Grundmietenverordnung - Zweite GrundMV)	• Erhöhung der Grundmieten für preisgebundenen Wohnraum im Beitrittsgebiet zum 1.1.1993 • Differenzierung nach grundlegenden Ausstattungsmerkmalen sowie nach der baulichen Beschaffenheit • Instandsetzungsumlage auf freiwilliger Basis
21.12.1992	2117	Gesetz zur Verlängerung der Wartefristen in dem in Artikel 3 des Einigungsvertrages genannten Gebiet	• Fristverlängerung für die Aussetzung der Eigenbedarfskündigung im Beitrittsgebiet bis zum 31.12.1995
6.6.1995	748	Gesetz zur Überleitung preisgebundenen Wohnraums im Beitrittsgebiet in das allgemeine Miethöherecht (Mietenüberleitungsgesetz)	• Erhöhung der Grundmieten für preisgebundenen Wohnraum im Beitrittsgebiet um 15 Prozent und zum 1.1.1997 um weitere 5 Prozent (§ 12 MHG) • Differenzierung der Mieterhöhungen nach grundlegenden Ausstattungsmerkmalen, nach der Beschaffenheit sowie nach der Gemeindegröße • Freistellung von den Preisbindungen zum 1.1.1998 • Einbeziehung der gebundenen Mieten in die ersten ostdeutschen Mietspiegel (§ 12 Abs. 7 MHG)
6.6.1995	749	Gesetz über die Angemessenheit von Entgelten beim Übergang in das Vergleichsmietensystem (Artikel 2 des Mietenüberleitungsgesetzes)	• Kappung des Modernisierungszuschlags auf drei Mark pro Quadratmeter (§ 13 MHG) • bei Neuabschlüssen Erhöhungsmöglichkeit um weitere 15 Prozent (§ 2) • bei Neuabschlüssen vorzeitiger Wegfall der Preisbindungen zum 1.7.1997 (§ 2)
15.12.1995	1722	Gesetz zur Änderung des Gesetzes zur Regelung der Miethöhe	§ 12 Abs. 1 S. 2 MHG geändert § 12 Abs. 1a MHG eingefügt

Tabelle 8.1   Entwicklung des Mietrechts für das Beitrittsgebiet seit 1990

8.5 Wohnungsbauförderung in den Neuen Ländern

Ein Kapitel für sich ist die Wohnungsbauförderung in den neuen Bundesländern. Auf diesem Gebiet wurde ein enormer finanzieller Aufwand getrieben. Allein für die drei wichtigsten Fördertöpfe ergibt sich bis zum Jahr 2000 ein Subventionsvolumen von € 26,7 Mrd., das sich wie folgt zusammensetzt:

- Programme zur Stadtsanierung: € 7,5 Mrd.

- KfW-Programme zur Wohnraummodernisierung: € 5,4 Mrd.

- Steuerausfälle aufgrund von Sonderabschreibungen: € 13,8 Mrd.

Das entspricht einem Förderaufwand von € 3.750 pro Haushalt. Hinzu kommen noch die Mittel für die Subjektförderung sowie für die soziale Wohnraumförderung der Länder.

Bei den Förderinstrumenten gab es eine Entwicklung weg von den steuerlichen **Abschreibungsvergünstigungen**, die in den Anfangsjahren den Schwerpunkt der Förderung gebildet haben, hin zu einem Zulagensystem (**Investitionszulage**). In letzter Zeit werden verstärkt **Programmförderungen** eingesetzt. Allgemein ist eine Tendenz zur Konzentration und Differenzierung der Förderung festzustellen. In jüngster Zeit sind auch Abriß-, Rückbau- und Aufwertungsmaßnahmen in die Förderung einbezogen worden.

8.5.1 Sonderabschreibungen als Instrument der Wohnungsbauförderung

Bis Ende 1996 konnte man im Beitrittsgebiet 50 Prozent der Anschaffungsbzw. Herstellungskosten eines Mietwohngebäudes in den ersten fünf Jahren abschreiben. Diese Möglichkeit zur Reduzierung der steuerlichen Bemessungsgrundlage war besonders für **gutverdienende Privatanleger** mit einer entsprechend hohen Steuerprogression verlockend. Solche Anleger haben im Osten entweder Direktanlagen getätigt (Eigentumswohnungen) oder in geschlossene Immobilienfonds investiert.

Bei den Sonderabschreibungen handelt es sich nicht um „Steuergeschenke", sondern um den bewußten Einsatz der Abschreibungsregeln zu **wirtschaftspolitischen Lenkungszwecken** (in diesem Fall zur Lenkung von investiven Mitteln in das Beitrittsgebiet). Die **Verteilungswirkungen** der Abschreibungsvergünstigungen erscheinen allerdings recht willkürlich. Grundsätzlich sollte die Wirtschaftspolitik Lenkungsziele mit möglichst **verteilungsneutralen Instrumenten** verfolgen (etwa mit Investitionszulagen). Üppig dotierte Sonderabschreibungen eröffnen gut verdienenden Steuerpflichtigen weitreichende Gestaltungsmöglichkeiten, die das Prinzip der Besteuerung nach der individuellen Leistungsfähigkeit (Abschnitt 6.5.1) in Frage stellen können.

Sonderabschreibungen bergen außerdem die Gefahr von **Effizienzverlusten** durch Fehlinvestitionen in sich. Investitionskriterien wie der Standort und seine Auswirkungen auf die nachhaltige Vermietbarkeit geraten zum Teil aus dem Blick der Investoren. Knappes Kapital wird aus Verwendungen mit einer höheren Vorsteuer-Rendite abgezogen und das zieht entsprechende Wohlfahrtsverluste für die Gesellschaft nach sich.

Als schädlich hat sich außerdem das abrupte Absetzen der intensiven Abschreibungsförderung erwiesen. Bis heute ist eine Stabilisierung der Nachfrage im Bereich des Mietwohnungsbaus nicht in Sicht. Die Bauwirtschaft ist weiterhin zu schmerzhaften Einschnitten bei den in den Boomjahren aufgebauten Kapazitäten gezwungen.

8.5.2 Zulagen als Instrument der Wohnungsbauförderung

Mit dem 31.12.1998 sind die Sonderabschreibungsmöglichkeiten nach dem Fördergebietsgesetz endgültig ausgelaufen. Die Förderung des Wohnungsbaus in den neuen Ländern wird seitdem mit der **Investitionszulage** fortgesetzt. Dabei steht nun nicht mehr die Schaffung neuen Wohnraums, sondern vielmehr die weitere **Modernisierung** der vorhandenen Bestände und die **Belebung der Innenstädte** im Vordergrund.

Nach § 3 des Investitionszulagengesetzes 1999 (InvZulG 1999) sind **Sanierungs- und Modernisierungsmaßnahmen an Mietwohngebäuden** noch bis zum 31.12.2004 begünstigt. Mit dem InvZulG 2005 wurde die Förderung in diesem Bereich allerdings ersatzlos gestrichen. Die Förderung von Neubauinvestitionen wurde bereits zum Jahresende 2001 eingestellt, ebenso wie die von Maßnahmen an selbstgenutztem Wohneigentum.

Bei der Ausgestaltung der Investitionszulage im Zeitablauf ist eine zunehmende Differenzierung zu erkennen. Die Zulagen werden nun **standortspezifisch** vergeben. Die Investitionszulage für die **Altbauten** und die denkmalgeschützten Bestände der 50er Jahre in **Sanierungs-, Erhaltungs- und Kerngebieten** wurde zum 1.1.2002 angehoben, die Zulage für sonstige (nicht privilegierte) Vorhaben wurde dagegen reduziert. Für die privilegierten Vorhaben gelten nun folgende Förderbedingungen:

- Höchstbemessungsgrenze: 1.200 € pro m²
- Fördersatz: 22 Prozent

- Selbstbehalt: 50 € pro m²

8.5.3 KfW-Wohnraummodernisierungsprogramme

Die Wohnraummodernisierungsprogramme der KfW haben einen bedeutenden Beitrag zur Sanierung der ostdeutschen Wohnungsbestände geleistet. Das letzte dieser Programme für die neuen Bundesländer war das KfW-Wohnraummodernisierungsprogramms II. Im Rahmen dieses Programms wurden Modernisierungs- und Instandsetzungsinvestitionen[57] in den neuen Bundesländern mit zinsgünstigen Darlehen gefördert (mit Festzinssätzen und tilgungsfreien Anlaufjahren). Finanziert wurden:

- Gebäude der Baujahre bis 1948 (einschließlich),

- Gebäude der Baujahre nach 1948 in traditioneller Bauweise, wenn sie denkmalgeschützt sind oder mehr als acht Geschosse haben,

- Gebäude des industriellen Wohnungsbaus, sofern für die zu fördernden Maßnahmen bisher keine Modernisierungs- und Instandsetzungsförderung gewährt wurde,

- die Nachrüstung von Aufzügen in Gebäuden ab fünf Geschossen,

- Maßnahmen zum Rückbau von leerstehenden Wohngebäuden oder Wohngebäudeteilen im Rahmen des Stadtumbaus, soweit sie dauerhaft nicht mehr benötigt werden.[58]

Modernisierungs- und Instandsetzungsaufwendungen konnten bis zu einem Höchstbetrag von € 400 pro m² Wohnfläche finanziert werden, Rückbaumaßnahmen bis zu € 125 pro m² rückgebauter Wohnfläche. Von der Förderung ausgeschlossen waren Umschuldungen und Nachfinanzierungen bereits durchgeführter Investitionen.

Die Förderung konnte nur erfolgen, wenn der Antragsteller bei Antragstellung eine Bestätigung der Gemeinde vorlegen konnte, daß die zu fördernde Baumaßnahme den städtebaulichen und wohnungspolitischen Zielsetzungen der

---

[57] Z.B. Erneuerung der Sanitärinstallationen, Verbesserung des Wohnungszuschnitts, Modernisierung der Gemeinschaftsanlagen, Heizungsmodernisierung, Energiesparmaßnahmen, Dach-, Fußbodenreparaturen, Fassadenerneuerung.

[58] Einschließlich der Maßnahmen für die Freimachung von Wohnungen, für die Herrichtung des Grundstücks zur Wiedernutzung sowie der Umschuldung bestehender Darlehen, soweit diese objektbezogen für das rückzubauende Wohngebäude gewährt wurden.

Gemeinde nicht zuwider läuft. Die Förderung von Rückbaumaßnahmen hing vom Vorliegen eines Bewilligungsbescheids über Zuschüsse nach dem Programm „Stadtumbau Ost" bzw. einer Bescheinigung der Gemeinde ab, daß das Vorhaben dem kommunalen Stadtentwicklungskonzept entspricht.

An die Stelle der für Investitionen in den neuen Bundesländern reservierten Programme ist das **KfW-Wohnraummodernisierungsprogramm 2003** getreten, das Antragstellern aus dem gesamten Bundesgebiet offensteht. Finanziert werden im Rahmen dieses Programms abgeschlossene Wohneinheiten, die selbstgenutzt oder mit Mietverträgen nach BGB vermietet sind. Im Einzelnen werden folgende Maßnahmen finanziert:

a) Bauliche Maßnahmen zur Modernisierung und Instandsetzung von Wohngebäuden:
   bauliche **Modernisierungen** zur Gebrauchswertverbesserung sowie **Instandsetzungsmaßnahmen** zur Behebung baulicher Mängel (z.B. Schallschutz, Wohnungszuschnitt, Heizung, Dach),
   Maßnahmen zur **Verbesserung der allgemeinen Wohnverhältnisse** (z.B. Anbau von Balkonen), unter bestimmten Voraussetzungen auch Dachgeschoßausbau, Anbau oder Aufstockung,
   Maßnahmen zur **Aufwertung der nach einem Teilrückbau verbleibenden Wohngebäude** (z.B. Modernisierung, Grundrißveränderung, Dachaufbau).

b) **Verbesserung des Wohnumfeldes bei Mehrfamilienhäusern** (z.B. Schaffung von Grünanlagen, gebäudebezogene Außenanlagen, Anlage von Spielplätzen).

c) Maßnahmen zum **Rückbau von dauerhaft leerstehenden Mietwohngebäuden** in den neuen Ländern und Berlin (Ost) im Rahmen des Stadtumbaus.

Gefördert werden bei Maßnahmen zur Modernisierung, Instandsetzung und Wohnumfeldverbesserung bis zu 100 Prozent der förderfähigen Kosten, jedoch höchstens € 250 pro m² Wohnfläche (bei Rückbaumaßnahmen € 125 EUR pro m² rückgebauter Wohnfläche).

Die **Kreditlaufzeit** beträgt in der Regel bis zu 20 Jahre. Bei einer 10-jährigen Zinsbindung kann auch eine Kreditlaufzeit bis zu 30 Jahren beantragt werden. In beiden Laufzeitvarianten kann zwischen mindestens einem und höchstens fünf tilgungsfreien Anlaufjahren gewählt werden.

Der **Zins** des Darlehens wird wahlweise für einen Zeitraum von 5 oder 10 Jahren festgeschrieben. Der Zinssatz wird durch Bundesmittel über vier Jahre (für

Anträge aus dem Jahr 2003) bzw. über drei Jahre (für Anträge aus dem Jahr 2004) verbilligt.

Während der **tilgungsfreien Anlaufjahre** werden lediglich die Zinsen vierteljährlich nachträglich auf den abgerufenen Kreditbetrag berechnet. Nach Ablauf der tilgungsfreien Anlaufjahre wird das Darlehen in vierteljährlichen Annuitäten getilgt.

Die Mittel aus dem KfW-Wohnraummodernisierungsprogramm sind grundsätzlich mit anderen Fördermitteln und der Investitionszulage **kombinierbar**, soweit die Summe aus Krediten, Zuschüssen und sonstigen Zuwendungen die Summe der Aufwendungen nicht übersteigt.

8.6   Das Leerstandsproblem in den Neuen Ländern

Die Marktlage an den ostdeutschen Wohnungsmärkten inzwischen mehr als nur entspannt. Für die ostdeutsche Wohnungswirtschaft sind die um sich greifenden Leerstände zu einer Existenzfrage geworden. Bei den im GdW organisierten Wohnungsunternehmen (kommunale Gesellschaften und Genossenschaften) lag die durchschnittliche Leerstandsquote Ende des Jahres 2002 bei 15,8 Prozent. Trotz der einsetzenden Abriß- und Rückbaumaßnahmen weist die Leerstandsentwicklung immer noch eine steil ansteigende Tendenz auf.

Besonders in den Plattenwohnungsbeständen ist die Leerstandsquote zuletzt stark angestiegen. Im Altbaubereich ist der Leerstand in der Mehrzahl der Fälle auf den unzureichenden baulichen Zustand der betroffenen Objekte zurückzuführen. Die Leerstände streuen dort im Allgemeinen stärker als im industriellen Wohnungsbau. Daß sich daraus schwierige Aufgaben für die Stadtentwicklung ergeben bedarf keiner Erläuterung.

Die dramatische Zunahme der Leerstände in den letzten Jahren hat zu einer Destabilisierung sowohl der Wohnungsmärkte als auch der Wohnungswirtschaft geführt. Viele Wohnungsunternehmen, Genossenschaften und private Vermieter befinden sich in unverschuldeten wirtschaftlichen Existenznöten. Wegen des allgemeinen Überangebots an Wohnraum ist die weitere Sanierung der historisch wertvollen Altbausubstanz gefährdet.

Nach den vorliegenden Prognosen ist für die mittel- und langfristige Zukunft nicht mit einer Entspannung, sondern vielmehr mit einer weiteren Verschärfung der Leerstandssituation zu rechnen. Die Ursachen hierfür sind nicht nur demographischer Natur (Überalterung der Bevölkerung, Abwanderungen). Auch der Eigenheimbau wird weiterhin seinen Teil zu den anwachsenden Wohnungsleerständen beitragen.

Die Bundesregierung hatte angesichts dieser Perspektiven eine Kommission „Wohnungswirtschaftlicher Strukturwandel in den neuen Bundesländern" eingesetzt. Die Kommission hat den Abrißbedarf vorsichtig auf 300.000 bis 400.000 Wohnungen geschätzt. Den ersten Schritt zur Bewältigung der Leerstandsfolgen stellt das sog. „Stadtumbauprogramm Ost" der Bundesregierung dar.

8.6.1 Ursachen des Leerstands

Die Leerstandskrise in den neuen Ländern ist vor allem auf **angebotsausweitende Faktoren** zurückzuführen. Die intensiven Förderanreize zur Ausweitung des Wohnungsangebotes haben die Leerstandsentwicklung bestimmt. Zwar nahm die Bevölkerung zwischen 1990 und 2000 um mehr als 1,5 Mio. Menschen ab, wobei Netto-Abwanderungen und natürliche Bevölkerungsverluste sich in etwa die Waage gehalten haben. Die Zahl der Haushalte als ausschlaggebende Größe für den Wohnungsbedarf liegt jedoch trotz der Bevölkerungsverluste mit 6,7 Mio. heute immer noch auf dem Niveau von 1990. Der abnehmenden durchschnittlichen Haushaltsgrößen haben hier kompensierend gewirkt.

Während die Zahl der Haushalte sich von 1990 bis heute nicht geändert hat, sind in diesem Zeitraum in den neuen Ländern fast 1 Mio. Wohnungen fertiggestellt worden, darunter 853.000 Neubauwohnungen. Rein rechnerisch könnte man den gesamten Wohnungsbedarf von heute mit dem sanierten Bestand von 1990 befriedigen (einschließlich einer Leerstandsreserve von über 4 Prozent). Die Förderung des Wohnungsneubaus in den neuen Ländern kann im nachhinein betrachtet jedenfalls nicht damit gerechtfertigt werden, daß ein rechnerischer Wohnungsbedarf zu befriedigen war.

Der allgemeine Angebotsüberschuß auf den ostdeutschen Wohnungsmärkten ist räumlich keineswegs gleichverteilt. So sind etwa die ehemaligen Industriestandorte (**DDR-Entwicklungsstädte**) in besonderem Maße von Abwanderungen und Leerständen betroffen. In vielen größeren Städten sind die Leerstände nicht zuletzt auch auf die massiven **Stadt-Umland-Wanderungen** zurückzuführen. Die staatliche Wohneigentumsförderung hat die Tendenz zur **nachholenden Wohneigentumsbildung** im Umland erheblich verstärkt, indem sie Neubauvorhaben bis zum Jahresende 2003 stärker gefördert hatte als Erwerbe aus dem Bestand.

8.6.2   Programm Stadtumbau Ost

Mit dem Programm Stadtumbau Ost will die Bundesregierung die städtebaulichen Folgen der um sich greifenden Wohnungsleerstände und der rückläufigen
Bevölkerungsentwicklung bewältigen. Über die damit verfolgten städtebaulichen, wohnungs- und wirtschaftspolitischen Ziele (intakte Stadtstrukturen,
funktionierende Wohnungsmärkte, attraktive Wirtschaftsstandorte, Schaffung
und Erhaltung von Arbeitsplätzen, verbesserte Identifikation der Bürger mit ihren Städten, etc.) herrscht weitgehend Konsens. Zur Durchsetzung dieser Ziele
setzt das Programm auf eine Strategie bestehend aus

- der Beseitigung des Angebotsüberhangs

- der Aufwertung der vom Rückbau betroffenen Viertel und

- der Konzentration der Wohnungsbauinvestitionen auf den innerstädtischen Altbau.

Für Rückbau- und Aufwertungsmaßnahmen stellt die Bundesregierung den
neuen Ländern in den Gemeinden im Zeitraum 2002 bis 2009 Finanzhilfen in
Höhe von über 1 Mrd. € bereit (**Zuschußprogramm**). Hinzu kommen die
Komplementärfinanzierungsmittel der Länder.[59] Zur Finanzierung der Rückbaumaßnahmen wird neben dem Zuschußprogramm ein zinsverbilligtes **Dar-
lehensprogramm** eingesetzt. Die erforderlichen zinsvergünstigten Kredite
werden im Wege einer Öffnung des KfW-Wohnraum-Modernisierungspro-
gramms (Abschnitt 8.5.3) zur Verfügung gestellt. Die Mittel für die Zinsver-
günstigungen stammen allerdings aus dem Zuschußprogramm.

Die **Neugestaltung der Investitionszulage** (Abschnitt 8.5.2) und das
städtebaulich orientierte **Wohneigentumsprogramm** (Abschnitt 6.4.5.2)
sind die wesentlichen Instrumente des Stadtumbauprogramms. Mit ihrer Hilfe
sollen die Wohnungsbauinvestitionen städtebaulich so gelenkt werden, daß eine **kontrollierte und planvolle Stadtschrumpfung** nach Maßgabe des
jeweiligen Stadtentwicklungskonzepts ermöglicht wird.

---

[59] Zwei Drittel dieser Mittel wurden allerdings aus der Gemeinschaftsaufgabe zur Förderung der regionalen Wirtschaftsentwicklung und aus der Städtebauförderung entnommen, also nicht zusätzlich zur Verfügung gestellt. Nicht leicht fällt den ostdeutschen Ländern angesichts der allgemein angespannten
Haushaltslage das Aufbringen der komplementären Finanzierungsmittel.

Literatur zum 8. Kapitel:

1. *Arbeitsgemeinschaft* wirtschaftswissenschaftlicher Forschungsinstitute: Fortschrittsbericht wirtschaftswissenschaftlicher Institute über die wirtschaftliche Entwicklung in Ostdeutschland, Halle (Saale) 2002, S. 371-432.

2. *Expertenkommission Wohnungspolitik*: Wohnungspolitik für die neuen Länder, Mohr Verlag 1995.

3. *Flagge*, I.: Geschichte des Wohnens, 5 Bde., Bd.5, 1945 bis heute, Aufbau, Neubau, Umbau. Deutsche Verlags-Anstalt DVA 1999.

4. *Gesterkamp*, S.: Wohnungsprivatisierung in den neuen Ländern, Springer Verlag 1998.

5. *Hamm*, W. : Zwischen Zwangswirtschaft und Markt: Wohnungspolitik für Ostdeutschland, Bad Homburg 1995.

6. *Hannemann*, C.: Normiertes Glück: Eigenheim und Platte, Vortrag anläßlich der Bauhaus-Konferenz Modernisierung und Urbanisierung in Dessau am 4. und 5.12.1997.

7. *Hannig*, U. (1996): Das Altschuldenhilfe-Gesetz, in: Jenkis, H. (Hrsg.): Kompendium der Wohnungswirtschaft, München, S. 772 ff.

8. *Kofner*, S.: Einführung des Vergleichsmietensystems in Ostdeutschland, Reihe Wirtschaftspolitische Diskurse der Friedrich-Ebert-Stiftung Nr.98 (1997).

9. *Kofner*, S.: Leerstandskrise in den ostdeutschen Städten, in: Wohnungswirtschaft und Mietrecht, 54. Jg. (2001), S.315-327.

10. *Kofner*, S.: Wohnungspolitische Einschätzung der Initiative der Bundesregierung zur Verbesserung der Stadt- und Wohnungsmarktentwicklung in den neuen Ländern (Programm „Stadtumbau Ost"), in: Wohnungswirtschaft und Mietrecht, 54. Jg. (2001).

11. *Kommission* „Wohnungswirtschaftlicher Strukturwandel in den neuen Bundesländern": Wohnungswirtschaftlicher Strukturwandel in den neuen Bundesländern, Gutachten im Auftrag des Bundesministeriums für Verkehr, Bau- und Wohnungswesen, Berlin 2000.

9 Transformation der Wohnungswirtschaft in den mittel- und osteuropäischen Ländern

9.1 Charakterisierung der Wohnungspolitik

Der Stellenwert der Wohnungspolitik ist in allen neuen Beitrittsländern Mittel- und Osteuropas relativ niedrig zu veranschlagen. Der Wohnungsbau wird wirtschaftspolitisch eher als ein **konsumtiver Bereich** wahrgenommen, von dem keine nennenswerten gesamtwirtschaftlichen Wachstumseffekte erwartet werden. Die Politik neigt dazu, die Lösung der Probleme der Wohnungsmärkte und der Wohnungsversorgung so lange aufzuschieben, bis dafür günstigere gesamtwirtschaftliche Voraussetzungen geschaffen worden sind.

Auf der Ebene der Europäischen Union gibt es keine Förderprogramme zur Transformation der Wohnungswirtschaft oder zur Angleichung der Wohnverhältnisse. Die Wohnungswirtschaft war auch in den Beitrittsverhandlungen kein Verhandlungsgegenstand. Die Bedeutung der Wohnverhältnisse für die Einhegung zukünftiger Wanderungsbewegungen ist noch nicht in hinreichendem Maße erkannt worden. Absehbar ist aber, daß im Rahmen der Neuausrichtung der EU-Strukturfonds Mittel für die Städtebauförderung zur Verfügung gestellt werden.

Wegen der jahrelangen Vernachlässigung dieses Politikbereichs droht die Wohnungspolitik zum Stiefkind der Transformation zu werden. Inzwischen hat sich in einigen Ländern ein beachtliches Problempotential angehäuft. Die Fortschritte bei der Einführung marktwirtschaftlicher Strukturen in der Wohnungswirtschaft sind größtenteils nur bescheiden.

Die Wohnungswirtschaft ist wegen der langen Amortisationszeiten wohnungswirtschaftlicher Investitionen mehr als andere Branchen auf **verläßliche politische Rahmenbedingungen** angewiesen. Auf diesem wichtigen Feld sind aber in allen Beitrittsländern mehr oder weniger große Defizite zu verzeichnen.

In den MOE-Ländern trifft man nur vereinzelt auf eine langfristig angelegte Wohnungspolitik. In vielen Ländern scheint die Wohnungswirtschaft zum „Spielball der Politik" geworden zu sein. Kurzsichtige populistisch geprägte Entscheidungen und die Neigung zu Wahlgeschenken haben zu politischen Konjunkturzyklen geführt. Nach jedem Regierungswechsel muß sich die Wohnungswirtschaft auf unkalkulierbare Änderungen der gesetzlichen Rahmenbedingungen gefaßt machen. Entsprechend groß ist die Unsicherheit unter den Investoren.

Spürbare Fortschritte sind in Mittel- und Osteuropa im wesentlichen nur im Bereich der Wohneigentumsbildung erzielt worden. Das im Wohnungssektor investierte Kapital fließt ganz überwiegend in Eigentumsmaßnahmen. Weit weniger günstig verläuft die Entwicklung dagegen im Mietwohnungsbau. Sowohl für den Neubau als auch für Bestandsmaßnahmen zur Instandsetzung und Modernisierung fließt derzeit noch kaum privates Kapital.

9.2 Entwicklung der Wohnraummieten

Den kurzfristigen Politikansätzen entsprechend sind auch die Mietenpolitiken in den Beitrittsländern nicht langfristig kalkulierbar. Damit werden aber die Einzahlungsströme aus wohnungswirtschaftlichen Investitionen unberechenbar. Außerdem beeinträchtigt die **unsichere Mietenentwicklung** natürlich auch die Bereitschaft der Banken zu Kreditengagements im Mietwohnungsbau.

Das Niveau der Mieten ist in den MOE-Ländern von der **Kostendeckung** noch mehr oder weniger weit entfernt, z.T. haben die Mietpreise immer noch ein lediglich symbolisch niedriges Niveau. Auch im sozialen Wohnungsbau sind kostendeckende Mieten die Ausnahme.

Auf der anderen Seite hat man in den meisten Ländern die Regulierung und Subventionierung auf dem Gebiet der Betriebskosten aufgegeben. Damit befindet sich die Belastung der Mieter mit Betriebskosten durchaus auf „Marktniveau".

9.3 Das Beispiel Polen

9.3.1 Qualitative und quantitative Wohnungsversorgung

Das rechnerische Wohnungsdefizit in Polen liegt nach Angaben des staatlichen Büros für Wohnungsbau und Stadtentwicklung (Umirm) bei 1,5 Mio. Wohnungen. Andere Quellen sprechen von bis zu 2 Mio. fehlenden Wohnungen. Es herrscht nach unseren Begriffen Wohnungsnot. Viele Wohnungen sind überbelegt. Nur ein Drittel der jungen Paare hat eine eigene Wohnung. Der Rest lebt gezwungenermaßen bei den Eltern. 10 Mio. Wohnungen werden von Umirm als Substandardwohnungen bezeichnet (Tab. 9.1).

Städtische Regionen	
- Wasseranschluß	97,6
- Abwasseranschluß	89,4
- Badezimmer	87,9
- Gasanschluß	76,4
- Zentralheizung	80,3
Ländliche Regionen	
- Wasseranschluß	82,1
- Abwasseranschluß	62,6
- Badezimmer	66,4
- Gasanschluß	15,1
- Zentralheizung	53,3

Tab. 9.1 Ausstattung der bewohnten Wohnungen
mit Installationen im Jahr 1999 (in Prozent
des Gesamtbestandes)
Quelle: Statistisches Hauptamt, Warschau

Die Neubautätigkeit bewegt sich in Polen zur Zeit auf einem Niveau von etwa 2,8 Wohnungen pro 1.000 Einwohner. Die Zunahme des Wohnungsbestandes konzentriert sich auf die städtischen Regionen. Obwohl die Zahl der Wohnungsfertigstellungen seit 1997 kontinuierlich zugenommen hat (Bild 9.1), reicht die Fertigstellungszahl derzeit noch nicht, um den Nachfrageüberschuß spürbar zu verringern.

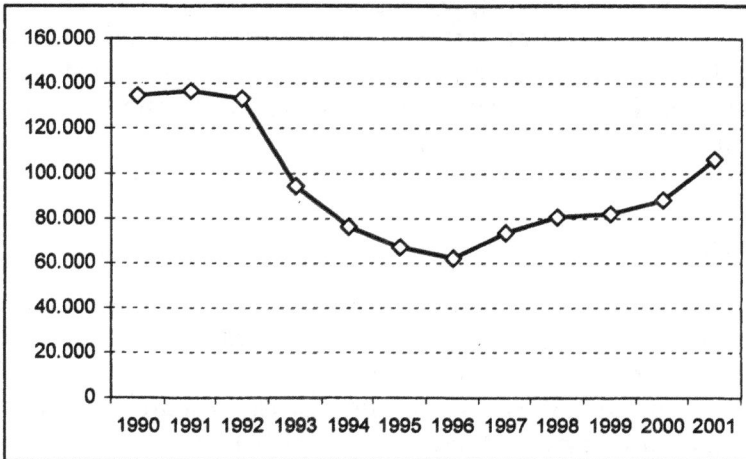

Bild 9.1 Wohnungsfertigstellungen in Polen
Quelle: Statistisches Hauptamt, Warschau

Deutlich zugenommen hat im Zeitablauf der Anteil der gemeinnützigen Wohnungsbaugesellschaften (TBS) an den gesamten Fertigstellungen. Der gemeinnützige Wohnungsbau profitiert von Steuervorteilen und speziellen zinsverbilligten Krediten. Ein „sozialer „Wohnungsbau" nach deutschem Verständnis kennt man dagegen in Polen nicht. Im Rahmen der sozialen Wohnraumförderung werden ausschließlich Gemeinschaftsunterkünfte für Obdachlose gefördert.

Jahr	Tschechien	Ungarn	Polen	Slowakei	Rußland
1989	100,0	100,0	100,0	100,0	100,0
1990	80,9	85,0	89,3	74,0	84,1
1991	75,7	64,5	91,1	62,3	75,7
1992	66,1	50,1	88,9	49,1	54,9
1993	57,2	40,6	62,8	41,9	54,9
1994	33,0	40,6	50,7	20,1	49,2
1995	23,0	48,0	44,7	18,6	48,7
1996	26,3	55,0	41,3	18,7	38,8
1997	30,4	54,6	49,1	21,6	34,6
1998	40,3	39,4a	53,7	24,9	31,2
Durchschnitt 1990-1998	48,1	53,1	63,5	36,8	52,5

Tab. 9.2 Wohnungsfertigstellungen in verschiedenen Transformationsländern
Quelle: The Urban Institute: The Transition in Housing Finance in Central Europe and Russia 1989-1999

Verglichen mit anderen wichtigen Transformationsländern ist die Fertigstellungszahl in Polen aber noch am wenigsten eingebrochen. Im Zeitraum von 1990 bis 1998 wurden im Durchschnitt immerhin noch 63,5 Prozent der Fertigstellungen des Jahres 1989 erreicht. Kein anderes der betrachteten Transformationsländer hat bei diesem Kriterium wesentlich mehr als 50 Prozent erreicht, die Slowakei sogar nur 36,8 Prozent (Tab. 9.2).

9.3.2 Instandsetzungsstau

Die Probleme werden verschärft durch einen enormen Instandsetzungsstau. Davon sind sowohl die Vorkriegswohnungen (etwa ein Drittel des Gesamtbestandes) als auch die in der sozialistischen Periode errichteten Wohnungen betroffen. Der Zustand der meisten Vorkriegswohnungen ist so schlecht, daß sie bei weiter ausbleibenden Sanierungsmaßnahmen schon bald als unbewohnbar aus dem Bestand ausscheiden müssen. Doch auch bei den Nachkriegswohnungen und darunter besonders den Plattenbauwohnungen ist ein enormer Instandsetzungsbedarf aufgelaufen (nicht zuletzt wegen der Verwendung minderwertiger Baumaterialien). Umirm schätzt, daß derzeit nur etwa ein Drittel des zur Bestandserhaltung notwendigen Volumens investiert wird.

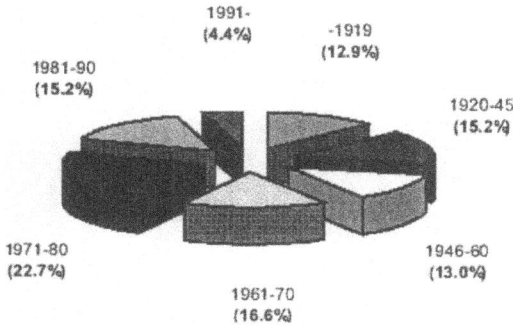

Bild 9.2   Altersstruktur des polnischen Wohnungsbestands
Quelle: Statistisches Hauptamt, Warschau

9.3.3   Entwicklung der Wohnraumnachfrage

Der beschleunigte Abgang von Altbauwohnungen wird ab 2005 aufgrund der demographischen Entwicklung (Haushaltsneugründungen der „zweiten Nachkriegsgeneration") auf eine stark steigende Wohnungsnachfrage treffen (Bild 9.3). Damit droht eine weitere Zunahme des Wohnungsdefizits. Die Zahl der Haushalte wird nach der Haushaltsvorausschätzung des Statistischen Hauptamtes bis 2030 um 22,8 Prozent zunehmen. Die Zuwachsrate nimmt allerdings im Zeitablauf immer mehr ab.

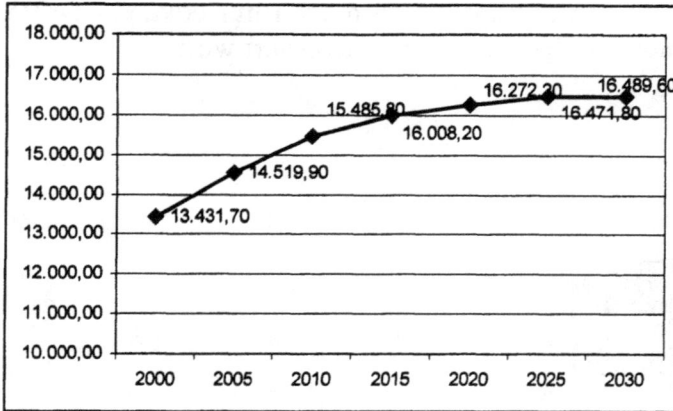

Bild 9.3   Entwicklung der Zahl der Haushalte in Polen bis
2030 in Tsd.
Quelle: Haushaltsvorausschätzung des Statistischen
Hauptamtes, Warschau

Auf lange Sicht wird auch in Polen die sehr niedrige Geburtenrate ähnlich wie
heute schon in Deutschland die Entwicklung immer mehr bestimmen. Die Fertilitätsrate fällt seit Mitte der 80er Jahre. Ein scharfer Rückgang auf inzwischen
nur noch 1,3 Kinder pro Frau war seit Mitte der 90er Jahre zu verzeichnen.
Damit ist die Geburtenrate vom Reproduktionsniveau weit entfernt. Langfristig
drohen die bekannten Folgen (Überalterung, schließlich absolute Schrumpfung
der Bevölkerung).

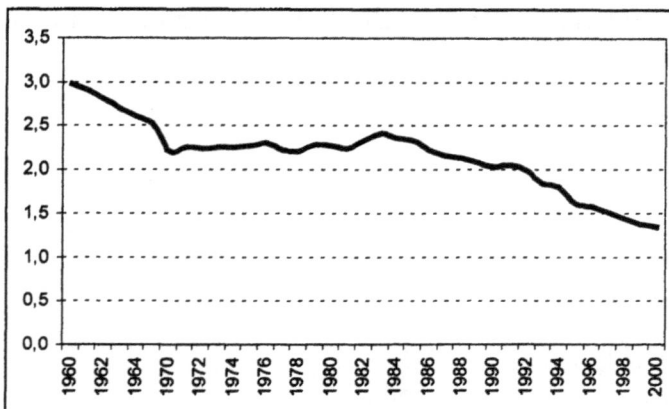

Bild 9.4   Entwicklung der Fertilitätsrate von 1960-2000
Quelle: Statistisches Hauptamt, Warschau

216

Die Bevölkerungszahl wird nach der Prognose des Statistischen Amtes im gesamten Zeitraum bis 2030 auf einem Niveau von 38 Mio. Personen mehr oder weniger konstant verharren. Die Altersstruktur wird sich allerdings in diesem Zeitraum erheblich verschieben. Die prognostizierte Zunahme der Zahl der Haushalte ist ganz wesentlich der ständigen Abnahme der durchschnittlichen Haushaltsgröße im Prognosezeitraum geschuldet.

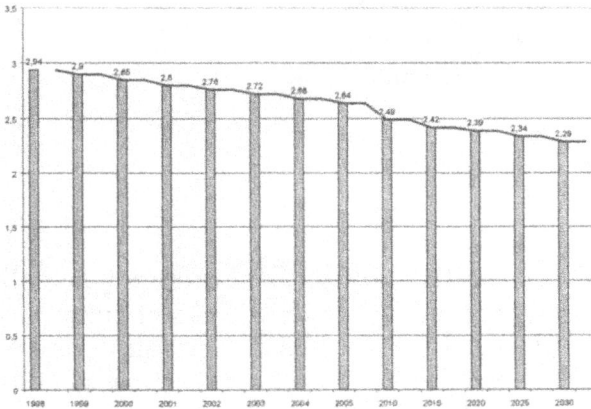

Bild 9.5   Entwicklung der durchschnittlichen Haushalts-
größe in Polen bis 2030
Quelle: Haushaltsvorausschätzung des Statistischen
Hauptamtes, Warschau

Damit wird Polen mit etwa 30 Jahren Verspätung einer ähnlichen Entwicklung wie Westdeutschland ausgesetzt sein. Der säkulare Rückgang der Fertilitätsrate wird zunächst noch nicht zu einer Schrumpfung der Bevölkerung führen, sondern lediglich zu einer Verschiebung des Altersaufbaus. Die Wohnungsnachfrage wird aufgrund des Trends zu kleineren Haushaltsgrößen zunächst sogar noch kräftig zunehmen. Ab etwa 2030 wird dann allerdings sowohl die Bevölkerung als auch die Zahl der Haushalte spürbar abnehmen.

Die große Unbekannte in den Prognosen ist die Außenwanderung. Zwischen 2006 und 2011 wird die unbeschränkte Freizügigkeit mit dem gesamten EU-Raum hergestellt sein. Bei unzureichenden Konvergenzfortschritten könnten nach den vorliegenden Prognosen in den ersten Jahren schlimmstenfalls bis zu 2 Mio. Menschen gen Westen auswandern.

Net migrations in persons

☐ Negative (243)
☐ below 500 (106)
☐ 500 - 1000 (16)
■ 1000 - 2000 (5)
■ above 2000 (3)

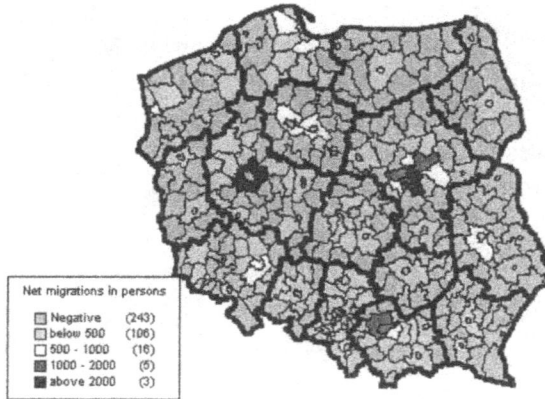

Bild 9.6   Binnenwanderungen in Polen

Genau beobachtet werden sollte auch die **Binnenwanderungen** innerhalb Polens. Bild 9.6 zeigt die Konzentration der Binnenwanderung auf einige wenige Wachstumspole (z.B. Posen, Warschau). Eine ähnliche Entwicklung wie bei den sog. „DDR-Entwicklungsstädten" (z.B. Weißwasser, Hoyerswerda) wird für diejenigen polnischen Städte befürchtet, die während der sozialistischen Zeit insbesondere durch schwerindustrielle Ansiedlungsprojekte einen rasanten Aufschwung erlebt haben. Der Wegfall von Arbeitsplätzen durch Rationalisierungen und Betriebsschließungen könnte eine weitere Abwanderungswelle in die wachstumsstarken Ballungsräume nach sich ziehen.

9.3.4   Wohnungsbaufinanzierung und makroökonomische Stabilität

Die bescheidenen Konvergenzfortschritte auf dem Gebiet der Wohnungspolitik in den 90er Jahren sind im Falle Polens zu einem wesentlichen Teil auf die vorherrschende **makroökonomische Instabilität** zurückzuführen. Unter den Bedingungen einer Hyper- bzw. einer galoppierenden Inflation kann sich kein Markt für langfristige Kredite entwickeln.

Der enge Zusammenhang zwischen Inflationsrate und Kapitalmarktzins hat während der 90er Jahre für ein entsprechend hohes Zinsniveau gesorgt. Mit hohen und schwankenden Inflationsraten sind stets enttäuschte Erwartungen der Wirtschaftssubjekte und gesamtwirtschaftliche Wohlfahrtsverluste verbunden. Jede längerfristige Festlegung (etwa über die Zinsbindungsdauer) wird in einem solchen Umfeld zum Vabanque-Spiel.

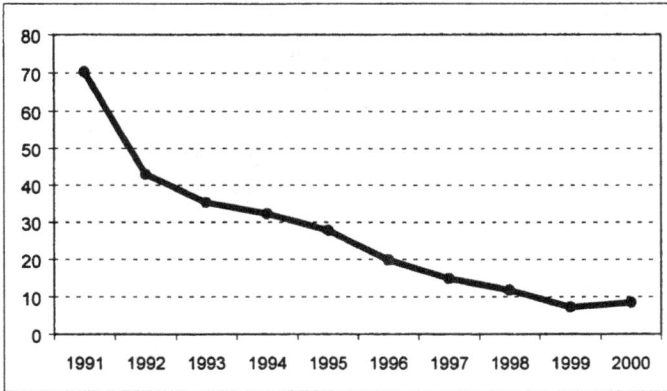

Bild 9.7 Inflationsentwicklung Polens in den 90er Jahren
Quelle: Bank Austria East-West Report 1/2000

Die Schwierigkeiten bei der Finanzierung von Wohnungsbauinvestitionen sind aufgrund der deutlich gefallenen Inflationsraten (Bild 9.7) inzwischen größtenteils überwunden. Die Realzinsen liegen nicht mehr wesentlich über dem Niveau im Euroraum und die Kreditvergabe wird weniger restriktiv gehandhabt. Auch die langfristigen Refinanzierungsmöglichkeiten in der Landeswährung haben sich nach der Verabschiedung eines Hypothekenbankgesetzes durch das Parlament verbessert.

Für die polnische Wohnungswirtschaft ist die nachhaltige Sicherung der makroökonomischen Stabilität derzeit von mindestens ebenso großer Bedeutung wie die staatliche Wohnungsbauförderung. Zum makroökonomischen Stabilisierungsprogramm gehört eine strenge **Budgetdisziplin**, die auch nicht durch großzügige Förderprogramme zugunsten der Wohnungswirtschaft aufgeweicht werden darf. Wenn es in der Folge zu einem neuerlichen Inflationsschub kommen würde, dann wäre der Schaden eines solchen Förderprogramms weit größer als der Nutzen.

9.3.5 Entwicklung der Mietpreise

Die Bestandssanierung wird nicht nur von den Finanzierungsproblemen, sondern auch von der **restriktiven Mietenpolitik** im Bestand behindert. Die jährliche Grundmiete darf nicht mehr als drei Prozent des Wiederbeschaffungswertes betragen.[60] Doch wird diese Grenze in der Regel weit unterschrit-

---

[60] Im gemeinnützigen Wohnungsbau ist die jährliche Grundmiete auf vier Prozent des Wiederbeschaffungswertes beschränkt.

ten, da die Gemeinden für die Festlegung der Höchstmieten verantwortlich sind. Diese handhaben dieses Instrument restriktiv, weil sie Wohngeldansprüche nach Möglichkeit vermeiden wollen. Tatsächlich sind die Mieteinnahmen von einer Vollkostendeckung weit entfernt. Sie reichen noch nicht einmal zur Deckung der laufenden Instandhaltungsaufwendungen. Das niedrige Mietenniveau hemmt nicht nur die Instandsetzungstätigkeit, es wirkt auch mobilitätshemmend und schwächt die Anreize zum Wohneigentumserwerb.

Frei finanzierte Neubauwohnungen unterliegen dagegen nicht der Mietpreisbindung. Das Angebot in diesem Segment ist jedoch noch gering und wenig differenziert. Damit herrscht auch in Polen die für die mittel- und osteuropäischen Transformationsländer typische Marktspaltung. Mit einem gespaltenen Wohnungsmarkt kann man sich allenfalls als mittelfristige Übergangslösung abfinden. Es ist gerade die scharfe Scheidung bei der Mietpreisbildung zwischen den Marksegmenten (symbolische Mieten versus völlig freie Preisbildung), die für viele negative ökonomische Begleiterscheinungen verantwortlich ist.

9.4   Thesen zur wohnungswirtschaftlichen Transformation

9.4.1   Mietrecht

Die rasche Angleichung des Wohnraum-Mietrechts zwischen Ost- und Westdeutschland wird man im historischen Vergleich als einen wohnungspolitischen Erfolg bezeichnen können. Man denke nur an die endlose Geschichte des „Abbaus" der Preisvorschriften für die Altbaumieten, die in Deutschland bereits gegen Ende des ersten Weltkriegs eingesetzt hatten. Tatsächlich haben die Preisvorschriften im Westen Deutschlands bis in die frühen 70er Jahre überlebt (und in West-Berlin sogar noch länger). Die entscheidende Voraussetzung für den raschen Abbau der Preisvorschriften in den neuen Ländern war die aufgrund der intensiven Wohnungsbauförderung sich ständig weiter entspannende Marktlage am Wohnungsmarkt. In einer angespannten Marktsituation mit der Möglichkeit von spürbaren Mieterhöhungen als Folge der Freistellung von den Preisvorschriften hätten so weitgehende Freistellungen sicher nicht so reibungslos durchgesetzt werden können.

Obwohl die Ausgangslage der mittel- und osteuropäischen Länder sich von der Ostdeutschlands in wesentlichen Punkten unterscheidet, kann man dem ostdeutschen Transformationsprozeß zur sozialen Wohnungsmarktwirtschaft zumindest auf dem Gebiet des Mietrechts einen gewissen Vorbildcharakter zusprechen.

9.4.1.1 Das Leitbild für das Mietrecht am Ende des Transformationsprozesses

Jedes postsozialistische Land muß zunächst das Leitbild für das Mietrecht nach Abschluß der Transformation definieren. Wegen der besonderen Eigenschaften des Wohnungsmarktes sollte den Parteien beim Abschluß von Wohnraummietverträgen **keine völlige Vertragsfreiheit** gewährt werden. Der Gesetzgeber muß den Vertragsparteien an bestimmten Stellen unabdingbare Vorgaben machen.

Auf dem Gebiet des Mietpreisrechts bedarf es eines flexiblen, marktorientierten Preisfindungssystems, das auf mittlere bis lange Sicht die Preisfunktionen nicht beeinträchtigt, das aber auf kurze Sicht ein ineffizientes Überschießen der Mieten verhindert. Dafür bietet sich das Modell der **Vergleichsmiete** als Ausgangspunkt an. Um die Effektivität der Vergleichsmiete zu sichern sind **Eingriffe in das Kündigungsrecht** der Vermieter allerdings unumgänglich. An die Stelle eines freien Kündigungsrechts muß ein abschließender Katalog von zulässigen Kündigungsgründen treten. Kündigungen der Vermieter, die allein dadurch motiviert sind, mit einem anderen Mietbewerber eine höhere Miete zu vereinbaren, müssen ausgeschlossen sein.

Mit der Definition des Leitbildes der Rechtsfortentwicklung ist es aber nicht getan. Mindestens ebenso wichtig ist die Frage, wie man dieses Leitbild zu möglichst geringen gesellschaftlichen Kosten ansteuern kann. In Ostdeutschland hat man sich für eine Übergangszeit für das nicht unproblematische Modell der **Marktspaltung** entschieden: Vergleichsmiete im Neubau und administrierte Höchstmieten im Bestand.

9.4.1.2 Der optimale Zeitpunkt für die Freigabe der Mietpreise

Grundsätzlich sollten die Preise möglichst rasch freigegeben werden. Das gilt um so mehr, wenn man vom Leitbild her nicht die totale Preisfreiheit, sondern die umfassende Einführung eines Vergleichsmietensystems anstrebt, denn die Vergleichsmiete wirkt auf kurze bis mittlere Sicht mietbegrenzend, ohne aber bei marktorientierter Ausgestaltung die langfristige Anpassung der Mietpreise an ein marktgerechtes Niveau zu verhindern.

Wenn man dagegen die Mieten mit administrativen Maßnahmen auf einem sehr niedrigen Niveau festhält und mit Mieterhöhungen auf eine entspannte Marktsituation mit drei Prozent Leerstand wartet, läuft man Gefahr, die Wohnungszwangswirtschaft unbegrenzt zu perpetuieren. Die Mieten künstlich niedrig zu halten, heißt ja nichts anderes als den **Preismechanismus** und besonders die **Zuteilungsfunktion der Miet-Preise** gänzlich außer Kraft zu setzen. Unter einem effektiven Höchstmietensystem kann es rein logisch gar nicht zu einem Marktausgleich kommen.

Auf der anderen Seite kann man in einer extremen Wohnungsmangelsituation die Preise auch nicht in einem Schritt freigeben. Wenn Wohnungsnot herrscht, akzeptieren die Menschen nicht, daß allein die individuelle Zahlungsfähigkeit den Ausschlag darüber gibt, wer mit wieviel Wohnraum versorgt wird. Wendet man dieses Argument konsequent an, so müßten allerdings auch die **Neubaumieten begrenzt** werden. Damit würde man aber die Investitionsanreize in unerwünschter Weise beeinträchtigen. An dieser Stelle zeigt sich die ganze Widersprüchlichkeit eines gespaltenen Wohnungsmarktes.

Der Aufbau eines leistungsfähigen Systems der Subjektförderung zur Entschärfung des Problems dürfte den meisten Transformationsländern aus Gründen der mangelnden Leistungsfähigkeit der staatlichen Haushalte schwerfallen. Doch nicht nur dieses Argument spricht gegen eine Abschaffung der Preisvorschriften in einem Schritt. Es kommt hinzu, daß man bei der Einführung eines Vergleichsmietensystems auf ein gewisses Ausmaß an Preisdifferenzierung angewiesen ist, da ansonsten die unzureichend differenzierten Mieten auf Jahre festgeschrieben würden. Es muß also noch unter dem Regime der administrierten Mieten eine **wohnwertgerechte Preisdifferenzierung** wenigstens ansatzweise hergestellt werden.

9.4.1.3 Schrittweise Annäherung an das mietrechtliche Leitbild

Es bleibt kein anderer Weg als der der schrittweisen Anpassung und Differenzierung der Mietpreise auf dem Verordnungsweg. Maßstab für die Anpassungsgeschwindigkeit sollte die Entwicklung der durchschnittlichen Haushaltseinkommen sein. Die Gesellschaft sollte versuchen, zu einem Konsens über die **höchstens zumutbare Mietbelastungsquote** zu kommen. Einigt man sich beispielsweise auf 25 Prozent, so können die Mieten bei steigenden Einkommen stets so weit angehoben werden, daß die Mietbelastung eines durchschnittlichen Erwerbshaushaltes diesen Wert nicht überschreitet. Parallel dazu muß ein Wohngeldsystem aufgebaut werden, das die Mietbelastung der ärmeren Haushalte in vertretbaren Grenzen hält. Man wird dieses Transfersystem aber kaum so üppig ausstatten können, daß die effektive Mietbelastung für alle Haushalte unter 25 Prozent gehalten werden kann.

Für die Bemessung der zumutbaren Mietbelastung gilt folgende Regel: **Je schlechter die qualitative und die quantitative Wohnungsversorgung sind, desto höher muß die Mietbelastungsquote angesetzt werden**. Bei einem großen Instandsetzungsstau ist die Signalfunktion der Mietpreise von größerer Bedeutung, um endlich die dringend benötigten Instandsetzungsinvestitionen zu attrahieren. Damit wird eine ganz einfachen volkswirtschaftlichen Gleichung Rechnung getragen, die auch jedem privaten Hauseigentümer bewußt ist: Je weniger man in der Vergangenheit in den Wohnungsbestand investiert hat, desto mehr muß man zu seiner Erhaltung in Gegenwart und Zukunft investieren. Und das muß sich auch an der Höhe der Mieten zeigen.

9.4.1.4 Abbau der Preisvorschriften

Zu diskutieren ist hier die Gestaltung des Prozesses der **Transformation des Mietpreisrechts**. Als Leitbild auf dem Gebiet des Mietpreisrechts soll hier die Vergleichsmiete gelten. Starre Mietbegriffe wie der einer „Friedensmiete" taugen nicht als Leitbild für den Übergang in die Wohnungsmarktwirtschaft. Von einer Wohnungsmarktwirtschaft kann man nur bei einer **flexiblen marktorientierten Preisbildung** sprechen, die sowohl der Dynamik der Kostensituation der Vermieter als auch der Nachfrageentwicklung am Wohnungsmarkt Rechnung trägt.

Die Annäherung an ein mietpreisrechtliches Leitbild (reine Marktmiete oder Vergleichsmiete) kann aus einer Situation mit extremem Wohnungsmangel heraus nur schrittweise vollzogen werden. Da man auf der anderen Seite die Investitionsanreize für Neubauwohnungen möglichst nicht beeinträchtigen will, ist eine vorübergehende **Marktspaltung** zwischen Neubau- und Altbaumieten typisch für einen wohnungswirtschaftlichen Transformationsprozeß.

Die administrierten Altbaumieten müssen nicht nur **im Einklang mit der Einkommensentwicklung** schrittweise angehoben, sondern auch so weit **ausdifferenziert** werden, wie das auf dem Verordnungswege möglich ist. Die Administration muß also eine Art von **Marktsimulation** mit Hilfe von **Richtsatzmieten** betreiben. Dies wird ihr bei den grundlegenden Ausstattungsmerkmalen (Bad, WC, Sammelheizung) und ansatzweise auch bei dem Wohnwertmerkmal des baulichen Zustands noch möglich sein. Auch eine Differenzierung nach der Wohnungsgröße wäre möglich. Bislang nicht versucht wurde eine Differenzierung von Richtsatzmieten nach der Wohnungslage (abgesehen von der Möglichkeit der Staffelung der Mieten nach der Gemeindegröße). Es wäre zwar aufwendig, aber nicht unmöglich, aufgrund von objektiven Standortmerkmalen eine Differenzierung der Mieten nach der Wohnlage auf dem Verordnungswege vorzunehmen. Gegen eine derart feinziselierte Marktsimulation spricht aber, daß sie den Übergang in die Wohnungsmarktwirtschaft politisch erschweren kann. Auf der anderen Seite ist die frühzeitige Berücksichtigung des Lagemerkmals bei der Mietpreisbildung eine wesentliche Vorbedingung für das Entstehen einer marktgerechten Preisstruktur.

Der Übergang von den Richtsatzmieten zur Vergleichsmiete kann auf zweierlei Arten vollzogen werden. Die eine Möglichkeit ist eine Art „**Sprung**" in die Marktwirtschaft: Man stellt alle Wohnungen zu einem bestimmten Schlußtermin von den Preisvorschriften frei – und nimmt dabei in Kauf, daß zumindest an einigen Teilmärkten noch rechnerische Wohnungsdefizite vorhanden sind.

Die andere Möglichkeit ist ein **differenziertes Vorgehen**: Man stellt zunächst nur ausgewählte Teilwohnungsbestände frei.

Bei der schrittweisen Freistellung stellt sich die Frage nach den **Freistellungskriterien**. In der wechselvollen Geschichte des deutschen Mietpreisrechts hat man auf diesem Gebiet im Laufe des 20. Jahrhunderts alle denkbaren Varianten – auch kombiniert – eingesetzt. An Erfahrungen fehlt es also auf diesem Gebiet nicht. Grundsätzlich kann man bei der Freistellung **regional**, nach **Wohnungstypen** oder nach der **Vertragslaufzeit** differenzieren.

Das gerne übergangsweise eingesetzte Mittel der Freistellung ausschließlich bei **neu abgeschlossenen Mietverträgen** über Altbauwohnungen hat Vor- und Nachteile. Einerseits wirkt es fluktuationsmindernd und behindert somit den wohnungswirtschaftlichen Anpassungsprozeß. Die willkürliche Differenzierung der Mietpreise führt zu Gerechtigkeitsdefiziten, die auf die Dauer schwer erträglich sind. Auf der anderen Seite ist der Auszug eines Mieters ein guter Zeitpunkt für **Investitionen** in Instandsetzungs- und Modernisierungsmaßnahmen. Die Anreize für derartige Aktivitäten werden von der Aussicht, mit den nachfolgenden Mietbewerbern den Mietpreis frei vereinbaren zu können, fraglos günstig beeinflußt. Vorstellbar wäre aber auch eine anreizschonende Gestaltung in Form eines an der Höhe der Sanierungskosten orientierten Zuschlags zur Grundmiete, die auf die Freistellung von den Preisvorschriften bei Mieterwechseln verzichtet.

Theoretisch besonders elegant ist die in der Abbaugesetzgebung der 60er Jahre praktizierte Variante der gebietsweisen Freistellung nach **objektiven statistischen Kriterien**. Nicht zu unterschätzen ist, daß mit dieser Freistellungsmethode politischer Streit vermieden werden kann. Problematisch sind die statistischen Kriterien insofern, als zu eng gefaßte Kriterien die Freistellung lange hinauszögern können. Es darf nicht übersehen werden, daß ein Wohnungsmarkt mit effektiven Höchstmieten nicht von sich aus wieder ins Gleichgewicht kommen kann.

Nimmt man die politischen Unwägbarkeiten des wohnungswirtschaftlichen Transformationsprozesses in der Demokratie ins Bild und strebt man den raschen, reibungslosen und umfassenden Übergang zur Vergleichsmiete als mietpreisrechtliches Leitbild an, so empfiehlt sich die folgende pragmatische Vorgehensweise:

- Anhebung der Bestandsmieten auf dem Verordnungswege im Einklang mit der Zunahme der Durchschnittseinkommen (mindestens Deckung der Verwaltungs- und Instandhaltungskosten),

- dabei spürbare Differenzierung nach grundlegenden Ausstattungsmerkmalen, baulichem Zustand und im Ansatz auch nach der Gemeindegröße,

- Ergänzung durch ein Zuschlagsystem in Abhängigkeit von den investierten Sanierungskosten,

- Freistellung aller Wohnungen von den Preisvorschriften auf einmal zu einem bestimmten Stichtag.

Die Freistellung sollte nicht erst dann erfolgen, wenn die administrierten Mieten sich in der Nähe der Marktmieten befinden (diese Feststellung ist übrigens aus methodischer Sicht nicht unproblematisch), sondern wesentlich früher. Für den Übergang ins Vergleichsmietensystem ist weniger ein möglichst marktnahes durchschnittliches Mietenniveau als vielmehr eine ausreichende Differenzierung der Mieten erforderlich. Die Freistellung kann dann erfolgen, wenn eine weitgehende Kostendeckung der Vermieter mit den administrierten Mieten gewährleistet ist (etwa 80 Prozent der Vollkosten).

Keinen Einfluß auf den Übergangszeitpunkt sollte die Frage haben, ob allgemein oder an regionalen Teilmärkten noch **rechnerische Wohnungsdefizite** herrschen oder nicht. Die zum Marktausgleich noch notwendigen Anpassungen können ohne weiteres bereits unter dem Regime der Vergleichsmiete erfolgen, ohne die Gefahr von sozialen Verwerfungen oder hektischen Mietpreissprüngen heraufzubeschwören. Das Abbaugesetz kann in diesem Punkt kein Vorbild sein, da mit ihm nicht der Übergang zur Vergleichsmiete, sondern der zur fast schrankenlosen Preisfreiheit beabsichtigt war.

Jeder wohnungswirtschaftliche Transformationsprozeß unterliegt auf dem Gebiet des Mietpreisrechts einem Grundgesetz: **Je ambitionierter das preisrechtliche Leitbild ausfällt, desto langsamer wird sich die Anpassung der Mietpreise vollziehen.** Das Leitbild der vollständigen Preisfreiheit erweist sich möglicherweise beim Versuch seiner Verwirklichung als politisch überhaupt nicht durchsetzbar.

9.4.1.5 Übergangsweise Einführung einer Instandsetzungsumlage

Um wenigstens etwas Zeit für weitere Einkommenssteigerungen zu gewinnen, kann man erwägen, für eine Übergangszeit eine Art **Instandsetzungsumlage** einzuführen. Man hat mit einer solchen Umlage in Deutschland sowohl in der Weimarer Zeit als auch in der Übergangszeit zur Vergleichsmiete in Ostdeutschland gearbeitet, ohne daß die Umlage jedoch einen entscheidenden Beitrag zur Beseitigung des Instandsetzungsstaus geleistet hätte. Wenn ein Umlagesystem auch nie mehr als eine zweitbeste wohnungspolitische Lösung sein kann, so benötigt man doch gerade innerhalb eines Regimes mit administrierten Bestandsmieten spezielle Anreize für Instandsetzungsmaßnahmen.

Mit einer derartigen Umlage schafft man aus Sicht der Vermieter eine unmittelbare und verläßliche Verbindung zwischen ihren Instandsetzungsaufwendungen und dem Rückfluß aus diesen Maßnahmen. Man kann also eine gleiche Anreizintensität wie auf einem Markt mit Preisfreiheit erreichen, ohne die Grundmieten anheben zu müssen.

9.4.1.6 Mietenpolitik am Beginn der Transformation

Damit stellt sich die Frage, wie hoch die Mieten aus Sicht der Vermieter in der Übergangszeit mindestens ausfallen müssen. Auf eine Deckung der Kapitalkosten für die vorhandene Bausubstanz und den Grund und Boden kann vorübergehend verzichtet werden, wenn keine Belastung mit Altkrediten erfolgt. Auch auf einen Deckungsbeitrag für die Gebäudeabschreibungen könnte man übergangsweise verzichten. Unverzichtbar sind dagegen ausreichende Deckungsbeiträge für die **Verwaltungs- und Instandhaltungskosten**, da den Unternehmen andernfalls ständig Liquidität entzogen würde bzw. die laufenden Reparaturen unterblieben.

In der für den Beginn der Transformation typischen Situation mit Wohnungsnot, Instandhaltungsstau und niedrigen Pro-Kopf-Einkommen empfiehlt sich also anfangs folgende Mietenpolitik: Vorgabe von pauschalierten (ggf. zu indexierenden) Deckungsbeiträgen für die Verwaltungskosten (pro Wohnung) und die Instandhaltungskosten (pro Quadratmeter). Hinzu kommen ggf. Zuschläge für durchgeführte Instandsetzungs- und Modernisierungsmaßnahmen in Form von bestimmten Prozentsätzen der dafür eingesetzten Mittel als Umlage auf die Jahresmiete. Das Mietrecht sollte so gestaltet werden, daß die Mieter Sanierungsmaßnahmen bis zu einem bestimmten Höchstbetrag pro Jahr nicht blockieren können.

Derartige Umlagesysteme sind auf makroökonomische Stabilität unbedingt angewiesen. Wenn die Investoren befürchten müssen, daß die Finanzierungskosten für eine Sanierungsmaßnahme den damit begründeten zusätzlichen Mieteinnahmen wegen inflationsbedingt steigender Zinsen davonlaufen, dann werden sie gar nicht erst investieren. In einem instabilen makroökonomischen Umfeld bleibt nur die Indexierung der Umlagen selbst.

Weiterhin müssen die institutionellen Voraussetzungen für eine **Kapitalmarktfinanzierung** derartiger Maßnahmen geschaffen werden. Dazu gehört auch die Ausstattung der Wohnungsunternehmen mit dem notwendigen Eigenkapital oder ersatzweise mit institutionellen Bestandsgarantien. In einer Ökonomie in der die langfristige Fremdfinanzierung nicht funktioniert, bleibt nur der in der Weimarer Zeit beschrittene Weg, in die Miete eine Art Sparbeitrag für spätere Instandsetzungsmaßnahmen einzurechnen.

9.4.2 Wohnungsbauförderung

Da den mittel- und osteuropäische Ländern nur begrenzte Mittel für die Wohnungsbauförderung zur Verfügung stehen, kommt es besonders auf einen treffsicheren und effizienten Einsatz der Fördermittel an. Eine Gießkannenförderung kommt nicht in Frage. Die Mittel müssen auf die drängendsten Problembereiche konzentriert werden.

Allgemeine Empfehlungen zur Ausrichtung der Förderpolitik kann man nicht geben, denn die Ausgangssituation ist in jedem Land anders. Länder mit einem großen Instandsetzungsstau sollten in diesem Bereich einen Förderschwerpunkt setzen. Die Förderanreize könnten dabei so gesetzt werden, daß zuerst die Gebäude mit den schwersten Bauschäden saniert werden. Wichtiger als Förderprogramme ist für den Abbau des Instandsetzungsstaus aber die Mietenpolitik. Angesichts knapper Fördermittel spricht einiges dafür, den Neubau weitgehend sich selbst zu überlassen und auf die Filtereffekte zu setzen, die sich aus entsprechenden Umzugsketten ergeben.

Die wesentliche Aufgabe der Wohnungsbauförderung auf dem Weg in die Wohnungsmarktwirtschaft besteht in der Abfederung der sozialen Folgen der notwendigen Anpassung der Bestandsmieten. Eine leistungsfähige Subjektförderung muß es auch den Ärmsten erlauben, an Sanierungsfortschritten teilzuhaben, ohne daß sich daraus untragbare Mietbelastungen ergeben.

9.4.3 Sozialer Wohnungsbau

Der Soziale Wohnungsbau (Objektförderung) ist als Instrument zur Wohnungsversorgung von benachteiligten und diskriminierten Gruppen der Bevölkerung unverzichtbar. Er kann nicht durch eine reine Subjektförderung ersetzt werden, weil eine solche Förderung das Zugangsproblem dieser Gruppen nicht löst. Mit der grundsätzlichen Entscheidung für die Objektförderung ist aber die Frage nach der **Gewichtung** von Objekt- und Subjektförderung noch nicht entschieden. In Westdeutschland hat man in der Nachkriegszeit in erster Linie auf die Objektförderung gesetzt. Zweifel sind angebracht, ob man eine derart einseitige Strategie den Transformationsländern von heute zur Nachahmung empfehlen kann.

Die Ausrichtung der Förderpolitik zwischen Subjekt- und Objektförderung ist für den Aufbau einer Wohnungsmarktwirtschaft in den Transformationsländern von grundlegender Bedeutung. Eine leistungsfähige Subjektförderung erscheint zur Abfederung zukünftiger Mieterhöhungen im Wohnungsbestand notwendig. Den mittel- und osteuropäischen Ländern wird oft empfohlen, die Bestandsmieten in Richtung auf eine Kostendeckung anzuheben und die soziale Verträglichkeit dieser Maßnahme mittels Wohngeld herzustellen (Subjektförderung). Die staatlichen Stellen in den MOE-Ländern zeigen sich daran aber wegen der damit verbundenen zusätzlichen Haushaltsbelastungen in der Regel wenig interessiert.

Die Frage ist, ob eine **direkte Mehrbelastung** der Mieter durch Mieterhöhungen im Rahmen der allgemeinen Einkommensentwicklung einer Kombination aus einer höheren Besteuerung und umfangreichen Wohngeldzahlungen für die „breiten Schichten" nicht vorzuziehen ist. Schließlich muß das Wohngeld ja aus Steuereinnahmen finanziert werden. Für das Modell eines steuerfinanzierten Wohngeldes für die breiten Schichten spricht allerdings, daß dazu auch die Eigentümerhaushalte einen Finanzierungsbeitrag leisten müßten. Dagegen spricht, daß die wahren Kosten des Wohnens verschleiert würden und zukünftige Mehrbelastungen mit Wohnkosten möglicherweise politisch schwerer durchzusetzen wären.

Praktisch erscheint es nur schwer vorstellbar, ein Wohngeldsystem für die breiten Schichten der Bevölkerung aufzubauen. In den meisten Transformationsländern wird man sich nicht mehr als ein fokussiertes Wohngeld leisten wollen und können. Man sollte sich aber auch nicht allein auf die Objektförderung verlassen. Eine reine Objektförderung berücksichtigt die Präferenzen der Nachfrager in zu geringem Maße. Daraus können sich Wohlfahrtsverluste und städtebauliche Verwerfungen ergeben. Außerdem sind mit einer reinen Objektförderung erfahrungsgemäß schwer handhabbare Effizienzmängel verbunden (hohe Baukosten, Fehlbelegung). Zu empfehlen ist daher eine **ausgewogene Kombination** von Objekt- und Subjektförderung (Wohngeld, einkommensorientierte Förderung).

9.4.4 Wohneigentumsförderung

Für Transformationsländer mit spürbaren Wohnungsdefiziten, einem zukünftig wachsendem Wohnungsbedarf und einem erheblichen Instandsetzungsstau empfiehlt sich eine **Kombination aus Neubau- und Bestandsförderung**, wobei beide Varianten gleich intensiv gefördert werden sollten. Nicht unbedingt empfehlenswert ist die Ausgestaltung der Bestandsförderung als **investive Förderung**, z.B. als Zulage bei Modernisierungs- und Instandsetzungsinvestitionen am selbstgenutzten Wohneigentum. Für eine investive Förderung spricht zwar, daß auf diese Weise gewährleistet wird, daß die Förderung nicht für Käufe ohne Sanierungsabsicht in Anspruch genommen wird. Die Förderung sollte aber nicht auf Maßnahmen von Bauherren beschränkt werden, weil damit die Einschaltung von Bauträgern behindert wird. Käufe von sanierten Wohnungen zur Selbstnutzung sind grundsätzlich ebenso förderungswürdig wie Investitionen von Bauherren ins selbstgenutzte Wohneigentum.

9.4.5 Vermögenszuordnung und Restitution

Auch in den mittel- und osteuropäischen Ländern stellt sich das Problem der Zuordnung des Volkseigentums. Bei der Zuordnung kommt es darauf an, den „**besten Wirt**" für das Eigentum zu finden. Der soll das Eigentum an einer Wohnung erlangen, der am ehesten bereit und in der Lage sein wird, das Wohneigentum instandzusetzen, zu modernisieren und zu unterhalten. Für die Zuordnung des volkseigenen Wohnungsbestandes bieten sich auf der grundsätzlichen Ebene folgende Alternativen an:

- Verkauf an den höchstbietenden **privaten Investor**,

- Zuordnung zu **kommunalen Wohnungsgesellschaften** (indirektes Staatseigentum),

- Verkauf an die Mieter (**Mieterprivatisierung**).

Die erste Alternative scheitert regelmäßig daran, daß die Wohnungen aufgrund von niedrigen Höchstmieten im Bestand als wirtschaftliches Eigentum nicht attraktiv sind. Selbst wenn sich Käufer finden würden, würden diese nicht in die Wohnungen investieren, wenn sie aus ihrer Investition keinen entsprechenden Rückfluß erwarten.

Auch die Zuordnung zu einer kommunalen Wohnungsgesellschaft löst dieses Problem nicht – es sei denn, man würde diese Gesellschaft mit so viel Eigenmitteln ausstatten, daß sie ein Investitionsprogramm für eine Übergangszeit auch ohne volle Kostendeckung in der Miete durchhalten kann.

Bleibt noch die **Mieterprivatisierung**. Dieses Verfahren kann erst angewendet werden, wenn die Einkommen ausreichen, um die Wohnungen zu unterhalten und instandzusetzen. Der große Vorteil dieser Art der Privatisierung liegt in der Möglichkeit zur Aktivierung von Selbsthilfepotentialen („Muskelhypothek").

Einen Königsweg für die Zuordnung der volkseigenen Wohnungen gibt es also nicht. Die Option der Mieterprivatisierung sollte man sich auf lange Sicht offenhalten. Man sollte sie ausüben, sobald die Einkommen der Mieter für den Kauf und die laufende Unterhaltung der Wohnungen reichen. Für die Übergangszeit bietet sich die Zuordnung der Wohnungen zu kommunalen Wohnungsgesellschaften an (so ist man in Ostdeutschland vorgegangen). Nicht zu unterschätzen ist in diesem Zusammenhang das Problem, wie man die Gesellschaften dazu bringen kann, sich später ausreichend um die Privatisierung an die eigenen Mieter zu bemühen.

Eine entscheidende Rolle für den Verlauf der Privatisierung spielt die **Mietenpolitik**. Die Mieten sollten grundsätzlich parallel mit den Haushaltseinkommen angehoben werden. Mit jeder Mietanhebung steigt der Spielraum für die notwendigen Instandsetzungsarbeiten. Darüber hinaus werden die Anreize für die Wohneigentumsbildung verbessert.

Bei allem Respekt vor dem Institut des Privateigentums wird man das **Prinzip Rückgabe vor Entschädigung** den mittel- und osteuropäischen Ländern in vergleichbaren Fällen nicht zur Nachahmung empfehlen können. Es kostet einfach zu viel Zeit, die Ansprüche zu klären – Zeit, die man gerade bei den sanierungsbedürftigen Altbauwohnungen nicht hat. Der einzige Weg, rechtzeitig für Investitionsanreize zu sorgen, ist die frühzeitige und endgültige Zuordnung des Eigentums zu einem Investor. Dieser muß sich seinerseits verpflichten, den ursprünglichen Eigentümer später in Geldform zu entschädigen.

9.4.6 Privatisierung der Wohnungsbestände

Ebensowenig wie im Falle der Restitutionsfrage wird man im Ergebnis die deutsche Lösung für das auch in anderen ehemals sozialistischen Ländern bekannte Altschuldenproblem als Vorbild für den Transformationsprozeß bezeichnen können.

Die Altschuldenfrage hat sich in Deutschland zu einer Art Verteilungskampf zwischen Staat und Wohnungswirtschaft entwickelt. Damit hat sich mehr Aufmerksamkeit auf sich gezogen, als ihr eigentlich gebührt. Die Altschuldenfrage ist nicht mehr als ein Teilaspekt der gesamten Finanzierungsbedingungen der Wohnungswirtschaft. In den Transformationsländern kommt es darauf an, die Investitions- und Kreditfähigkeit der Wohnungswirtschaft zu bewahren bzw. wiederherzustellen. Wenn man die Wohnungsunternehmen bei den Altschulden nur unwesentlich entlastet, dann muß man ihnen eben auf andere Weise einen Ausgleich verschaffen.

Nicht übersehen werden darf die enge Verknüpfung der Altschuldenfrage mit der **Mietenpolitik**. Eine Zuordnung von Altschulden zu den Wohnungsunternehmen kommt überhaupt nur dann in Frage, wenn sie ausreichende Mieteinnahmen erzielen, um diese auch bedienen zu können. Diese Voraussetzung ist in den ehemals sozialistischen Ländern aber in der Regel noch nicht gegeben. Die Entwicklung in Ostdeutschland ist in dieser Hinsicht nur bedingt vergleichbar. Hier konnten die Mieten stetig angehoben werden, weil die Einkommen stiegen und man auf ein leistungsfähiges Wohngeldsystem zurückgreifen konnte.

Der Idee der Verknüpfung der Altschuldenfrage mit der Wohnungsprivatisierung war in Deutschland alles in allem kein Erfolg beschieden. Die Mieterprivatisierung wurde durch eine ganze Reihe von Hemmnissen erschwert. So waren die für einen Verkauf besonders attraktiven Altbaubestände in vielen Fällen mit Restitutionsforderungen belastet und daher nicht verkäuflich. Die verbleibenden Bestände in Großwohnsiedlungen und Hochgeschossern haben trotz intensiver Bemühungen der Wohnungswirtschaft zu wenige Interessenten unter den Mietern angezogen.

Es kam hinzu, daß die Marktlage sich in den meisten Regionen Ostdeutschlands immer mehr entspannte und die Auswahl auf dem Wohnungsmarkt immer größer wurde. Das Privatisierungsangebot der Wohnungsunternehmen traf auf konkurrierende Angebote von Bauträgern, Fertighausfirmen, etc. Auch die mangelnde finanzielle Belastbarkeit und die mangelnde Verschuldungsbereitschaft vieler Mieter haben die Privatisierung erschwert. Nicht zuletzt haben auch die Mietbegrenzungen die Anreize zur Wohneigentumsbildung geschwächt. Schwer zu verstehen ist in diesem Zusammenhang, daß man 1996 bei der Reform der Wohneigentumsförderung eine Regelung geschaffen hat, die Bestandserwerbe gegenüber Neubauten eindeutig diskriminiert.

Gegen die Verknüpfung von Altschulden und Privatisierung spricht auch der enorme administrative Aufwand, der nötig ist, um die Erfolgskriterien so zu definieren, daß man ein akzeptables Maß an Einzelfallgerechtigkeit erreicht (Abhängigkeit der Entlastung vom Privatisierungs-„Erfolg"). Mit der zentralen Vorgabe einer Privatisierungsquote und der Verkündung von Sanktionen für den Fall des Nichterreichens der Quote ist es nicht getan. Die Bestände der Wohnungsunternehmen sind in unterschiedlichem Maße für eine Privatisierung geeignet und die Wohnungsnachfrage kann und wird sich von Standort zu Standort unterschiedlich entwickeln. So hat ein Wohnungsunternehmen aus einer von Abwanderungen betroffenen sozialistischen Entwicklungsstadt keine Chance, eine undifferenzierte Quote zu erfüllen, die für den Durchschnitt der Wohnungsunternehmen in einem Land durchaus angemessen erscheint.

9.4.7 Überforderung der nationalen Wohnungspolitiken

Zweifel sind angebracht, ob die wohnungspolitischen Probleme von den MOE-Ländern mit eigenen Kräften gelöst werden können. Die ostdeutsche Wohnungswirtschaft hat von umfangreichen staatlichen Wohnungsbaufördermaßnahmen profitiert, die in dieser Form von den Beitrittsländern nicht nachgeahmt werden können. Außerdem hat die Rechts- und Planungssicherheit zu einer langfristigen Berechenbarkeit der Wohnungspolitik geführt (Leitlinien im Einigungsvertrag, Abschnitt 8.4).

Auch die Wohnungswirtschaft Mittel- und Osteuropas ist auf den Zufluß ausländischen Kapitals in erheblichem Umfang angewiesen. Der Zufluß ist aber zur Zeit angesichts des gewaltigen Investitionsbedarfs noch viel zu gering. Neben privatem wird aber auch öffentliches ausländisches Kapital benötigt. Eine durchgreifende Verbesserung der Wohnverhältnisse kann angesichts eines allgemein noch niedrigen Einkommensniveaus (20 Prozent Mietbelastungsquote der polnischen Beschäftigtenhaushalte bei sehr niedrigem Mietenniveau) nicht allein mit privatem Kapital erreicht werden. Der wünschenswerte Übergang zu größerer Preisfreiheit in den Beständen muß von einer leistungsfähigen Subjektförderung flankiert werden. Eine solche Förderung können sich die Beitrittsländer aber derzeit noch nicht leisten. Sie ist aber notwendig, weil die Schwierigkeiten bei der Wohnungsversorgung im Interesse der wirtschaftlichen und sozialen Entwicklung (z.B. mobilitätshemmende Wirkung) endlich angegangen werden müssen.

Literatur zum 9. Kapitel:

1. Lohdahl, M.: Wohnungswirtschaft Polens: Ungedeckter Wohnungsbedarf weiterhin hoch , in: DIW-Wochenbericht Nr. 31, 1999.

2. Lodahl, M.: Wohnungsmarkt in Rußland: Enttäuschende Bilanz, in: DIW-Wochenbericht Nr. 22, 2001.

10   Sachverzeichnis

A

Abbaugesetz 188
Abschnittsbesteuerung 168
Abschnittsfinanzierung 123
Abschreibung auf Gebäude 168
Abschreibungsfinanzierung 102
Abschreibungsursachen 169
Abzahlungsdarlehen 107
Administrierte Miete 143
Allfinanzkonzept 84
Altersstruktur der polnischen
   Bevölkerung 246
Altersvermögensgesetz 164
Altschuldenhilfe 225
Altschuldenproblem 262

Ä

Änderungskündigung 193

A

Anlagemotiv 71
Annuitätendarlehen 106
Anpassungsprozesse am Wohnungs-
   markt 37
Anti-Baby-Pille 24
ausgehandelte Mietspiegel 140
Ausschlußprinzip 56
Ausstattung 35

B

Basiseinkommensgrenzen 148
Basismiete 152
Bau-Arbeitsmarkt 66
Baukindergeld 214
Baumarkt 63
Bausparen 84
Bauzeitzinsen 104

Begründungsmittel 197
Belastbarkeit 109
Beleihungsgrenze 100, 117
Beleihungsprüfung 96
Beleihungswertermittlung 98
Beschaffenheit 35
Bestandsmarkt 34
Binnenwanderungen in Polen . 247
Boden, Archivfunktion 55
Boden, natürliche Funktionen .. 55
Boden, Nutzungsfunktionen 55
Bodendegradierung 56
Bodenmarkt 53
Bodenmarkt, Besonderheiten 53
Bodennutzung, Externalitäten der 57
Bodenversiegelung 57
Bonität 73
Bonitätsprüfung 97
breite Schichten der
   Bevölkerung 202

D

Deckungsprinzip 115
Deckungsregister 116
degressive Abschreibung 171

E

Eigenheimzulagegesetz 157
Eigenkapital in der Wohnungsbau-
   finanzierung 79
Eigenkapitalbedarf 81
Eigenleistung 79
Eigentumsverhältnisse 13
Einkommen 48
Einkommenseffekt 47
Einkommensgrenzen ..148, 158, 202, 214
Einkommensorientierte Förderung ... 151
Einkommensverteilung 13

empirisch-repräsentative
  Mietspiegel.....................................140
Engel-Schwabesches Gesetz.......48
Entnahmemodell........................164
Erbrecht...................................19
Ersatzbedarf...........................21
erschöpfbare Ressource 55, 131
erste Hypothek............................81
Erstes Bundesmietengesetz..............186
Erstes Schlußtermingesetz.......192
Erstes Wohnraumkündigungs-
  schutzgesetz 193
  (Erstes WKSchG).......................194
Erstes Wohnungsbaugesetz 200
Ertragswert 77
external diseconomies......................58
external economies...........................58
externe Effekte 57

F

Familienförderung 156
Familienlebenszyklus 50
Fehlbelegung 204
Fehlinvestitionsrisiko...............78
Fertilität 24
Festdarlehen 108
Finanzierungseffekt planmäßiger
  Abschreibungen 102
Finanzierungsplan 112
Fördergebietsgesetz.................222
Fördergrundsätze der sozialen
  Wohnraumförderung...................149
Fremdkapital in der
  Wohnungsbaufinanzierung.............94
Friedensmiete 183
Funktionsreserve 21

G

Gebäudeabschreibungen 168
Geburtenentwicklung in Polen 245
Geburtenkontrolle 24
Gemeinnützige Wohnungsunter-
  nehmen.....................................43

Gesamtkapitalrentabilität 75
geschlossener Immobilienfonds 92
Gewinn, ökonomischer 82
Gewinnmotiv................................71
Gleichgewicht am Wohnungs-
  markt 47
Größe...35
Grundbedürfnis Wohnen............46
Grundmiete....................................51

H

Härtefälle 135
Haushaltsvorausschätzung für Polen 245
Hyperinflation 183
Hypothekenbank............................ 114
Hypothekendarlehen 106
Hypothekengewinnabgabe 184

I

Immobilienfonds............................91
Inkorporationsthese 157
Instandsetzungsstau 244
Instandsetzungsumlage.................... 256
interne Ertragsrate...................75
Interventionsketten 16
Investition 223
Investitionsattentismus 78
Investitionsgut 217
Investitionsgutmodell.............. 212
Investitionskalkül, wohnungs-
  wirtschaftliches.............................74
Investitionsplanung.................. 219
Investitionszulage.................... 232

K

Kapitalanbieter 71
Kapitalkostenumlage.............. 197
Kapitalnachfrage, Motive der ...70
Kappungsgrenzen 141
KfW-Wohnraummodernisierungs-
  programm 2003 234
KfW-Wohnraummodernisierungs-
  programme 233

Kommunale Wohnungsunternehmen . 43
Konsortialverfahren 118
Konsumentensouveränität 13
Konsumgutmodell 217
Kostenmiete 141, 201
Kreditanstalt für Wiederaufbau 160
Kündigungsschutz 194, 226

L

Lastenzuschuß beim Wohngeld 161
laufzeitkongruente Finan-
    zierung 124
Leerstandsproblem 236
Leistungsanreize 17
Leistungsfähigkeitsprinzip 165
Leitbild, mietrechtliches 251
Liegenschaftszinssatz 77

M

Makler- und Bauträgerverordnung
    (MaBV) 105
Market Maker 118
Marktlagengewinne 139
Marktmiete 142
Marktspaltung 251
Markttransparenz 36
Marktversagen 16, 59
Matching-Problem 135
Mietenpolitik in der Transformation . 257
Mietenpolitik in Polen 249
Mieterprivatisierung 260
Mieterschutzgesetz (MSchG) 177
Mietpreisüberhöhung 194
Mietrecht in de Transformation 250
Mietspiegel 139
Mietverbesserungsgesetz 193
Mietwucher 194
Mindestbewertungszahl 89
mismatching 136
Modernisierungszuschlag 197
Mortgage backed securities
    (MBS) 119

N

Nachbarschaftsexternalitäten 59
Nachbarschaftshilfe 80
Nachfrage nach Wohnraum 47
Nachholbedarf 21
Nebenkosten 51
Nettoprinzip 166
Netto-Zinsänderungsrisiko 125
Neubedarf 21
Nutzungswertbesteuerung 212

O

Objektförderung 147, 199
offener Immobilienfonds 92
Originator 120

P

Pauschalwohngeld 156
Periodisierungsprinzip 102
Pfandbrief 114
Polen, Wohnungspolitik 241
Preisbildung 13, 134
Preismechanismus 14
Preisstarrheiten 135
Preisstopverordnung 183
Prinzip Rückgabe vor Ent-
    schädigung 261
private Anbieter 40
privates Gut 56
Privatisierung 262
Produzenteninteressen 15
Programm Stadtumbau Ost 238

R

Rating 74
Ratingagentur 120
Realverzinsung 73
Refinanzierung von Immobilien-
    krediten 114
Refinanzierungskongruenz 116
Regelgebundene Miete 145
Regelsparbeitrag 89
regionale Teilmärkte 36

Regionalprinzip der Spar-
  kassen..............................101
Reichsmietengesetz (RMG).......183
relativ inferiores Gut.................48
Restitution...........................223, 260
Richsatzmieten.........................201
Risikotransformation...............115
road to serfdom.........................16
Rückstellung für Bauinstandhaltung..103

S

Schufaerklärung...............................97
Schuldzinsenabzug...................214
Securitization..........................120
Selbstfinanzierung.......................82
Selbstfinanzierung, offene.........83
Selbstfinanzierung, stille...........83
Sicherheitsmotiv.......................71
Sickereffekt...............................46
Signalfunktion der Mietpreise.....143
Solidaritätsprinzip.....................19
Sonderabschreibungen..................231
soziale Marktwirtschaft.............17
Soziale Marktwirtschaft............13
soziale Mietwohnraumförderung.....146
Sozialer Wohnungsbau in der
  Transformation......................258
Sozialer Wohnungsbau..................199
Sozialklausel.............................191
Sozialpfandbrief........................208
Sozialstaatsprinzip.....................18
Sparkassenobligationen...........101
Sparverdienst..............................89
Stabilisierungsauftrag des
  Sozialen Wohnungsbaus........137
Standort......................................35
Standortgebundenheit der
  Wohnung.................................36
steuerbegünstigter Wohnungs-
  bau..200
stille Reserven.............................170
Straight-Bond-Format..............118
Subjektförderung..............147, 199

Subjektmiete...............................153
Subsidiaritätsprinzip.................19
Substitutionsbeziehungen.........49
Substitutionseffekt.....................47
synthetische Verbriefung........121

T

Teilmärkte.....................................34
Teilmärkte, sachliche..............36
Teilwertabschreibung.............171
Trägheitseigenschaft................37
Transaktionskosten....................133
Transformation des Miet-
  preisrechts..............................253
true and fair view.......................170

Ü

Überversorgung...........................22

U

umgekehrte Maßgeblichkeit....171
Umirm, Büro für Wohnungsbau und
  Stadtentwicklung.................241
Umschuldung...............................71
Umstellungsgrundschuld.........184
unsichtbare Hand........................15
Unterbewertung von
  Immobilien..............................83

V

Vereinbarte Förderung...........205
Vergleichsmiete.....................138, 195
Vergütungen..................................51
Verkaufswert..............................117
Verkehrswert.................................99
Verlustzuweisungsgesell-
  schaften...................................172
Vermögenszuordnung........223, 260
Verrechnung von Vermietungs-
  verlusten...................................171
Versorgungsauftrag des Sozialen
  Wohnungsbaus.......................132
Versorgungsnorm.......................21

vertragsspezifische Investitionen 135
Volkseigentum 223
Vorauszahlungen auf die Betriebskosten 51

W

weiße Kreise 190
Wiederaufbaumieten 186
Wirtschaftsordnung 13
Wirtschaftssystem 13
Wohneigentumsbildung 156
Wohneigentumsförderung 210
Wohneigentumsförderung in der Transformation 260
Wohngeld 154
Wohngeld-Lastenberechnung .. 161
Wohnimmobilien 32
Wohnkosten 50
Wohnnutzungen 32
Wohnraumbewirtschaftung 177, 219
Wohnraumbewirtschaftungsgesetz (WBG) 186
Wohnungsbaufinanzierung 68
Wohnungsbauförderung in der Transformation 258
Wohnungsbauprämie 163
Wohnungsbedarf 21
Wohnungsgenossenschaften 41
Wohnungsgesetz' 184
Wohnungskommissionen' 184
Wohnungsmarkt 32

Wohnungsmarktbeobachtung 27
Wohnungsnachfrage in Polen 245
Wohnungsnot 175
Wohnungsproduktion, Finanzierung 104
Wohnungsunternehmen 40
Wohnungsversorgung 179
Wohnwertmerkmale 34, 35, 138, 139, 143
Wohnwertmiete 144
wohnwirtschaftliche Maßnahmen 86

Z

Zentralverwaltungswirtschaft 14
Zielgruppe der sozialen Wohnraumförderung 148
Zinsänderungsrisiko 124
Zinsbegründung 72
Zinsbildung 69
Zinsmanagement 69, 123
Zinssubvention 69
Zinstheorie 72
Zuschläge 51
Zuteilungsfunktion der Mietpreise 143
Zuteilungsverfahren 13
Zweckgesellschaft 120
Zweite Förderweg 203
zweite Hypothek 81
Zweites Schlußtermingesetz 192
Zweites Wohnraumkündigungsschutzgesetz 197
Zweites Wohnungsbaugesetz 201
Zwischenfinanzierung 104